JN425575

사고와 표현 II

학문의 통섭과 대학 글쓰기

고려대학교 사고와 표현 편찬위원회

KOREA UNIVERSITY PRESS
고려대학교 출판문화원

머리말

《표준국어대사전》은 교양(教養)을 '가르치어 기름'과 '학문, 지식, 사회생활을 바탕으로 이루어지는 품위, 또는 문화에 대한 폭넓은 지식'으로 풀이한다. 교양을 의미하는 영어 'Culture'와 독일어 'Kultiviertheit'는 모두 라틴어 'Cultura'(경작한 땅)에서 유래했다. 'Culture'는 주로 교양보다는 문화를 가리킨다는 점에서, 오늘날 우리가 사용하는 교양의 의미는 독일어 'Bildung'에 더 가깝다. 'Bildung'은 자아의 경계를 뛰어넘어 바깥 세계를 이해함으로써 전인적 인격을 형성함을 의미한다. 그러므로 교양이란 고립된 개인이 바깥 세계와 어울리며 살아가는 데 필요한 내용이자 형식이다. 다시 말해 공동체의 일원으로서 타인과 조화롭게 살기 위해서는 교양이 필요한 것이다.

그런데 오늘날의 대학 교육은 학문의 실용성에 대한 국가와 사회의 요구를 충족시키기 위해 전문적 지식을 갖춘 기능인을 양성하는 데 치중하는 경향이 있다. 학문을 유용성과 효용성을 기준으로 판단하고 등급을 부여하여 축소와 확대를 결정함에 따라, 사회적 존재로서 갖추어야 할 '지식'과 '품위', 다시 말해 교양에 대한 교육은 축소되거나 위축되는 모습을 보여 준다. 문제는 보편적이고 전인적인 교양 능력을 갖추지 못한 전문가는 공동체 구성원과 조화를 이루지 못하기 때문에 사회 발전에 크게 기여할 수 없다는 사실에 있다.

대학은 전공 교육과 교양 교육 모두를 강화하여, 학생들이 전문적이고 기능적인 지식은 물론 윤리적인 사유와 정의로운 판단 능력을 갖춘 지성인으로 성장하는 데 도움을 주어야 한다. 대학 교양 교육의 목표는 전공 학문을 탐구하는 데 필요한 기초적인 지식과 학습 방법 및 태도 등을 갖추는 것이며, 더 나아가 개별 지식을 보편적 지식 체계와 연계시키거나 통합시키는 능력을 함양하는 것이다. 다른 한편으로는 기존의 보편적 지식 체계에 갇히거나 그대로 모방하지 않고 비판적으로 사유함으로써 지성인으로서의 자율성을 갖추는 것이기도 하다.

고려대학교의 교양 과목인 '사고와 표현'은 글쓰기 능력의 향상뿐만 아니라 지성인으로 성장하는 데 필요한 통합적이면서도 비판적인 사유 능력의 함양을 목표로 삼는다. 이에 따라 1학기 교재인《대학 글쓰기의 이해》는 체계적이고 과정 중심적인 글쓰기 훈련을 통해 학생들이 논리적으로 사고하고 표현하는 방법을 익히도록 구성되었다. 그리고 2학기 교재인《학문의 통섭과 대학 글쓰기》는 통합적이면서도 비판적인 사고와 표현 능력을 향상시킴으로써 지성인으로 성장할 수 있는 지적 성찰의 기회를 제공하도록 구성되었다.

《학문의 통섭과 대학 글쓰기》의 첫 번째 특징은 인문학, 사회과학, 자연과학 등의 주요 담론과 관련된 읽기 자료들을 한 권에 담았다는 점이다.《인문학과 글쓰기》,《사회과학과 글쓰기》,《자연과학과 글쓰기》로 구분되어 있었던 기존 교재와 달리 각 분과 학문을 포괄하여 수록함으로써 학생들에게 보편적 지식 체계 전반과 통섭의 가능성에 대해 생각할 수 있는 기회를 주고자 했다. 두 번째 특징은 제공된 읽기 자료에 대한 상세한 이해를 토대로 그 심화 및 확장을 목표로 삼았다는 점이다. 학생들의 이해를 돕기 위해 읽기 자료와 담론에 대한 도움말을 수록했고, 학생들이 흥미를 가지고 활동할 수 있는 다양한 내용과 형식의 과제들을 제시했다. 과제는 주로 읽기 자료의 핵심 내용 및 쟁점과 관련하여 생각하고 이야기하고 글을 써 보는 문제들로 구성했으며, 제3장 '보고서 쓰기의 실제'와 연결될 수 있도록 세심한 주의를 기울였다. 세 번째 특징은 제3장 '보고서 쓰기의 실제'를 학생들이 대학 보고서를 작성하는 데 실제적 도움이 되도록 구성했다는 점이다. 즉 보고서를 쓰는 방법에 대한 서술에 그치지 않고 구체적인 예시를 보여줌으로써 학생들이 쉽게 이해할 수 있도록 했다. 이를 위해 제2장에서 다룬 담론 중 하나를 선택하여 보고서를 작성하는 전 과정을 상세한 예를 통해 제시했다.

각 장의 내용과 구성 및 집필의 의도를 좀 더 상세히 서술하면 다음과 같다.

제1장 '학문의 본질과 계열별 특성'은 인문학, 사회과학, 자연과학 등이 어떠한 학문인지 이해하는 데 필요한 읽기 자료를 수록했다. 학문 전반의 본질에 대한 이해를 바탕으로 계열별 학문의 차이와 공통점을 파악하고 통섭의 가능성을 살펴보는 것을 목표로 했다. 학생들의 이해를 돕기 위해 각 절의 앞부분에는 계열별 학문의 본질과 특성에 대한 개략적 설명을, 각 읽기 자료의 뒤에는 해당 자료의 내용과 맥락을 소개하는 도움말을 수록했다. 과제는 읽기 자료에 대한 이해를 목적으로 하는 '기본 과제'와 그 이해를 바탕으로 확장된 활동을 하는 '심화 과제'로 구분하여 배치했다.

제2장 '우리 시대의 담론과 지성인의 성찰'은 인문학, 사회과학, 자연과학 등에서 지성인으로서 관심을 가지고 사유해야 하는 우리 시대의 담론 12개 유형을 선정하고 관련 읽기 자료를 수록했다. 필요한 경우에는 '보조 자료'를 덧붙임으로써 기본적으로 제공된 읽기 자료에 대한 이해를 돕고자 했다. 각 절의 앞부분에는 해당 담론의 의미와 중요성, 그리고 지성인으로서 이러한 담론을 성찰해 보아야 하는 이유에 대한 설명을 제시했다. 중요하게 고려한 것 중의 하나는 각

담론과 관련하여 발생하는 논쟁적 입장들을 형평성을 가지고 수록하여 쟁점에 대한 다양한 관점의 토론을 유도한 점이다. 각 담론에서 읽기 자료는 담론이 발생했던 시기를 기준으로 삼아 되도록이면 이전의 자료를 앞에, 최근의 자료를 뒤에 배치하려고 했다. 따라서 제2장의 읽기 자료들을 순서에 따라 읽으면 우리 시대의 중요한 담론으로 어떠한 것이 있으며, 각각 어떠한 역사적 과정을 거쳐 오늘에 이르렀는지 살필 수 있을 것이다. 연습 문제는 제1장과 같이 읽기 자료에 대한 이해를 목적으로 하는 '기본 과제'와 그 이해를 바탕으로 확장된 활동을 하는 '심화 과제'로 구분하여 배치했다.

제3장 '보고서 쓰기의 실제'는 대학 교양 수업의 보고서 쓰기를 목표로 했다. 큰 범주로 주어진 상위 주제에서 하위 주제를 이끌어 내고, 자료를 수집하여 분석하고, 논증을 통해 본문을 구성하는 등 올바른 보고서 형식을 갖추는 전 과정을 제2장의 담론 중 하나인 '감시와 권력'을 예로 삼아 상세하게 서술했다. 개요 작성에서부터 서론, 본론, 결론을 구성하고 제목을 붙이는 부분은《대학 글쓰기의 이해》에서 이미 충분히 연습했기 때문에 이 책에서는 다루지 않았다. 대신 본론을 구성하는 데 있어 핵심이 되는 논증의 요소와 구조, 그리고 논증적 글쓰기를 다양한 사례를 통해 제시했다. 보고서 쓰기의 각 단계마다 연습 문제를 배치하여 학생들이 직접 실습할 수 있도록 했는데, 학생들은 이 과정을 거치면서 기말 과제(보고서 쓰기)를 진행할 수 있을 것이다. 특히 제3장은 강의를 이끄는 교수자들이 제2장의 진도와 함께 진행하면서 학생들로 하여금 보고서 쓰기의 단계별 실습을 할 수 있도록 지도하는 방식을 염두에 두고 구성되었다.

대학 교양 교육의 목표는 통합적이고 비판적인 사유 능력을 갖춘 지성인을 기르는 데 있다. 지성인은 '나'를 넘어 '나'를 둘러싼 바깥 세계와 소통하는 사람이며 그 소통을 통해 자신은 물론 공동체 전체를 올바른 방향으로 이끌어 가는 사람이다. 《학문의 통섭과 대학 글쓰기》를 통해 고려대학교 학생들이 다양한 학문 분야에 대한 기초 지식을 갖추고 오늘의 세계와 삶을 규정하는 담론의 체계들을 비판적으로 성찰함으로써 지성인으로 성장할 수 있기를 기대한다.

2014. 6.

고려대학교 사고와 표현 편찬위원회

차례

제2장 우리 시대의 담론과 지성인의 성찰

제3장 보고서 쓰기의 실제

제1장

학문의 본질과 계열별 특성

1. 인문학
2. 사회과학
3. 자연과학

1. 인문학

인문학이란 무엇인가? 그리고 대학생이 인문학을 공부해야 하는 이유는 무엇인가? 얼핏 보기에 단순한 질문인 것처럼 보이기도 하지만 그 누구도 쉽게 대답할 수 없는 질문이기도 하다. 인문학 분야에서 대단한 학문적 업적을 쌓은 학자들도 결국 인문학의 본질에 대한 답변을 '불확실성'으로 귀결시키는 경우가 많다. 인문학에 정답이 정해져 있다면 아마도 더 이상 인문학을 공부해야 할 필요성을 느끼지 못할지도 모른다.

최근 들어 우리나라 대학가에서는 인문학의 소외 현상을 걱정하며 '인문학의 위기'를 거론하는 반면, 다른 한편에서는 '인문학의 열풍'을 이야기하기도 한다. '위기'를 말하는 이들은, 급속한 산업화와 과학기술의 발전으로 인해 도덕이 해체되거나 생명을 경시하는 풍조가 부작용으로 나타났음을 지적하며 인간의 존재와 삶의 방식을 제시하는 인문학의 역할이 강조되어야 한다고 말한다. 반면 '열풍'을 말하는 이들은, 인문학을 주제로 한 시민 강좌, 인문 강좌 등이 다양하게 개설되고 있으며, 수많은 종류의 인문학 서적이 서점가에서 베스트셀러로 인기를 누리고 있는 현실을 이야기한다.

이처럼 인문학을 두고서 '위기'와 '열풍'이라는 모순적인 평가가 공존할 수 있는 이유는 무엇일까? 여기에는 여러 가지 이유가 있겠으나, 그 본질에는 인간이 살아가는 데 있어서 필수불가결한 위상이 인문학에 있다는 점을 들지 않을 수 없다. 이 절에서는 인문학의 본질에 관해 말하는 네 편의 글을 소개한다. 여기에 소개하는 글을 통해 시대와 지역을 뛰어넘어 인문학이 가지는 본질적 가치에 대해 알아보고 그 의미를 여러 방면에서 검토해 보도록 하자. 아울러 인문학에 대해 스스로 고민해 보도록 하자. 비록 인문학이 정답을 알려주는 학문은 아니지만, 적어도 세상을 살아가며 마주하는 여러 문제에 대한 자신만의 해답을 찾도록 도와주는 학문이기 때문이다.

1.1. 인문학과 인문 정신

인문학 1 • 인문학과 인문 정신	➡	인문학 2 • 과학 시대의 인문학	➡	인문학 3 • 철학의 가치	➡	인문학 4 • 대학 교양 교육의 의미

인문학 선언

우리는 고려대학교 문과대학 설립 60주년을 맞이하여 인문학의 현실을 진단하고 바람직한 미래 건설을 위해 다음과 같이 선언한다.

이 선언을 통해 우리는 인문학의 시대적 사명을 자각하고 우리 사회의 발전을 위한 새로운 청사진을 제시함으로써 학문 후속 세대들이 인문학의 도약과 발전에 적극 기여하기를 기대한다.

인간의 진정한 가치와 삶의 궁극적 의미를 탐구하는 인문학은 시대를 초월하여 가꾸어 가야 할 소중한 문화 자산이다. 그러나 무차별적 시장 논리와 효율성에 대한 맹신이 팽배한 우리 사회에서 인문학은 그 존립 근거와 토대마저 위협받는 중대한 기로에 서 있다.

특히 대학의 상업화로 말미암아 연구 활동과 교육 행위마저도 단지 계량적 평가의 대상과 상업적 생산물로 변질되고 있다. 우리 인문학자들은 이러한 시대 상황의 구조적 변화가 갖는 공동체적 함의를 감지하고 적극적으로 대처하지 못한 점에 대해 책임을 통감한다.

또한 복잡다기한 사회 현실의 문제들을 입체적으로 설명할 수 있는 참신한 학제 간 연구 방법론의 개발에 소홀했으며, 새로운 사회적 요구와 수요가 반영되도록 인문학의 체질을 개선하는 데에 소극적이었다는 비판의 목소리도 겸허히 받아들인다.

세계화의 급류 속에서 일어나는 갈등과 충돌을 해소하고 평화적 공존과 문화적 다양성에 입각한 국제 사회의 건설을 위해 우리에게는 그 어느 때보다도 인문 정신이 필요하다.

인문 정신이 경시된 과학기술의 급속한 발전은 기존의 사회 운영 원리와 도덕의 해체, 생명 경시로 이어질 수 있기 때문이다. 이에 인문학은 기술 변화가 가져올 사회적 · 문화적 파장에 대해서 성찰하고 과학적 탐구의 윤리를 새롭게 정립해야 한다.

이와 같은 시대적 요청에 부응하기 위해 인문학자들은 잘못된 사회 현상에 대한 비판 정신과 더불어 풍요로운 삶을 위한 구체적 대안을 제시할 수 있는 창조 정신을 고양해야 한다.

아울러 인문학의 쇠퇴가 지식 생태계의 파괴로 이어지는 것을 막기 위해 인문학의 존립을 위협하는 현재의 열악한 환경은 반드시 개선되어야 한다. 우리 사회도 인문학의 독자성을 존중하고, 자생적인 인문학의 발전을 위한 지원과 격려를 아끼지 말아야 할 것이다.

2006년 9월 15일

고려대학교 문과대학 교수 일동

인간 존재와 인문학

학문은 지적인 욕구, 알고자 하는 인간의 본성에서 기인하는 것이다. 아리스토텔레스는 이미 2,300여 년 전 그의 가장 중요한 철학 저서인 《형이상학》 서두에서 "인간은 그 본성에서부터 알기를 원한다"고 말하지 않았던가. 그럼에도 불구하고 인문학은 좀 더 깊은 층위에서 이루어지는 존재론적 의미를 지닌다. 인문학적 성찰은 죽어야 하는 유한한 존재로서의 인간이 그것을 극복하려는 노력이라 할 수 있다. 죽음에 처한 인간, 그 존재의 종말이 결정되어 있는, 죽음으로 처형된 인간이 절대적인 무의 상태인 죽음에 대한 극복의 관점에서 이루어 가는 해명과 죽음의 수용이 학문과 예술을 낳은 것이다. 인문학은 절대적인 무의 상태인 죽음에 마주선 인간의 실존적 지평에서 이루어진다.

인문학은 인간의 지성적 작업이다. 칸트는 자신의 철학 전체를 돌아보는 과정에서 결국 철학이란 다음의 네 가지 질문과 그에 대한 대답이라고 정의한다. 그는 "나는 무엇을 알 수 있는가"에 이어 "나는 무엇을 할 수 있는가", "나는 무엇을 해도 좋은가"라는 세 가지 질문을 제시한다. 그것은 각각 인식론과 윤리학, 나아가 종교 철학의 질문이라고 할 수 있으며, 이에 대한 철학적 노력이 이른바 《순수이성비판》을 비롯한 3대 비판서에 담겨 있다. 이런 세 가지 질문은 궁극적으로는 "인간이란 무엇인가?"로 귀결된다.

한편으로 인문학은 인간의 전 존재를 건 투신 행위라 할 수 있다. 버트런드 러셀은 자서전에서 자신의 삶이 세 가지 충동에 의해 이루어졌다고 말한다. "단순하지만 누를 길 없이 강렬한 세 가지 열정이 내 인생을 지배해 왔다. 사랑에 대한 갈망, 지식에 대한 탐구욕, 인류의 고통에 대한 참기 힘든 연민이 그것이다. 이런 열정이 마치 거센 바람처럼 나를 이리저리 제멋대로 몰고 다니며 깊은 고뇌의 대양 위로, 절망의 벼랑 끝으로 떠돌게 했다." 인간과 관련된 학문으로서의 인문학은 자신의 존재뿐만 아니라, 타자의 존재에도 관계한다. 바꾸어 말해 사람에 대한 배려와 함께하며, 사람에 대한 공감과 함께하는 행위 없이 이루어지지 않는다. 학문은 인간의 것이기에 인간 존재의 본질적 특성인 공존재(Mitsein, 共存在)를 배제한 학문은 무의미하다. 그런 학문은 다만 자연과 타자를 객체화하고 사물화(reification)하는 것일 뿐이다. 배려와 공감, 함께함(공존재)은 뛰어난 인간의 내적 특성이다. 그것은 지성적 특성을 지닌다. 흔히 느낌을 지성과 무관한 것으로 이해하지만, 지성은 생각하고 느끼는 정서적 측면, 타자와 보편적 인간에 대한 공감과 함께하는 것이 사실이다.

이런 인문학은 자연 사물(事物)의 영역, 즉 사건(事件)과 물건(物件)에 관계되는 학문에 비해 그 의미와 해석에 관계되는 학문을 가리킨다. 인문학은 자연과 사회 현상에 대한 객관적 지식과 과학적 방법론에 관한 학문이 아니라, 그와 관계하는 인간의 존재에 의한 해석학을 의미한다. 인문학이 '인간의 학문'이라는 것은, 인간이 주체가 되는 동시에 대상이 된다는 뜻으로, 인간에 의한, 인간에 관한 학문이라는 의미이다. 즉, 인간이 주체가 되어 이끌어 가는 학문이기에 주어적이며, 인간에 대해 이야기한다는 점에서 목적어적인 학문이다. 그러기에 인문학은 결코 인간에 대한 '과학'일 수가 없다. 인문과학이라는 말은 인문학의 의미를 전혀 이해하지 못하기 때문에 생긴다. 대학이나 언론에서 무분별하게 사용하는 인문과학이란 용어는 오늘날 인문학에 대해 얼마나 오해하고 있는지를 잘 보여 준다. 그런 조어는 결국 근대 이래의 자연과학에 대한 인문학의 열등감을 드러내는 표현에 지나지 않는다.

문제는 구체적으로 '지금 · 여기', 즉 현재를 사는 인간으로서 우리가 어떻게 학문하고, 세계를 이해하고, 역사를 해석하며, 미래를 기획하는가이다. 중요한 것은 학문의 자리와 학문에 대한 이해, 학문이 나아갈 길에 대한 생각이다. 이는 좁게는 한 사람의 지적 존재로서 나 자신이 이 사회에서 지닌 몫을 다하기 위한 것이며, 크게는 학문이란 결국 인간의 자기 이해이며 이에 기반해 세계와 역사, 자연과 문화의 이해 체계가 형성되기 때문이다. 인간의 외적인 행위, 기술과 자본, 인간이 이룩한 모든 성과는 결국 이런 자기 이해에 의해 원초적으로 결정될 것이다. 오늘날 우리 학문 사회의 문제, 인문학의 위기, 대학과 교육의 실종, 규범 상실 등은 궁극적으로 인간의 근본적이며 원초적인 지적 행위로서의 학문이 자리한 터전과 내용, 의미와 방향이 잘못 설정되고 흔들리고 있기에 일어난다.

– 신승환, 《지금, 여기의 인문학》, 후마니타스, 2010.

도움말

인문학은 인간과 인간의 삶에 대한 학문이다. 현상에 대한 객관적 지식과 방법론을 다루는 자연과학 및 사회과학과 달리, 인문학은 현상과 관계하는 인간 존재에 대한 해석을 끊임없이 시도한다. 따라서 우리는 인문학을 통해 인간이 지금까지 어떻게 살아왔는지, 현재를 어떻게 살아가야 하는지, 미래를 어떻게 준비해야 하는지에 대한 물음을 던질 수 있다. 이러한 질문들은 비록 그 대답이 정해져 있지 않다고 하더라도 인간의 삶에 대한 반성과 성찰로서 큰 의미가 있다.

인문학은 인간의 진정한 가치와 삶의 궁극적 의미를 탐색한다는 점에서 모든 학문의 근간이다. 근간이 흔들린다는 것은 다른 모든 학문이 기댈 근거를 잃게 된다는 말과도 같다. 따라서 인문학의 위기를 이야기하는 인문학 선언은 기실 시장 논리가 지배하고, 효율성만이 강조되며, 과학기술의 급속한 발전에 휩쓸리는 오늘날 우리 사회의 부정적 모습에 대한 의미 있는 반향이다. 인문학은 객관적 지식이나 과학적 논리로도 해결할 수 없는 문제에 대한 정답을 모두 갖고 있지는 않다. 그럼에도 선언문에서 인문 정신의 필요성을 강조하는 것은 인문학이 문제의 본질에 접근하는 통로를 마련해 줌으로써 우리의 삶을 더 나은 방향으로 나아갈 수 있도록 해 주기 때문이다. 인간이 주체가 되는 '인간의 학문'인 인문학을 통해 '나'와 '우리', 그리고 '우리'를 둘러싼 문제의 답을 찾아보자.

기본과제

1. 〈인문학 선언〉의 핵심 내용을 간단하게 한 단락으로 요약해 보자.

2. 〈인문학 선언〉에서 인문학의 위기가 발생한 이유가 무엇인지 찾아서 설명해 보자. 그리고 인문학의 위기를 불러온 문제점들을 통해 인문학의 본질이 무엇인지 추측해 보자.

3. 〈인간 존재와 인문학〉의 필자는 '인문과학'이 인문학을 오해한 데서 비롯한 명칭이며 과학에 대한 열등감의 표현이라고 비판한다. 인문학이 어떤 측면에서 자연과학 및 사회과학에 대해 열등감을 느끼게 되는지 생각해 보자.

4. 두 편의 글을 다시 한 번 읽고 인문학의 정의를 한 문장으로 써 보자.

심화 과제

1. 버트런드 러셀은 '사랑에 대한 갈망, 지식에 대한 탐구욕, 인류의 고통에 대한 참기 힘든 연민'이라는 세 가지 열정이 자신의 인생을 지배해 왔다고 말한다. 여러분의 인생을 지배하는 열정으로는 무엇이 있는지 생각해 보고 그러한 열정이 여러분의 인생을 지배하는 이유를 설명해 보자.

2. 유한한 존재로서의 인간은 죽음의 문제 앞에서 자신의 존재에 대해 성찰하게 된다. 죽음에 대한 인문학적 성찰과 종교적 성찰의 차이점을 찾아서 비교해 보자.

3. 미국의 인문학자 얼 쇼리스(Earl Shorris)는 소외 계층을 위한 정규 대학 수준의 인문학 교육과정인 '클레멘트 코스'를 만들고서, 가난한 이들에게 '정신적 삶'인 인문학을 가르쳐야 한다고 하였다. 인문 교육이 빈민의 삶을 바꿀 수 있다고 믿었기 때문이다. 이 시도는 처음에 비웃음을 샀지만 결국 성공을 거두었고 현재는 여러 나라에서 다양한 방식으로 진행되고 있다. 실제 알코올 중독자, 노숙자, 실업자, 출소자 등 사회의 빈곤층들이 클레멘트 코스를 통해 인문학 수업을 수강한 뒤 이전과는 다른 모습으로 살아갈 '힘'을 얻었다고 고백하고 있다. 클레멘트 코스의 유래와 현황에 대해 조사해 보고, 인문학이 사람의 삶을 바꿀 수 있는 이유에 대해 토론해 보자.

1.2.

과학 시대의 인문학

인문학 1 • 인문학과 인문 정신	➡	인문학 2 • 과학 시대의 인문학	➡	인문학 3 • 철학의 가치	➡	인문학 4 • 대학 교양 교육의 의미

오늘의 세계는 과학 또는 과학기술 문명의 세계이다. 과학과 기술은 오늘의 삶을 일반적으로 규정하고 있는 가장 큰 테두리를 이룬다. 일상적인 삶에서 그것이 사람들의 삶에 미치는 영향의 거대함은 새삼스럽게 말할 필요도 없다. 또 그것은 다른 분야의 학문 연구에서도 주제나 방법론상으로 커다란 참조의 틀이 된다. 그런가 하면 다른 한편으로 과학은 시대적 · 지적 풍토와 사회적 여론의 풍토에 크게 영향을 받는다. 다만 이러한 상호영향 관계는 그리 분명히 의식되지 않을 수도 있다.

과학이 다른 학문에 주는 영향 가운데 핵심적인 것 중의 하나는 그것이 시사하는 인간의 이미지이다. 인문과학의 많은 성찰 밑에 들어 있는 것은 인간이란 무엇인가 하는 질문이다. 인간의 문제는 인문과학의 영역처럼 생각된다. 그러나 모든 학문에는 사람의 존재 방식에 대한 상정이 들어 있다. 그것이 의식되지 않더라도 학문적 절차만으로도 인간에 대한 어떤 가정이 시사된다. 그리고 학문의 영향은 이 이미지를 통해 교환된다. 그러나 이미지는 학문 구성의 공리(公理)가 되는 까닭에 적극적으로 검토의 대상이 되기 어렵다.

경제학이 가진 인간의 본질에 대한 전제는 인간이 기본적으로 이기적 욕망의 존재라는 것과 그것을 실현하기 위한 방법으로서 '주고받고, 교환하고, 장사하고' 하는 타고난 성향을 가지고 있다는 것이다. 더 일반적으로 사회과학은 인간이 여러 가지 수단에 의해 조종될 수 있는 존재라는 것을 상정하는 것으로 보인다. 그것은 이 수단의 확정과 작용에 큰 관심을 기울인다. 인간 본성의 한 전제로서의 이기적 욕망은 이러한 수단의 하나이다.

과학이 그 기술적 응용을 통해 인간 생활에 커다란 변화를 가져오는 것은 새삼스럽게 말할 것도 없다. 그것은 우리가 갖는 인간에 대한 생각에도 보이지 않는 영향을 준다. 과학기술이 거둔 커다란 성공은 물건과 세계를 조종의 대상으로 보게 한다. 동시에 인간 자신을 조종할 수 있는 대상으로 생각하게 하는 경향을 갖는다. 이론적인 물리학이 다루는 세계가 인간의 삶의 토대 또는 테두리를 이루는 것임에는 틀림이 없다. 물리학에서의 분자나 원자 또는 미립자 세계나 우주 공간의 일들은 중요하고 흥미롭지만 오늘의 인간에게 어떠한 관계를 갖는지 분명치 않다. 그러나 이 분야에서의 연구는 이미 그 실험적 조작 — 그리고 조종의 방법으로 인해 사람을 조종이 가능한 대상적 존재로 규정하는 인간관에 스스로를 위임하기 쉽다.

아마 인간을 생각하는 데 더욱 중요한 것은 신경 과학이나 인지과학 등에 있어서의 연구일 것이다. 그러나 여기에 드러나는 인간의 모습도 그다지 깊이 있는 것이 아닐 수도 있다. 그것은 이미 방법론적으로 자연과학의 일반적 전제에 묶여 있는 것으로 생각된다. 오늘의 생물학은 물리적 현상을 다루는 물리학이나 화학과 비슷한 점을 많이 가지고 있다. 그런 것이 보다 직접적으로 인간의 이해에 관계를 가지고 있는 것은 말할 것도 없다. 사람을 구성하는 분자나 세포의 작용, 유기체의 대사 작용, 삶과 환경의 교환 관계 등에 대한 지식이 인간을 이해하는 데 시사하는 바가 있을 것임은 쉽게 추측할 수 있다.

…(중략)…

전통적으로 인간 이해의 문제는 인문과학의 소관사로 생각되어 왔다. 철학을 비롯한 인간 이해는 성찰에 의존해 이루어지는 것이었다. 좀 더 엄밀한 관점에서는 인식의 기본적 장으로서 의식에 나타나는 기본적인 현상을 기술하고 분석하는 현상학적 관점에 의존했다고 할 수 있다. 여기에 사물 자체의 근본으로 끊임없이 되돌아가 논리적 분석의 엄밀성을 존중하려는 노력이 없는 것은 아니다. 그러나 결과적으로 인문과학의 노력은 모든 내면의 문제가 그러하듯이, 명증한 결론보다는 암중모색의 혼란이 더 많이 눈에 띈다.

그리하여 과학의 확실성은 인문과학적 사고에서도 늘 선망의 대상이 된다.

그러나 과학이 시사하는 인간관은 그 방법적 구속으로 인해 벌써 우리에게 직관적으로 주어지는 인간 이해로부터 비껴나간다는 느낌을 준다. 인간 이해에서 그 자신의 직관으로 접근되는 자료를 버리는 것은 증거의 가장 중요한 부분을 버리는 것이다. 사람의 지능에 관한 논쟁에서 철학자 설(Searle)은 두뇌에서 진행되는 운산을 컴퓨터 시뮬레이션으로 재생한다고 하더라도, 그때 컴퓨터가 사람이 가지고 있는 바와 같은 의식 또는 더 나아가 감정을 가지고 있다고 할 수 있느냐는 질문을 제기하고 의식의 부재가 컴퓨터와 인간을 갈라놓는 것이라고 주장한 일이 있다. 내면의 모든 성찰이 반드시 신뢰할 만한 증거가 되는 것은 아니지만, 내면에 대체될 수 있다고 주장하는 외면적 증거가 체험의 직관을 완전히 부정하거나 또는 적어도 그에 대한 적절한 인과관계를 설명할 수 없다면 그러한 인간 이해의 기획은 성공한 것이 될 수 없다.

우리가 인간을 말할 때 그것은 스스로의 삶을 살아가는 개체로서의 존재 — 물론 삶의 토대가 되는 물리학적 · 화학적 · 생물학적 환경에 의해 뒷받침되고 그에 작용하는 동시에 다른 한편 사회와 문화의 망 속에 이어져 있는 개체적 존재로서의 인간을 말한다. 사람이 분자나 세포로 이루어진 것은 사실이지만, 그러한 것의 결집이 이루는 개체는 그 구성 분자와는 또 다른 어떤 존재이다. 일정한 형태로 조직된 분자와 세포들은 새로운 성질, 요즘 더러 쓰는 용어로 말하건대, 창발적인 성질(emergent property)을 드러낸다. 인간을 과학적으로 살펴볼 때 문제가 되는 것은, 이 새로운 존재론적 차원을 어떻게 그 관찰에 포함시키느냐 하는 것이다. 오늘날 이 차원에 대한 충분한 이해는 없는 것 같다. 그러나 과학에서도 복잡한 조직의 어떤 국면에서 나타나는 새로운 성질과 작용이 과학적 연구의 새로운 과제로 등장하고 있다. 전통적 인간 이해는 이러한 차원에 삽입될 수 있을지도 모른다.

이러한 각도에서 문제에 접근할 때 궁극적으로 철학적 인간학이나 자연과학의 인간 이미지는 서로 수렴될 가능성도 있다. 그리고 궁극적으로 인간과 세계에 대한 과학적 지식과 자각적 이해는 서로 크게 떨어져 있지 않다는 것이 드러날지도 모른다. 이러한 수렴은 사람의 삶에 매우 중요하다. 앞에서 말한 바와 같이 모든 학문에 인간에 대한 어떤 전제가 들어 있고, 모든 사람의 일에 인간에 대한 어떤 이미지가 들어있다면, 우리의 인간 이해가 객관적 사실과 인간의 내면적 요구에 적절하게 맞아 들어간다는 것은 인간 경영의 토대가 믿을 만한 것이 된다는 것을 말하기 때문이다.

– 김우창, 《깊은 마음의 생태학》, 김영사, 2014.

도움말

인문학이 무엇인지에 대해 정의를 내리는 일은 쉽지 않다. 가장 범범하게 대답한다면 '인간이란 무엇인가?'라는 질문에 대한 모든 답변이라고 할 수 있을 듯하다. 그렇기 때문에 인간의 본질에 대해 탐구하는 방법은 무척 다양하다. 인문학에 대한 사전적 정의가 '인간의 언어 · 문학 · 예술 · 철학 · 역사 따위를 연구하는 학문'이라는 점을 감안할 때, 인간이 수행하는 모든 학문적 행위는 인문학의 영역에 포함된다고 할 수 있다.

윗글에서는 인문학의 본질을 인문학 내부에서만 찾는 것이 아니라 자연과학과의 관계 속에서 새롭게 규정하고 있다. '명증한 결론보다는 암중모색의 혼란'이 더 많이 눈에 띄는 인문학의 불확실성을 자연과학의 '확실성'을 통해 보완할 수 있다고 보았기 때문이다. 다른 한편으로는, 인문학을 통한 '인간의 이해'가 과학만으로는 해결할 수 없는 인간 이해의 토대를 마련할 수 있다고도 하였다. 이는 학문 영역 사이의 상보(相補) 관계를 말해주는 동시에, 오늘날 인문학 연구가 나아가야 할 방향의 제시이기도 하다. 이 글에서 찾을 수 있는 방향성을 통해 인문학의 본질을 함께 모색해 보자.

기본 과제

1. 윗글의 필자는 "모든 학문에는 사람의 존재 방식에 대한 상정이 들어 있다."라고 하였다. 자신의 전공 학문에서는 '인간'을 어떻게 이해하고 있는지 생각해 보고, 그에 맞는 정의를 내려 보자. 예를 들어, '○○학적 관점에서의 인간이란 무엇인가?'라는 질문에 대한 답변을 생각해 보자. 그리고 해당 학문이 인간의 본질을 이해하는 데 있어서 어떤 측면에서 도움이 될 수 있는지 이야기해 보자.

2. 인문학이 '과학의 확실성'을 늘 선망의 대상으로 바라보았다는 말은 곧 '인문학의 불확실성'을 의미한다. 인문학에서 대상에 논리적으로 접근하려는 노력이 없지 않았음에도 불구하고 '불확실성'을 갖게 되는 이유가 무엇인지 생각해 보자.

3. 철학자 설(Searle)은 기계적인 시스템이 인간과 같은 지능과 의도성을 갖는다고 단정할 수 없다는 사실을 논증하기 위해 상상 실험인 '중국어방 논증'을 제시하였다. 그 내용은 다음과 같다.

우선 방 안에 영어만 할 줄 아는 사람을 집어넣는다. 그 방에 그 사람 외에 필담을 할 수 있는 도구와 미리 만들어 놓은 중국어 질문 목록과 중국어로 된 그 질문에 대한 완전한 대답 목록을 준비해 둔다. 이 방 안으로 중국인 심사관이 중국어로 질문을 써서 안으로 집어넣으면 방 안의 사람은 그것을 준비된 대응표에 따라 그에 대한 답변을 중국어로 써서 밖의 심사관에게 준다.

방 안에 있는 사람이 중국어를 전혀 할 줄 모르고 영어만 할 수 있다는 사실을 알지 못하는 중국인의 관점에서 보면 방 안에 있는 사람은 중국어를 할 줄 아는 사람처럼 느낄 것이다. 그러나 사실 방 안에 있는 사람은 중국어를 전혀 할 줄 모르고, 중국어로 된 질문을 이해할 필요도 없다. 단지 준비된 대응표에 따라 자신이 갖고 있는 대답 목록 가운데 적절한 것을 밖으로 내밀 뿐이다. 그렇다면 비록 중국어로 된 질문을 완벽히 알고 그에 대한 답변을 적절히 했다고 하더라도, 방 안에 있는 사람이 실제로 중국어를 이해하는지의 여부는 알 수 없다는 결론을 얻을 수 있다. 설은 이러한 논증을 근거로 "두뇌에서 진행되는 운산을 컴퓨터 시뮬레이션으로 재생한다고 하더라도, 그때 컴퓨터가 사람이 가지고 있는 바와 같은 의식 또는 더 나아가 감정을 가지고 있다고 할 수는 없다."라는 결론을 이끌어낸다.

설의 실험을 모델로 하여 특정한 상황을 가정한 '질문 목록'과 '질문에 대한 답변 목록'을 만들어 실험을 진행해 보고, 실험 결과가 설의 논증과 비슷한 결과를 도출하는지 확인해 보자.

심화 과제

1. 윗글에서 말하는 '창발적인 성질(emergent property)'이 무엇을 의미하는지 알아보고, 생활 주변에서 창발성이 발현된 사례를 제시해 보자.

2. 오늘날 인문학과 자연과학의 '통섭', '융합'이 하나의 화두로 떠오르고 있다. 이는 인문학과 자연과학을 별개로 분리된 특수한 영역으로 간주하기보다는 서로가 서로에게 도움이 되는 상보성(相補性)에 중점을 둔 결과이다. 실제 생활 주변의 사례를 통해 '인문학이 자연과학에 도움을 주는 경우'와 '자연과학이 인문학에 도움을 주는 경우'를 찾아보자.

1.3.
철학의 가치

인문학 1 • 인문학과 인문 정신	➡	인문학 2 • 과학 시대의 인문학	➡	인문학 3 • 철학의 가치	➡	인문학 4 • 대학 교양 교육의 의미

철학의 가치는 사실상 주로 그 불확실성에서 찾아야 한다. 철학적 소질이 없는 사람은 일평생 상식에서 생겼거나, 연령 또는 국적에 의한 습관적 신념에서 생겼거나, 신중한 이성의 협력 또는 동의가 없이 마음속에서 자라난 확신에서 생긴 편견에 사로잡힌다. 이러한 사람에게는 세계는 명확하고 유한하고 분명하다. 보통의 대상은 문제를 일으키지 않고 익숙치 못한 가능성은 경멸하며 거부한다. 반대로 우리는 철학적 사색을 시작하자마자 아주 일상적인 사물조차도 매우 불완전한 대답밖에 할 수 없는 문제로 되는 것이다.

철학은 스스로 제기한 의심에 대해 확실성을 갖고 무엇이 참된 대답인가를 말할 수는 없더라도 우리들의 사고를 확대하고 관습의 전제(專制)로부터 해방시키는 많은 가능성을 시사할 수 있다. 따라서 한편으로는 사물이 어떠한 것인가 하는 데 대한 우리들의 확실성의 느낌을 감소시키면서, 철학은 사물은 어떤 것일 수 있는가 하는 데 대한 우리들의 지식을 크게 증대시킨다. 철학은 인간을 자유롭게 하는 회의의 영역에 한 번도 발을 들여놓지 못한 사람들의 약간 거만한 독단론을 제거하고 친숙한 사물을 친숙하지 못한 측면에서 보여 줌으로써 우리의 경이감을 생생하게 유지한다.

생각지 못했던 가능성을 보여 준다는 유용성은 제쳐 놓더라도 철학은 사색하는 대상의 위대함, 이러한 사색에 의해 획득하는, 협소하고 개인적인 목표로부터의 자유 때문에 그 가치 — 아마도 가장 중요한 가치 — 를 갖는다. 본능적인 사람의 생활은 개인적인 이해 관계의 범위에 국한된다. 가족이나 친구는 포함되겠지만 외부 세계는 그것이 본능적 욕구를 조장하거나 방해하지 않는 한 고려되지 않는다. 이러한 생활은 열광적으로 국한된 것이지만 이에 비교하면 철학적 생활은 평정(平靜)하고 자유롭다.

본능적 관심의 개인적 세계는 작은 세계이고 조만간에 우리들의 개인적 세계를 파멸시킬 거대하고 강력한 세계의 한 가운데에 놓여 있다. 외부 세계 전체를 포함하도록 우리들의 관심을 확대할 수 없다면 우리는 적이 탈출을 막고 있어서 결국은 항복이 불가피하다는 것을 알고 있는 포위당한 요새 경비대와 같은 상태에 남아 있게 된다. 이러한 생활에는 평화는 없고 완강한 욕망과 무력한 의지 사이의 끊임없는 투쟁이 있을 뿐이다. 우리들의 생활이 위대하고 자유로워야 한다면 어떠한 방식으로든 우리는 이러한 감옥과 투쟁으로부터 탈출해야 한다.

탈출의 한 방법은 철학적 사색에 있다. 철학적 사색은 우주를 두 적대 진영 — 동지와 적, 우호적인 것과 적대적인 것, 선과 악 — 으로 가르지 않고 우주 전체를 공평하게 본다. 철학적 사색은 순수할 때는 인간 이외의 나머지 우주가 인간과 동족이라는 것을 증명하려고 하지 않는다. 지식을 획득하면 언제나 '자기'가 확대되지만 이러한 확대는 직접 추구되지 않을 때 가장 잘 달성된다. 자기의 확대는 지식에 대한 욕구만이 움직이고 있을 때, 앞질러서 대상이 이러이러한 성격을 가져야 한다고 바라지 않고 대상 속에서 발견되는 성격에 '자기'를 적응시키는 연구에 의해 달성된다. 이러한 '자기'의 확대는 '자기'를 그대로 놓아두고 세계는 '자기'와 아주 비슷하기 때문에 이질적인 것을 인정하지 않더라도 세계에 대한 지식이 가능하다는 것을 보여 주려고 할 때는 달성되지 않는다.

이것을 증명하려고 하는 요구는 자기 주장의 한 형식이고 모든 자기 주장과 마찬가지로 이러한 자기 주장도 '자기'의 성장 — '자기'는 이것을 욕구하고 가능하다는 것을 알고 있다 — 에 대한 장애물이다. 자기 주장은 다른 경우와 마찬가지로 철학적 사변에서도 세계를 자기 자신의 목적을 위한 수단으로 본다. 따라서 자기 주장은 세계를 '자기'보다 가치가 적다고 하고 따라서 '자기'는 자신의 재화의 위대함에 한계를 두게 된다. 반대로 사색에서는 우리는 '비아(非我, not-self)'로부터 출발하고 그 위대함을 통해 '자기'의 경계를 확대한다. 우주의 무한성을 통해 이를 사색하는 정신은 어느 정도 무한에 관여한다.

이러한 이유로 보아 우주를 인간에 동화시키려는 철학은 영혼의 위대함을 육성하지 못한다. 지식은 '자기'와 '비아'를 통일하는 한 형식이다. 모든 통일과 마찬가지로 '자기'와 '비아'의 통일은 한쪽이 지배하면 손상되며 따라서 우주를 우리 자신에게서 발견하는 것에 억지로 일치시키려고 하면 손상된다. '인간'은 만물의 척도이고 진리는 인간이 만든 것이며 공간과 시간과 보편의 세계는 정신의 성질이고 정신에 의해 창조된 것이 없다면 그것은 알 수 없고 무의미하다고 하는 견해를 보이는 철학적 경향이 널리 퍼지고 있다.

만일 지금까지 우리들의 검토가 옳다면 이러한 견해는 옳지 않다. 옳지 않을 뿐만 아니라 이러한 견해는 철학적 사색으로부터 가치 있는 모든 것을 박탈하는 결과를 초래한다. 이러한 견해는 사색을 '자기'에 속박해 주기 때문이다. 이 견해에서 지식이라고 말하는 것은 '비아'와의 통일이 아니라 우리들과 우리들을 넘어선 세계 사이에 투시할 수 없는 베일을 치는 일련의 편견, 습관 및 욕망이다. 이러한 인식론에서 즐거움을 찾아내는 사람은 그의 말이 법이 아닌 것을 두려워해서 집 밖으로 결코 나가지 않는 사람과 같다.

반대로 참된 철학적 사색은 '비아'의 모든 확대에서, 사색되는 대상을 위대하게 하고 따라서 사색하는 주체를 위대하게 하는 모든 것에서 만족을 느낀다. 사색에서는 개인적 또는 사적(私的)인 모든 것, 습관이나 사리사욕이나 욕망에 의존하는 모든 것은 대상을 왜곡하고 따라서 지성이 추구하는 통일을 손상시킨다. 이와 같이 주체와 객체 사이의 장벽을 둠으로써 이러한 개인적 및 사적인 것은 지성에 대해 감옥이 된다.

자유로운 지성은 신이 사물을 보듯이 '여기'와 '지금'이 없이, 희망도 공포도 없이 습관적 신념이나 정통적 편견에 사로잡히지 않고 평정하고 냉철하게 오직 지식 — 인간에게 가능한 한 비개인적이고 순수하게 사색적인 지식 — 을 추구하면서 사물을 볼 것이다. 따라서 자유로운 지성은 감관(감각기관과 그 지각 작용)에 의해 알려지는 지식보다는 개인적 역사의 우연이 섞이지 않은 추상적이고 보편적인 지식을 더 높이 평가할 것이다. 그런데 감관에 의해 알려지는 지식은, 이러한 지식이 그렇지 않을 수 없는 것처럼 배타적이고 개인적인 관점과 그 감각기관이 나타나는 모든 것을 왜곡하는 신체에 의존하는 것이다.

철학적 사색의 자유와 공평성에 익숙한 정신은 행위와 감정의 세계에서도 동일한 자유와 공평성을 유지하려고 할 것이다. 이러한 정신은 그 목적과 욕망을 고집 없이 전체의 한 부분으로 볼 것이고 이러한 정신은 그 목적과 욕구를 그 밖의 모든 것이 어떠한 인간의 행위에 의해서도 영향을 받지 않는 세계의 극미(極微)한 단편이라고 봄으로써 생기는 것이다.

사색에 있어서 진리에 대한 순수한 욕구가 되는 공평성은 행위에 있어서는 정의가 되고 감정에 있어서는 보편적인 사랑, 곧 이용할 만하다거나 찬양할 만하다고 판단되는 사람들만이 아니라 모든 사람에게 줄 수 있는 사랑이 되는 것과 동일할 정신의 성질이다. 따라서 사색은 사고의 대상을 확대시킬 뿐 아니라 행위와 감정의 대상도 확대시킨다. 사색은 우리를 다른 모든 도시와 싸우고 있는 성벽으로 둘러싸인 한 도시의 시민일 뿐 아니라 우주의 시민이 되게 한다. 인간의 참된 자유도, 또한 협소한 희망과 공포의 노예 상태로부터의 해방도 이와 같이 우주의 시민이 되는 데 있는 것이다.

그러면 철학의 가치에 대한 논의를 요약하기로 하자. 철학은 그 문제에 대한 확정적 대답을 위해 연구해서는 안 된다. 일반적으로 확정된 대답은 참이라는 것을 알 수 없기 때문이다. 오히려 철학은 문제 그 자체를 위해서 연구해야 한다. 이러한 문제는 가능한 것에 대한 우리들의 생각을 확대하고 우리들의 지적 상상력을 풍요하게 하고 사변에 대해 마음의 문을 닫게 하는 독단적 확신을 감소시키기 때문이다. 그러나 무엇보다도 철학이 사색하는 우주의 위대함으로 말미암아 정신도 위대해지고 우주와의 합일이 가능해지기 때문이다. 이러한 합일은 정신의 최고선(最高善)이다.

– 버트런드 러셀 저, 황문수 역, 《철학이란 무엇인가》, 문예출판사, 2014.

도움말 이 책의 원제는 *The Problems of Philosophy*이다. 버트런드 러셀은 이 저술을 통해 오랜 세월 동안 철학자들에 의해 논의되어 온 '현상과 실재', '존재와 본성', '진리와 허위' 등 철학이라는 학문이 다루고 있는 여러 분야를 설명하고 있다. 인용한 부분은 이 가운데 '철학의 가치'에 대한 설명이다. 그는 철학의 불확실성에 대해 논하면서도, 그 이면에는 철학으로부터 이끌어 낼 수 있는 수많은 가능성이 존재하고 있음을 역설하고 있다. 이는 곧 철학이란 무엇인가에 대한 답변이며, 우리가 철학을 해야 하는 이유에 대한 답변이 된다고도 할 수 있다.

기본 과제

1. 윗글에서 말하는 '자기(自己)'와 '비아(非我)'의 개념에 대해 비교의 방식으로 정리해 보자.

2. 윗글의 필자는 "철학은 스스로 제기한 의심에 대해 확실성을 갖고 무엇이 참된 대답인가를 말할 수는 없더라도 우리들의 사고를 확대하고 관습의 전제(專制)로부터 해방시키는 많은 가능성을 시사할 수 있다"라고 하였다. 이 말이 의미하는 바가 무엇인지 가급적 자세하게 풀어서 설명해 보자.

3. 윗글에서 필자는 "자유로운 지성은 감관(감각기관과 그 지각 작용)에 의해 알려지는 지식보다는 개인적 역사의 우연이 섞이지 않은 추상적이고 보편적인 지식을 더 높이 평가할 것이다. 그런데 감관에 의해 알려지는 지식은, 이러한 지식이 그렇지 않을 수 없는 것처럼 배타적이고 개인적인 관점과 그 감각기관이 나타나는 모든 것을 왜곡하는 신체에 의존하는 것이다"라고 하였다.
다음에 제시하는 조선 후기의 저명한 문인이자 실학자인 박지원(朴趾源, 1737-1805)의 글을 읽고, '감각기관을 통해 습득하는 지식'과 '사색을 통해 도달한 지식'의 차이에 대해 이야기해 보자. 그리고 아래 글의 '소경'과 비슷한 경험을 한 적이 있는지 생각해 보자.

화담(花潭) 서경덕(徐敬德)이 밖에 나갔다가 집을 잃어버리고 길가에서 우는 자를 만나서 "너는 어찌 우느냐?"라고 물은 일이 있었다네.

울던 이는, "저는 다섯 살에 소경이 되어 지금까지 이십 년이 지났습니다. 아침나절에 밖에 나왔는데 갑자기 천지 만물이 환하게 보이는 것이었습니다. 기쁜 마음에 집으로 돌아가고자 했는데, 밭두둑에 갈림길이 많고 대문들이 서로 비슷해 보여 제집을 찾아낼 방법이 없었습니다. 그래서 울고 있습니다."라고 대답했지.

서경덕 선생은 "집으로 돌아갈 수 있는 방법을 내가 가르쳐 주마. 눈을 도로 감으면 바로 네 집을 찾을 수 있을 것이다."라고 했다네.

이에 소경이 눈을 감고 지팡이로 더듬으며 발길 가는 대로 걸어가니 곧 집에 도착할 수 있었지. 눈을 뜨게 된 소경이 길을 잃은 이유는 다름이 아니라 세상의 모습이 뒤바뀌고 희비(喜悲)의 감정이 작용했기 때문이라네. 이것을 바로 망상(妄想)이라고 하지. 지팡이로 더듬고 발길 가는 대로 걸어가는 것이 바로 우리들이 분수를 지키는 진정한 도리이자, 제집으로 돌아가는 방법이라네.

- 박지원, 〈창애(蒼崖)에게 답하는 편지〉

심화 과제

1. 윗글에서 필자가 '철학의 가치'에 대해 내린 정의를 따르자면, '확정적 대답, 즉 정답이 없는 문제에 대해 생각하는 것'에 철학의 본질이 있다고 할 수 있다. 누구든 자신의 삶 속에서 이처럼 정답이 없는 문제에 대해 긴 시간을 들여 고민해 본 적이 있을 것이다. 현재 자신의 경우를 떠올려 보고 이와 같은 경험을 함께 이야기해 보자.

2. 자신이 사고하고 판단하는 데 있어서 가족 · 학교 · 인종 · 국가 등, 외부적 요인이 제약이나 편견으로 작용한 경험을 떠올려 보자. 그런 다음 이번에는 자신의 사고에 제약을 가져온 외부적 요인을 걷어내고 다시 판단해 보자. 그리고 그 결과가 같은지 혹은 다른지에 대해 함께 토론해 보자.

3. 사람들은 어떤 일로 인해 자신이 직접적으로 이익을 얻거나 손해를 입지 않는다고 하더라도 그 일의 옳고 그름을 따지는 경우가 많다. 그에 해당하는 실제 사례를 들어 보고 사람들이 타인의 일에 관심을 갖고 시비를 분별하고자 하는 이유에 대해서도 함께 생각해 보자.

1.4.
대학 교양 교육의 의미

인문학 1
• 인문학과 인문 정신
➡
인문학 2
• 과학 시대의 인문학
➡
인문학 3
• 철학의 가치
➡
인문학 4
• 대학 교양 교육의 의미

한국의 4년제 대학에서 '교양 교육'이란 걸 실시하지 않는 곳은 거의 없을 정도다. 대학 입학자는 초급 학년 단계에서, 혹은 그 이후에도, 반드시 교양 과정이란 걸 거쳐 소정의 교양 학점을 따야 졸업할 수 있게 되어 있다. 여기까지는 누구나 아는 바다. 그런데 대학 운영자, 다수의 전공 교수들, 사회 일반인들, 그리고 학생들조차 잘 모르거나 거의 모르고 있는 것이 있다. 교양 교육을 실시한다고 야단 떨기는 하는데 정작 그 '교양'이란 무엇인가? 대학에서는 무엇을 가리켜 교양이라 부르는가? 내가 아까운 지면을 바쳐 느닷없이 교양의 문제를 꺼내드는 것은 누군가가 공론의 장에서 반드시 지적해야 할 어떤 '위기' 때문이다. 총장을 비롯한 대학 운영자들, 고위 보직자들, 다수 교수들, 대부분의 신입생들, 그리고 많은 일반인들이 교양이라는 것을 제대로 이해하고 그 중요성을 인식하지 않는 한 한국에서의 대학 교육은 막대한 낭비, 왜곡, 저효율에 계속 시달릴 것이 분명하다. 이것은 위기다. 이런 위기는 사회와 무관한가?

최근 어떤 대학의 교무위원회 자리에서 이렇게 발언한 보직 교수가 있었다고 한다. "요즘 우리 대학 신입생들은 교양과목 듣느라고 공부와 멀어지고 있다. 무슨 조치가 필요하다." 교양과목 듣느라 공부와 멀어진다? 다수의 보직 교수들, 특히 전공학과 교수들의 머릿속에 '교양'이란 것이 어떻게 인식되고 이해되는지 단적으로 드러내 보여 주는 대목이다. 그들이 아는 교양은 알아도 되고 몰라도 되는 잡동사니 상식 같은 것, 백화점 문화센터 꽃꽂이 강의 같은 것, 금강산도 식후경이랄 때의 그 '식후경' 같은 불요불급의 장식성 액세서리 같은 것, 본격적인 공부와는 관계없는 어떤 것이다. 놀랍게도, 대학 전공 학과 교수들 가운데 줄잡아 80퍼센트 이상은 교양을 그렇게 이해하고 있다. 그리고 그들은 그 틀려먹은 '교양관'으로 평생 학생들을 가르치다 퇴임한다. 퇴임 전에라도 자신의 틀린 생각을 바로잡는 교수는, 미안한 얘기지만, 극소수다.

신문 지면에서 교양론을 편다는 것은 무리한 일이다. 핵심적인 얘기만 추리도록 하자. 핵심 중의 하나는 이제 우리 대학들이, 다수 교수와 학생들이, 교양 교육이랄 때의 그 '교양'이란 말에 대한 틀에 박힌 상식과 이해를 완전히(그렇다, 완전히) 벗어던져야 한다는 것이다. 교양은 잡학, 상식, 장식물이 아니고 심지어 박학다식이랄 때의 '다식'(多識)도 아니다. 많이 읽고 많이 아는 사람의 다식을 꼭 흠잡을 일은 아니지만 이것저것 많이 알기만 할 때의 박학다식은 철학자 앨프리드 노스 화이트헤드의 적절한 지적처럼 '백해무익'하다. 교양이란 말은 박식, 잡식, 다식 같은 것을 가리키는 일반적 상식어가 아니다. 무엇보다 그것은 철학 기반을 가진 교육학적 용어이고 진리 발견과 인식에 관한 방법론이며 인간의 창조적 능력을 상향 조성하고자 할 때의 정신적 훈련과 관계되어 있다.

이럴 때는 사례를 드는 것이 좋다. 하버드대학은 2007년 학부 교육과정을 개편하면서 낸 보고서에서 "하버드 교육의 목적은 '리버럴 에듀케이션'을 실시하는 데 있다"고 선언하고 있다. 그쪽에서 '리버럴 에듀케이션'(liberal education)이라 불리는 것이 지금 한국에서 '교양 교육'이다. 두 용어의 의미와 역사는 상당히 다르기 때문에 우리가 해방 후 미국 학제를 도입하면서 그쪽의 리버럴 에듀케이션을 '교양 교육'이라 번역해서 수입한 것은 매우 불행한 사건에 속한다. 리버럴 에듀케이션이란 상식적 잡식 교육이 아니라 '틀에 갇히지 않는 자유로운 탐구와 교육'이다. 틀에 가두고 갇히는 교육 아닌 틀을 깨고 나가는 교육, 기성의 진리 체계, 지식, 진리 주장들을 당연한 것으로 받아들이지 않는 비판적 사고력의 함양, 지식의 단순 전수와 답습보다는 전수를 넘어 새로운 지식을 생산해 낼 수 있는 상상력, 호기심, 이해력의 자극과 확대 — 몇 마디로 요약하자면 이런 것이 '틀을 깨고 나가는' 교육으로서의 리버럴 에듀케이션, 우리식 표현으로는 '교양 교육'이다. 문제는 서구식 교육 방법으로서의 리버럴 에듀케이션의 전통이 거의 없는 한국에서(이것은 중국 · 일본을 포함한 동아시아 국가들의 공통점이다) 그 전통에서 나온 교육법을 가져다 정신과 알맹이는 빼고 '교양'이라는 모호한 말 속에 담으려고 한 것이 우리의 교양 교육이다. 교양이라는 말 자체는 나쁘달 수 없다. 그러나 우리 사회에서 상식화된 의미의 교양은 대학 교양 교육이랄 때의 '교양'을 크게 왜곡하는 요인이 되고 있다. 이건 우리가 교육 편제 도입에서 반드시 했어야 할 정리 작업 가운데 무엇을 소홀히 했는가에 대한 자성적 차원의 지적이다. 교양 교육이랄 때의 '교양'의 의미, 철학, 교육 방법을 수십 년이 지나도록 제대로 정립하지 못한 것이다.

또 쉬운 사례를 드는 것이 좋겠다. 앞서 말한 하버드 보고서에는 대학에서의 교양 교육(리버럴 에듀케이션)의 성격과 목표를 간명하게 정리한 이런 대목이 나온다. "교양 교육의 목표는 추정된 사실들을 동요시키고, 익숙한 것을 낯설게 만들며 현상들 밑에, 그리고 그 배후에서 일어나는 것들을 폭로하고, 젊은이들의 방향감각을 혼란시켜 그들이 다시 방향을 잡을 수 있는 길을 발견하도록 도와주는 것이다." 우리나라 대학 총장들, 보직 교수들, 전공 학과 교수들의 상당수가 지금부터 100번 이상은 읽고 새겨들어야 할 '교양 교육론'이다. 이 간명한 진술은 이 글의 주제(대학 교육에서 '교양'이란 무엇인가)에 잘 응답하고 있다. 교양은 단순 지식의 집적, 잡학과 다식, 박학을 넘어 기성의 진리 체계를 동요시키는 힘, 익숙하고 친숙한 것들을 낯설게 하고 심문하는 능력, 기존의 진리 주장 어느 것도 그냥 받아들이지 않는 비판적 사고력, 현상의 배후에 숨은 보이지 않는 것들을 드러내는 힘, 방향감각을 흔들고 혼란시켜 새로운 방향을 잡아나갈 수 있게 하는 능력, 틀린 것은 바로잡으려는 오류 수정의 정신 — 이것이 '교양'이고 교양 교육의 '목표'다. 교양은 전공 지식을 절대로 무시하지 않으면서 지식의 틀에 갇히기를 거부하는 자율적인 정신의 생태 체계, 거리낌없이 탐구하는 모험적 호기심에 대한 대긍정의 체제다.

그런데 교양과목 듣느라 학생들이 공부와 멀어진다고? 이렇게 말한 교수는 필시 대학 1학년 때에도 공부해야 할 전공 지식이 있는 법인데 교양 수업이 그 전공 공부의 시간을 뺏고 있는 것 아닌가 하는 우려의 목소리를 낸 것이리라. 그러나 교양은 공부와 멀어지게 하는 시선 분산의 놀이가 아니라 공부하는 데 없어서는 안 될 능력을 키우자는 노력이고 생각하는 힘 기르기다. 그것 없이 대학 공부는 되지 않는다. 대학을 나온 다음에도 대학이 길러 주려는 그 교양의 힘만큼 요긴하고 중요한 것이 없다. 나는 앞서 하버드 보고서만을 예로 들었는데, 그 보고서가 교양 교육의 목표라고 부른 것은 사실은 하버드 한 곳만의 목표가 아니다. 그것은 오늘날 근대 학문과 근대 교육의 체계를 받아들인 세계 모든 주요 대학들이 이구동성으로 천명하고 있는 교양론이다. 그 교양론은 사실은 근대 과학 혁명 이후 과학이 천명한 탐구의 방법론이고 정신이며, 분야가 무엇이냐에 관계없이 사실상 모든 학문 분야(예술까지도 포함해서)들이 공유하는 방법이다. 그 교양을 통해 과학과 인문학이 만난다. 기존의 진리 주장을 심문하는 것은 근대 과학의 등장 훨씬 전에 이미 소크라테스가 확립한 대화적 교육법의 진수다. 최초의 근대적 과학 공동체인 런던왕립학회가 만들어진 것은 350년 전의 일이다. 그 왕립학회의 모토는 그때나 지금이나 "어느 것도 당연한 것으로 받아들이지 말라"는 것이다. 이 모토는 과학의 것이자 동시에 인문학의 것이며 교양 교육의 것이다.

– 도정일, 〈대학 교육에서 '교양'이란 무엇인가〉, 《한겨레신문》, 2014. 2. 21.

도움말

전통적으로 대학에서는 다양한 분야의 학문에 대한 연구를 진행하고, 이를 학생들에게 전수함으로써 새로운 세대의 지식인을 배출하는 일을 담당하였다. 이른바 '진리의 탐구'는 대학이 지향해야 할 본연의 가치였다고 할 수 있다. 그러나 오늘날 자본주의의 영향력이 차츰 커지면서 시장 논리와 효율성에 대해서만 강조할 뿐 대학 본연의 의미에 대한 반성적 모색은 거의 이루어지지 않고 있다. 이 글을 통해 이 시대 대학이 갖는 의미를, 그리고 대학에서 이루어져야 할 교양 교육의 의미에 대해서 다시 한 번 생각해 보자.

기본 과제

1. 윗글에서는 '교양' 또는 '교양 교육'에 대한 정의를 여러 차례 내리고 있다. 필자가 교양 교육의 정의를 내린 부분을 찾아보자. 또한 각자 본인의 기준으로

'대학에서의 교양 교육'을 정의하고, 이를 함께 이야기해 보자.

2. 윗글에서 인용한 하버드 대학의 교양 교육 목적은 다음과 같다. "교양 교육의 목표는 추정된 사실들을 동요시키고, 익숙한 것을 낯설게 만들며 현상들 밑에, 그리고 그 배후에서 일어나는 것들을 폭로하고, 젊은이들의 방향감각을 혼란시켜 그들이 다시 방향을 잡을 수 있는 길을 발견하도록 도와주는 것이다." 이는 기성세대와 교육 제도에 의해 만들어진 나를 비판 없이 그대로 받아들이는 것이 아니라, 계속해서 새로운 길을 스스로 찾아 나가야 함을 의미한다. 본인의 경험에 비춰, 고등학교까지의 교육과 대학 교육의 공통점과 차이점을 말해 보자. 만약 둘 사이의 차이점이 전혀 없다고 생각한다면 그 이유가 무엇인지 생각해 보자.

3. 윗글에서는 '리버럴 에듀케이션(liberal education)'의 번역어로 '교양 교육'이라는 용어가 사용된 사실에 대해 부정적인 입장을 취하고 있다. 이를 대신할 만한 번역어로 무엇이 좋을지 함께 생각해 보자.

심화 과제

1. 현대 사회에서는 실용성과 기능성이 강조되고 있다. 이는 대학에서도 마찬가지여서 전문화된 지식이 중시되는 반면 교양 교육은 외면을 받고 있는 실정이다. 대학에서 교양 교육이 필요한 이유에 대해 각자의 관점에서 생각해 보자.

2. 대학에 입학한 후 지금까지 수강했거나 수강하고 있는 교양 과목을 떠올려 보자. 그 가운데 윗글에서 말하는 교양 교육의 의미에 부합하는 과목이 있는가? 해당하는 과목이 있다면 그렇게 생각하는 이유를 구체적으로 설명해 보자.

2. 사회과학

사회과학은 사회 현상을 과학적으로 설명하고 예측하려는 학문이다. 사회과학은 19세기에 입지를 구축한 학문 영역으로서 인식론과 방법론의 측면에서 자연과학을 이상적인 모델로 삼았다. 자연과학으로부터 받아들인 객관성, 기계적 인과 관계, 수학적 계량화 등의 방법론은 사회과학이 사회 현상에서 법칙을 찾고 그것을 설명하는 실증주의적 학문으로 자리잡는 데 기여하였다. 그러나 한편으로는 이러한 사회과학의 '과학주의(scientism)'에 대한 비판도 만만찮다. '과학주의'에 따른 연구자와 연구 대상과의 분리는 사회과학이 현재 우리가 살아가는 삶과 사회문제로부터 도피하게 하였다는 것이다. 또한 한국의 사회과학은 우리 사회와 역사의 현장을 조사하고 연구한 토대 위에 이론을 구축하기보다는 서구 이론을 수입하기에 급급하다는 비판에 봉착해 있다. 따라서 우리가 선 자리에서 문제의식을 가지고 그것을 우리 자신의 생각과 언어로 풀어 가는 것이 우리 시대 사회과학의 과제라고 할 수 있다.

이 절은 모두 네 편의 글을 담았다. 첫 번째 글은 사회과학의 방법론에 대한 일반론이다. 그 다음에는 사회과학의 분과 학문 중 사회학, 법학, 경제학을 소개하는 글을 실었다. 사회과학을 소개하기에는 턱없이 적은 분량의 글이지만 이 글들을 차분히 읽고 토론하는 과정에서 사회과학의 학문적 특성을 이해하고 우리 시대, 우리 사회가 지니고 있는 문제에 대해 성찰할 수 있기를 바란다.

2.1.

사회과학의 과학적 성격

사회과학 1 • 사회과학의 과학적 성격	➡	사회과학 2 • 사회학적 상상력	➡	사회과학 3 • 헌법과 국민 주권주의	➡	사회과학 4 • 밥과 자유의 학문, 경제학

베버 시대의 많은 연구자들은 객관적 사회과학이 성립될 수 있다고 믿지 않았다. 그래서 인간 행동을 기술하려 한 대부분의 학자들은 자신들의 분석에 정치적 · 종교적 그리고 그 밖의 다른 가치들을 개입시켰다. 마르크스의 저술들은 이 전략의 극단적인 한 예에 해당된다. 베버는 사회학적 연구는 객관적이어야 한다고, 또는 그의 용어를 빌려 표현하자면, 가치 중립적이어야 한다고 주장함으로써 가치의 문제에 직면했다. 하지만 그렇게 말하고나서, 그는 가치와 경제적 이해(interest)가 사회과학적 분석에 어떻게 연결되는지를 제시했다.

베버가 가치 중립적이라는 용어를 사용한 것은 적절하지 않다. 왜냐하면 그 용어가 사회과학자들은 전혀 가치를 지니지 말아야 한다는, 솔직히 불가능한 사실을 함축하고 있기 때문이다. 그러나 그가 의미했던 것은 연구자의 개인적 가치와 경제적 이해가 사회과학적 분석 과정에 영향을 미쳐서는 안 된다는 것이었다. 만일 그러한 요인들이 연구 과정에 영향을 준다면, 사회적 행위의 구조가 객관적으로 묘사될 수 없다고 그는 믿었기 때문이다. 객관적이고 입증 가능한 지식을 얻고자 하는 이 근본적인 관심이 자연과학과 사회과학을 연결한다. 사회학자들이 연구 과정에서 체계적이며 '합리적인 방법'을 사용하는 경우에만 객관적인 분석이 가능하다고 베버는 주장했다. 다시 말해서, 1) 경험적인 자료들이 명확하게 공식화된 개념들에 입각하여 범주화되어야 하고, 2) 증거에 대한 적절한 규칙이 채택되어야 하며, 3) 논리적인 추론만이 이루어져야 한다는 것이다.

이러한 방법론적 지향은 그것과 더불어 중요한 한 가지 함의를 수반한다. 즉 사회학이 도덕 과학일 수 없다는 것이다. 따라서 마르크스, 스펜서, 뒤르켕 그리고 그 밖의 학자들과는 달리, 베버는 과학의 이름으로 어떤 규범, 가치 또는 행동 양식이 옳다거나 최선이라고 말하는 것은 불가능하며 오히려 그러한 것들을 객관적으로 기술하는 것이 가능할 따름이라고 주장했다. 그리고 사실 베버는 그러한 기술이 상당한 성과를 거둘 것이라고 믿었다. 어쨌든 그러한 것들은 당시에 존재하지 않았다. 따라서 많은 다른 논자들과는 달리, 베버는 가치의 영역인 '당위'와 과학의 영역인 '존재'를 분명하게 구분했고, 사회과학은 후자에만 초점을 맞출 수 있다고 주장했다. 마르크스주의자들을 예외로 한다면, 사회학자들은 이러한 구분을 할 때 베버의 지도를 추종해 왔다.

가치 중립적 사회학에 대한 베버의 주장은 이 새로운 과학은 주술과 그 밖의 다른 형태의 전승된 지식이 사건들을 설명하는 수단으로서 점점 더 받아들여질 수 없게 되어가는 역사적 과정에 기여한다는 또 한 가지 의미를 갖는다. 베버는 이러한 변화를 합리화의 과정이라고 불렀고, 그것은 그의 저작에서 지배적인 주제이다. 변증법을 하나의 중심 사상으로 이용한 마르크스와는 달리, 사람들을 비교적 질서 정연한 생활로 이끌었다는, 다시 말해서 사람들이 객관적인 증거로 뒷받침되는 이성에 의지하게 되었다는 그러한 의미에서 사회생활이 점점 더 '합리화되어'가고 있다고 베버는 믿었다. 이를테면, 향상된 회계학, 기술과 또 다른 방법들의 사용으로 이뤄진 경제의 합리화가 근대 자본주의를 낳았다. 예컨대, 기술적 훈련과 법적 절차에 의거한 정부의 합리화는 민주주의 국가의 발흥으로 귀결되었다. 물론 과학은 전형적으로 질서 정연한 분야다. '합리화된 분야'에서 가치들은 연구 과정에 영향을 미쳐서는 안 된다. 하지만 그것들은 여전히 연관성을 지니고 있다.

베버는 가치와 과학의 분리가 실제로는 유지되기 어렵다는 것을 알고 있었지만, 이러한 구분은 연구 과정의 전후에 작용하는 가치의 연관성을 강조하는 데 도움이 되었다. 사실들은 정보를 제공해주는 데 반해 가치만이 행동의 지침이 된다. 그리고 이 점은 사회과학자와 정책 입안자 모두에게 해당된다.

사회과학자들은 매우 실제적인 문제, 즉 연구할 주제를 어떻게 선택하느냐 하는 문제에 직면하게 된다. 이를테면, 가난과 혼전 성교 중 어느 것이 더 흥미로운 또는 중요한 연구 주제인지를 결정할 과학적 방법이 있는가? 베버의 대답은 단순했다. 즉 없다는 것이다. 이러한 답변을 숙고할 때, 우리는 앞부분에서 제시했던 구절, 즉 연구 과정은 객관적이어야만 한다는 점을 상기해야 한다. 주제의 선택은 연구가 진행되기 전에 이루어진다. 그러한 결정을 내리는 데 작용하는 유일한 토대는 과학자의 종교적 신념, 경제적 이해 그리고 그 밖의 가치들이며, 이러한 것들이 그들 중 일부를 각 주제로 인도한다. 그러나 일단 연구 주제가 결정되고 나면, 과학자는 객관적인 연구 과정을 따라야 한다는 것이 베버의 언명이다.

– 조나단 터너 · 레어나드 비글리 · 찰스 H. 파워스 저, 김문조 외 역,
《사회학 이론의 형성》, 일신사, 1998.

도움말

정신(spirit)의 세계인 사회 · 문화의 영역에 대한 연구가 과학이 될 수 있을까? 동시대의 다른 학자들과는 달리 베버는 사회 현상에 대한 연구도 자연 현상에 대한 연구처럼 과학이 될 수 있다고 보았다. 다만 연구 주체인 사회과학자가 자신의 가치관을 연구하는 과정에 반영하면 안 된다는 것을 그 전제로서 제시했다. 사회과학자는 가치 중립적인 태도로 연구에 임해야 한다는 것인데, 이는 연구 과정이 체계적이며 합리적인 방법으로 구성되어야 한다는 방법론적인 문제로 정식화되었다. 이 글은 베버의 방법론을 설명하기 위해 마르크스의 방법론을 비교 · 대조의 척도로서 제시하고 있다. 이러한 비교 · 대조의 설명 방식은 설명하는 대상을 독자가 쉽게 파악하는 데 도움을 준다. 한편 비교 · 대조의 과정에서 마르크스의 방법론이 일정한 의미로 규정되고 있는데 이것의 적절성은 이 글을 읽으면서 검토해야 할 지점이다.

기본 과제

1. 베버에 따르면, 기술적 훈련과 법적 절차에 의거한 '정부의 합리화'는 민주주의 국가의 발흥으로 귀결되었다. 역사 발전의 동인(動因)을 계급 투쟁에서 찾은 마르크스의 관점에서 이러한 베버의 시각을 비판적으로 검토해 보자.

2. "사회학은 도덕 과학일 수 없다"는 전제가 의미하는 바를 이 글에서 사용된 용어로서 설명해 보자. 그리고 이 전제와 관련하여 다음 시가 말하고자 하는 바에 대해 이야기해 보자.

자본론

맑시즘이 있기 전에 맑스가 있었고
맑스가 있기 전에 한 인간이 있었다
맨체스터의 방직 공장에서 토요일 저녁 쏟아져나오는
피기도 전에 시드는 꽃들을 집요하게, 연민하던,

-최영미, 《서른, 잔치는 끝났다》, 창비, 1994.

3. 이 글에서 중요하게 사용되는 '객관적', '주관적'이란 개념에 대해 정의를 내려 보자. 다양한 사전을 참조해 보고, 이들 개념을 가장 잘 정의한 사전은 무엇인지 이야기해 보자.

심화 과제

1. 사회과학과 자연과학의 차이를 연구 대상과 연구자 간 관계의 측면에서 검토해 보자.

2. 사회과학이 자연과학의 연구 방법에서 채택한 방법론의 하나로서 수학적 계량화가 있다. 이러한 수학적 계량화는 사람의 행동이나 가치관이라는 질적 가치를 양적인 가치로 변환할 수 있다는 '믿음'을 전제로 한다. 따라서 우리가 일상적으로 과학으로 간주하는 통계 조사들은 오류가 존재할 가능성이 항상 있다고 할 수 있다. 우리가 주로 접하는 통계 조사 중 오류가 있는 조사 결과를 찾고 그렇게 생각한 이유를 제시해 보자.

3. 다음은 '한국조사연구학회 보도지침'에서 제시한 "여론 조사 보도에서 언론인이 던져야 할 20가지 질문" 중 상위 5개 질문에 해당한다. 최근 여론 조사를 보

도한 신문 기사 중 아래의 보도 지침을 따르지 않았다고 판단되는 기사를 찾아 보자.

① 누가 여론 조사를 실시했는가?

② 누가 여론 조사의 비용을 지불했으며, 조사의 목적은 무엇인가?

③ 조사 응답자의 수는 몇 명인가?

④ 조사 대상자들을 어떻게 선정했는가?

⑤ 조사 대상자의 모집단을 어떻게 규정하고 있는가? 조사 대상자를 어느 지역 혹은 어떤 집단에서 구했는가?

2.2.

사회학적 상상력

사회과학 1 • 사회과학의 과학적 성격	➡	사회과학 2 • 사회학적 상상력	➡	사회과학 3 • 헌법과 국민 주권주의	➡	사회과학 4 • 법과 자유의 학문, 경제학

사회학적으로 생각하는 법을 배운다는 것 — 다른 말로 하면 더 폭넓은 시각을 갖춘다는 것 — 은 우리의 상상력을 개발한다는 것을 의미한다. 사회학을 배운다는 것은 단지 지식을 습득하는 일상적 과정이 아니다. 사회학자란 자신이 친숙한 개인적인 상황을 벗어나 더 큰 문맥에서 사물을 바라볼 수 있는 사람이다. 사회학적 연구를 한다는 것은 미국의 사회학자 라이트밀스(C. Wright Mills)가 자신의 유명한 저서에서 언급했던 이른바 사회학적 상상력(sociological imagination)이라는 것에 의존한다.

사회학적 상상력은 무엇보다도 익숙해진 일상생활의 타성에서 벗어나 모든 것을 새롭게 바라볼 것을 요구한다. 한 잔의 커피를 마시는 단순한 행위를 생각해 보라. 과연 사회학적인 시각에서는 이처럼 단조로운 행위에서 무엇을 발견할 수 있는가? 무궁무진하다.

우리는 먼저 커피는 단지 음료만이 아니라는 점을 지적할 수 있다. 커피는 우리의 일상적 사회 활동의 한 부분으로서 상징적 가치를 지닌다. 커피를 마시는 행위와 결부된 의례는 단순히 커피를 마시는 그 자체보다 더 중요한 경우가 많다. 많은 서구인들에게 아침에 마시는 커피는 일상적으로 반복되는 개인적 생활 습관의 핵심이다. 그것은 하루를 시작하기 위한 필수적인 첫 단계다. 아침 커피 이후에도 사람들은 다른 사람들과 함께 커피를 마시는데, 이것은 단순한 개인적 의례가 아닌 사회적 의례의 기초다. 같이 커피를 마시기로 한 두 사람은 커피를 마시는 자체보다는 만나는 것과 대화를 나누는 것에 더 관심이 있다. 모든 사회에서 먹고 마시는 행위는 사회적 상호 작용과 의례 행위의 단초가 되며, 이는 사회학자들에게 풍부한 연구 거리가 된다.

둘째, 커피는 두뇌를 자극하는 카페인을 함유한 일종의 마약이다. 많은 사람들이 커피가 가져다주는 '각성'효과 때문에 커피를 마신다. 중간 중간 커피를 마시면서 쉬게 되면 오랜 근무와 밤샘 작업도 훨씬 수월해진다. 커피는 습관성이 있지만, 서구 문화에서 대부분의 사람들은 보통 커피 중독자들을 '마약 사용자'로 여기지 않는다. 마리화나 등과 달리 알코올이나 커피는 사회적으로 용인된 마약이다. 그러나 마리화나나 코카인 사용은 용인하면서 커피나 알코올은 거부하는 사회도 있다. 사회학은 왜 이러한 차이가 생기고 어떻게 발생하는지에 관심을 갖는다.

셋째, 커피를 마시는 사람들은 전 세계로 뻗어 있는 복잡한 사회 · 경제적 관계망에 사로잡힌다. 커피는 지구에서 가장 가난한 나라와 가장 부자 나라 사람들을 이어주는 상품이다. 커피는 부자 나라에서 대량으로 소비되지만 주로 가난한 나라에서 경작된다. 커피는 국제 교역에서 석유 다음으로 가치 있는 상품이다. 많은 나라에서 커피는 외화를 벌어들이는 가장 큰 원천이다. 커피를 생산하고 운송하고 배분하기 위해서는 커피 소비자들과 수천 마일 떨어진 지역 사람들 사이의 지속적인 거래가 필요하다. 이 같은 전 지구적 거래를 연구하는 것은 사회학의 중요한 임무다. 우리 삶의 많은 부분들이 이제는 전 세계적 규모의 사회적 요인들과 커뮤니케이션에 의해 영향을 받기 때문이다.

넷째, 커피를 마시는 행위에는 하나의 긴 사회 · 경제적 발전 과정이 전제되어 있다. 차, 바나나, 감자, 백설탕과 같은 서구의 친숙한 음식들과 함께 커피는 1800년대에 이르러서야 널리 소비되기 시작했다(물론 엘리트들 사이에서는 그전에도 널리 애용되었지만). 비록 커피는 중동에서 시작되었지만, 대량 소비는 약 2백 년 전 서구 식민지 확장기부터였다. 실제로 서구에서 마시는 대부분의 커피는 유럽인들의 식민 지배를 받았던 남아메리카와 아프리카 같은 지역에서 생산된다. 이렇듯 커피는 결코 서구적 식단의 '자연스러운' 일부가 아니었다. 식민주의의 유산은 전 지구적 커피 교역에 막대한 영향을 끼쳤다.

다섯째, 커피는 세계화, 국제 공정 무역, 인권과 환경 오염에 대한 논쟁의 중심에 자리 잡은 생산품이다. 커피는 대중적 인기를 끌게 되면서 '브랜드화'되고 정치화되었다. 그리고 어떤 종류의 커피를 어디서 사서 마실 것인가에 대한 소비자의 결정은 생활 양식에 관한 선택이 되었다. 사람들은 유기농 커피만 선택할 수도 있고, 무카페인 커피만 선택할 수도 있고, 개발 도상국의 소규모 커피 생산자들에게 공정한 시장 가격을 지불하고 커피를 들여오는 일련의 윤리적 교역 시스템인 '공정 무역'을 통해 수입된 커피만 선택할 수도 있다. 그들은 스타벅스 같은 기업형 커피 체인 대신 '독립적인' 소규모 커피 하우스들을 후원하려고 할 수도 있다. 커피를 마시는 이들은 인권이나 환경 보호 상황이 열악한 국가에서의 커피 수입을 거부하는 선택을 할 수도 있다. 사회학자들은 세계화로 사람들이 지구 반대편에서 벌어지는 이슈들에 얼마나 고양된 지식을 갖게 되었는지, 그리고 그들이 이 새로운 지식을 자신의 삶 속에서 어떻게 실천하고 있는지를 이해하는 데 관심을 기울인다. 사회학자들에게는 커피를 마시는 것과 같은 아주 사소한 행위도 매우 흥미로운 것이 될 수 있다.

– 앤서니 기든스 저, 박길성 외 역, 《현대사회학》, 을유문화사, 2011.

도움말

사회학은 인간의 삶과 사회적 집단, 전체 사회와 인류 세계에 대해 과학적 탐구를 하는 학문이다. 사회학의 연구 대상은 폭넓다. 작게는 윗글에서 제시한 커피와 같은 기호 식품에서부터 크게는 자본주의와 사회주의 같은 사회 이념과 그것을 추구하는 사회 체제까지 연구 대상이 될 수 있다. 이 글은 '한 잔의 커피를 마시는 단순한 행위'가 어떻게 사회학적인 연구 대상이 될 수 있는지 다음의 다섯 가지 질문을 통해 보여 주고 있다. 1) 사람들은 커피를 마시면서 무엇을 하는가? 2) 중독성이 있는 커피는 왜 마약으로 지정되지 않는가? 3) 커피 교역은 국가 간 관계를 어떻게 연결하고 있는가? 4) 커피는 왜 서구의 식민지 확장기 이후에 대량 소비되었는가? 5) 커피 소비와 인권 문제는 어떤 방식으로 관련을 맺고 있는가? 우리가 일상적으로 마시는 커피에 대해 이렇게 다양한 질문을 던질 수 있게 하는 힘, 그것이 바로 사회학적 상상력이다.

기본 과제

1. 윗글에서는 커피에 대해 다섯 가지 방면으로 사회학적 접근을 하고 있다. 이 중, 자신이 가장 흥미롭게 생각하는 접근 방법을 고르고 그것에 대해 자신의 생각을 덧붙여 보자. 그리고 그에 대해 적절한 제목을 달아 보자.

2. 커피는 대략 2백 년 전 무렵부터 대량으로 소비되었다. 그리고 그 시기는 서구의 식민지 확장 시기와 맞물려 있다. 최근 들어 우리나라에 커피숍이 늘고 있는 이유는 무엇 때문인지 사회학적으로 분석해 보자.

3. 사회학적 상상력에 대해 새롭게 정의 내려 보자. 그리고 이에 대해 설명해 보자.

   - 정의 : 사회학적 상상력이란 (　　　　　　　　　　　)이다.
   - 설명 :

심화 과제

1. 요즘에는 커피숍에서 공부를 하는 대학생들이 많다. 커피 자체에 각성 효과가 있을 뿐만 아니라 커피숍 공간이 만들어 내는 분위기가 어떤 일에 집중하는 데 도움을 주기 때문인 듯하다. 1970-80년대에는 '다방'이라는 공간이 있었다. 당시 학교 주변에는 어떤 다방들이 있었고, 다방을 둘러싼 대학생들의 문화는 어떠했는지 조사해 보자. 그리고 오늘날 커피숍의 문화와 비교해 보자.

2. 우리가 마시는 커피는 크게 원두커피와 '봉지 커피'라고 하는 즉석커피(instant coffee)로 나눌 수 있다. 이에 대한 선호는 성별, 소득 수준, 세대 등의 차이에 따라 다르다. 이를 염두에 두고 '원두커피와 즉석커피'를 소재로 한 편의 글을 써 보자.

3. 윗글에서 제시한 커피에 관한 연구와 같이 우리 일상에서 연구 대상을 찾아 그에 대한 사회학적 의미를 도출해 보자.

2.3.

헌법과 국민 주권주의

사회과학 1 • 사회과학의 과학적 성격	➡	사회과학 2 • 사회학적 상상력	➡	사회과학 3 • 헌법과 국민 주권주의	➡	사회과학 4 • 법과 자유의 학문, 경제학

第1條[國號-政體-主權]

① 大韓民國은 民主共和國이다.

② 大韓民國의 主權은 國民에게 있고, 모든 權力은 國民으로부터 나온다.

제1조 ①항 대한민국은 민주공화국이다.

대한민국은 나라 이름이고, 민주 공화국은 국가의 성격과 정부의 운영 형태를 말한다. 헌법 제1조 제1항은 이렇게 시작한다. 헌법 제1조라고 하여 다른 조문보다 특별한 의미를 지니거나 우선적 효력을 갖는 것은 아니다. 오직 상징적 의미가 강할 뿐이다.

모든 나라의 헌법 제1조가 국가의 이름이나 성격을 밝히는 것은 아니다. 다만 그런 형식이 헌법을 시작하는 데 가장 적합하다고 생각했기 때문일 것이다. 프랑스, 러시아, 그리스, 중국, 쿠바가 그렇고, 미국도 비슷하다. 일본은 천황에 대한 규정부터 시작한다. 국가의 이름이나 국가의 성격을 앞에 내세우는 현상만 보더라도 헌법은 국가를 전제로 만든 것이라는 사실을 알 수 있다.

헌법의 시작을 반드시 그렇게 할 필요가 있을까라는 의문도 든다. 국가 이름과 성격으로 시작하면 왠지 국민보다 국가를 중시하는 느낌을 주기 때문이다. 헌법의 주인이 국가가 아니고 국민이라면 국민 또는 인간에 관한 규정을 제1조로 삼을 수도 있다. 독일 헌법은 보통 기본법이라고 번역하는데, 제1조는 "인간의 존엄성을 침해할 수 없다. 그것을 존중하고 보호하는 것은 국가의 의무다"라고 하고 있다. 네덜란드 헌법도 이렇게 시작한다. "네덜란드의 모든 국민은 평등한 환경에서 평등한 대우를 받아야 한다."

우리나라의 정식 명칭은 대한민국이고, 약칭으로 한국이라 한다. 헌법 제1조에 규정하고 있기 때문에 나라 이름을 바꾸는 일은 헌법 개정을 통해서만 가능하다. 지금은 대한민국이란 국호를 당연한 듯 여기지만, 1948년 헌법을 제정하고 정부를 수립하면서 비로소 사용하기 시작한 이름이다. 유진오의 헌법 초안에만 하더라도 국호는 조선이었는데, 사전 심의 과정에서 한국으로 바뀌었고, 다시 국회헌법기초위원회에서 대한민국으로 확정됐다.

우리나라를 지칭하는 이름으로는 대체로 한국, 조선, 고려 세 가지가 있었다. 조선은 단군 이래로 사용해 온 가장 오래된 국호다. 한국은 마한, 진한, 변한 이 세 종족의 명칭에서 유래했다. 고려 시대에는 고구려, 신라, 백제 세 나라를 한꺼번에 일컬어 삼한이라 하였다. 그러다가 1897년 고종이 청나라에 대하여 독립 국가임을 선언하는 뜻으로 스스로 황제라 칭하면서 조선이란 국호를 대한제국으로 변경하였다. 이 명칭이 1919년 3 · 1 운동 이후 상해 임시 정부에 이어져 대한민국이 되었다. 고려는 당연히 고구려에서 비롯한 이름이다. 삼국 중 가장 먼저 수립된 고구려를 언젠가부터 고려라고 표기하였고, 중국에서도 광개토왕과 장수왕 즈음 이후의 고구려는 모두 고려라고 불렀다. 지금도 외국에서는 대한민국을 고려(Korea, Corea)라고 하고 있다. 북한은 조선을 국호로 하고 있지만, 외국어로는 우리와 마찬가지로 Korea로 표기한다.

민주 공화국은 민주 국가와 공화국이 합쳐진 말이다. 민주주의란 의사 결정을 구성원들이 직접 하거나, 구성원에 의해 선출된 대표들이 대신 행하는 형태를 일컫는다. 그리고 민주 국가란 국가의 주권이 당연히 국민에게 있다는 의미다. 그렇지 않고 어느 특정한 한 사람의 권력자에 의해 의사가 결정되는 형태는 독재주의다. 사회주의나 공산주의는 생산 수단의 소유나 생산물의 분배와 관련한 사상 또는 제도를 말하는 것이므로, 민주주의에 대응한 반대 개념이 아니다.

공화국이란 원래 주권이 국민에게 있는 나라 형태를 말한다. 주권이 왕에게 주어진 나라는 전체주의 국가 또는 참주국, 군주국이라고 한다. 군주국은 왕이 있는 나라라는 의미이므로, 군주국 중에서도 왕이 전권을 휘두르는 나라는 전제 군주국, 왕이 존재하되 헌법에 따라 민주적으로 국정을 운영하는 나라를 입헌 군주국이라 한다. 분류상으로는 몇몇 특정인이나 계급에 주권을 부여한 나라를 과두 국가, 귀족 국가 또는 계급 국가라고 하기도 한다.

한때 일본 학자들의 영향을 받아 정체와 국체를 나누어 설명하던 시절도 있었다. 정체는 정부 형태를, 국체는 국가의 성격을 의미한다면서, 민주는 정체를, 공화국은 국체를 말한다고 도식화하여 규정했다. 하지만 주권이 국민에게 있음을 전제로 한 근대 입헌 국가의 헌법에서 여전히 그런 식으로 나누는 일은 아무런 의미가 없다. 민주주의 국가나 공화국이나 같은 뜻으로 이해해도 무방하다.

제1조 ②항 대한민국의 주권은 국민에게 있고, 모든 권력은 국민으로부터 나온다.

대한민국의 주권이 국민에게 있다는 구절은 바로 국민 주권주의를 선언한 것이다. 주권은 최고 또는 최종의 의사 결정권이다. 무엇인가를 결정할 수 있는 권한이나 능력을 말한다. 헌법에서 말하는 주권은 국가의 최고 의사 결정권이다. 과거에는 주권이 신 또는 교황이나 왕에게 있는 것으로 여겼지만, 근대 국가에서 주권은 모두 국민에게 돌아왔다.

"모든 권력은 국민으로부터 나온다"는 표현은 '대한민국의 주권은 국민에게 있다'는 말을 바꾸어 반복한 것이나 다름없다. 하지만 이 뒷 구절은 헌법학에서 사용하는 용어로 민주적 정당성을 나타내기도 한다. 민주적 정당성이란 모든 국가 권력 기관의 구성이나 활동은 주권자인 국민의 의사에 바탕을 두어야 한다는 이념이다. 이 어려운 말을 쉽고 구체적으로 바꾸면 이렇다. 대통령이나 국회의원은 주권자인 국민이 직접 선출하므로 민주적 정당성이 있다고 할 수 있다. 대통령이나 국회의원은 그 직무를 수행한 결과도 국민을 위한 것이라고 평가할 수 있어야 민주적 정당성을 얻는다. 각 부의 장관은 국민이 직접 뽑지는 않지만, 국민이 선출한 대통령이 임명하기 때문에 간접적이나마 민주적 정당성을 가진다.

누구든지 개개인은 스스로 주권자인 국민이다. 하지만 주권자라고 하여 자신의 권한을 마음대로 행사할 수 있는 것은 아니다. 좀 안타깝고 답답하긴 하지만, 모든 국민은 헌법과 법률에 따라 자신의 권한을 맡긴 국가기관을 통해서 주권을 행사할 수 있다.

국민이 직접 주권을 행사하는 대표적 예는 투표다. 언뜻 주권자는 마치 투표권이 있는 국민에 한정하는 것처럼 보인다. 그렇지만 주권자로서 국민은 대한민국 국적을 가진 모든 국민 개개인을 말한다. 그런데 헌법의 어떤 조문에서는 '국민'의 의미에 외국인이나 무국적자 또는 다국적자까지 포함하는 경우도 있다. 헌법 제 10조는 "모든 국민은 인간으로서의 존엄과 가치를 가지며, 행복을 추구할 권리를 가진다"라고 하는데, 이때 '모든 국민'은 반드시 대한민국 국적의 국민만 말하는 것이 아니다. 한국에 체류 중이거나, 외국에 있더라도 우리 헌법과 관련된 사안에서는 누구나 그 권리를 누리는 주체가 된다.

우리 헌법은 제1조 제2항은 물론 헌법 전체를 통하여 '국민'이라는 용어를 사용하고 있지만, 원래 유진오 초안에는 모두 '인민'이라고 되어 있었다. 초안 작성자가 국민 대신 인민이란 어휘를 택한 데는 이유가 있었다. 국민은 국가의 구성원이라는 의미가 강하여 국가 우월적 느낌을 준다. 반면에 인민은 국가라도 함부로 침범할 수 없는 자유와 권리의 주체로서의 인간을 표현한다. 그러니 국가를 구성하는 자유인으로서의 개인을 표시하는 데 인민이 적절하다는 것이었다. 하지만 초안의 '인민'은 국회헌법기초위원회 심의 과정에서 '국민'으로 바뀌고 말았다. 국호가 '조선'에서 '대한민국'으로 변경된 것과 함께 일어난 일이다. 그 주된 이유는 북한 때문이었다. 당시 국회의원 윤치영은 "인민이란 말은 공산당의 용어인데 그러한 말을 쓰려고 하느냐. 그런 말을 쓰고 싶어 하는 사람의 사상이 의심스럽다"고 흥분했다. 하지만 인민이란 용어는 대한제국의 절대 군주 시절에서 사용하던 용어였다.

1948년 7월 1일부터 시작한 국회 본회의 헌법 초안 제2회독 때 국회의원 진헌식이 다시 문제를 제기했다. 몇 개 조문을 제외하고 일반적으로 국가와 개인의 관계를 규정하는 조문에서는 모두 인민으로 하자는 수정안을 제출했다. 하지만 역시 윤치영의 격렬한 반대로 무산되고 말았다. 인민이란 표현이 더 적절하다고 생각한 사람들은 그 좋은 말을 공산주의에 빼앗긴 셈치고 포기하였다.

– 차병직 · 윤재왕 · 윤지영, 《안녕 헌법》, 지안, 2009.

도움말

인간은 국가라는 사회의 울타리에 소속되어 살아간다. 달리 말하면, 인간은 국가가 규정해 놓은 각종 법 테두리 가운데에서 살아간다고 할 수 있다. 인간의 삶을 규정하는 법률 체계의 맨 위에는 국가의 성립과 그 권한을 명시한 헌법이 있다. 그런 의미에서 헌법은 사회적 존재로서 인간의 삶을 규정한다. 하지만 우리는 그러한 중요성에 값할 만큼 헌법에 대해 관심을 기울이지는 않는 것 같다. '법'이라는 단어에서 풍기는 이미지가 너무 딱딱하기도 하거니와 헌법은 공무원 시험 준비를 하는 사람이 고생스럽게 외워야 할 '시험 과목'으로 생각하는 경향이 많기 때문이다.

윗글은 대한민국의 헌법 1조의 1항과 2항을 풀이한 것이다. 1항은 국가의 이름과 그것의 성격을 규정한 조항이다. 그리고 2항에는 주권의 소재가 기술되어 있다. 특히 2항은 '국민 주권주의'를 천명한 조항으로서 국민이 스스로 헌법을 제정하고 필요에 따라 개정하며, 스스로 대표자를 뽑는 주체라는 것을 의미한다. 1948년 헌법 제정 이후 한국 현대사에서 이러한 '국민 주권주의'가 제대로 관철되어 왔는지는 곰곰이 따져 볼 주제다.

기본 과제

1. 윗글에 따르면, 헌법 제1조 제2항을 기술할 때, '인민(人民)'과 '국민(國民)' 중에 어떤 용어를 사용할지에 대해 논란이 있었다. 한편 '인민', '국민'과 견줄 수 있는 용어로 '시민(市民)'이 있다. 이들 용어의 의미를 조사해 보고 어떤 용어가 헌법 조문에 적절할지 논의해 보자.

2. 법조문은 우리가 일반적으로 쓰는 자연 언어로 이루어졌다. 법 규범이 그 자체로 완벽하다 하더라도 그것을 표현하는 자연 언어의 오류나 한계에 따라 그 규범 역시 오류나 한계를 지닐 수 있다. 이와 같은 문제의식을 반영하여 한 민간

단체는 새 헌법안을 제안하였다.(대화문화아카데미 2010년 7월 7일) 그 중, 현행 헌법 제12조 제2항은 다음과 같이 바꾸어 표현했다. 현재 표현과 민간단체가 제안한 표현의 서술 형태를 비교하고 그 차이에 대해 이야기해 보자.

: 모든 국민은 고문을 받지 아니하며 형사상 자기에게 불리한 진술을 강요당하지 아니한다.(현재 표현)

: 모든 사람은 형사상 자기에게 불리한 진술을 강요당하지 아니한다. 고문은 금지된다.(제안한 표현)

심화 과제

1. 현재 시행되고 있는 국민 참여 재판 제도는 사법 제도의 운영권을 사법부에 일임하지 않고 사실 판단에 관한 권한을 일반 국민인 배심원에게 부여하는 제도이다. 하지만 고도의 전문성을 필요로 하는 사법적 판단을 일반 국민이 맡는 데서 오는 부작용을 지적하며 국민 참여 재판 제도의 부적절함을 지적하는 의견도 만만치 않다. '국민 주권주의' 개념을 적용하여 이 논란에 대해 검토해 보자.

2. 자신이 살고 있는 지방 자치 단체의 조례를 찾아보자. 그리고 국민 주권 개념에 비추어 개정할 조항은 없는지 검토해 보자.

3. 세계 각국의 헌법의 전문(前文: 법령의 조문 앞에 있는 글)과 제1조의 내용을 조사해 보자. 그리고 그것이 담고 있는 가치 지향의 성격을 비교해 보도록 하자.

4. 우리나라가 통일이 된다면 '통일 헌법'을 제정해야 할 것이다. 이때 '통일 헌법'의 1조는 어떻게 기술하면 좋을지 논의해 보자.

2.4.

밥과 자유의 학문, 경제학

사회과학 1
• 사회과학의 과학적 성격
➡
사회과학 2
• 사회학적 상상력
➡
사회과학 3
• 헌법과 국민 주권주의
➡
사회과학 4
• 밥과 자유의 학문, 경제학

J양에게!

"중국에 대해 기행문을 쓰려거든 그곳에 도착한 지 사흘 이내에 쓰시오." 라는 어느 서양 사람의 글을 오래 전에 읽은 적이 있습니다. 사흘이 지나면서 중국이라는 거대한 문물과 조금씩 친숙해지면, 오히려 더 당황하게 되어, 마침내는 붓조차 들지 못한 채 그 시도를 포기하게 되는 경우를 염려해서 일러 준 말이겠지요. J양이 잡지사로 보낸 편지를 전해주면서 편집자는 나에게 '가장 자상하고 가장 친절한' — 말하자면 최상급의 형용사가 두 번이나 반복되는 — 회답을 부탁했지만, 아무래도 나는 이 편지가 수신인을 잘못 짚었다는 생각을 지울 수가 없습니다.

편지의 내용으로 미루어보건대 J양은 아마 대학 입시를 앞둔 학생으로서 경제학이란 그 '삭막한' 느낌의 학문을 — 실제로 토마스 칼라일은 "경제학은 우울한(dismal) 학문이다."라고 말한 적이 있습니다. — 전공으로 선택해도 좋은지에 대해 진지하게 고민하는 중이 아닌가 싶습니다. 인생이라는 나무는 그것을 가꾸는 과정의 인고(忍苦)가 그 열매를 따는 순간의 희열보다 더 소중한 법이니, 지금의 고민에서 쉽게 도피하지 말고 오히려 그것과 적극적으로 대결하십시오. 다소 구차스런 변명이 됩니다만 경제학을 하나의 '직업'으로 삼고 있는 나로서는 예컨대 한 권의 소설책을 덮으면서 던질 수 있는 '재미있다'거나 '지루하다'라는 식의 즉흥적인 감상을 그대로 경제학에 옮기는 일이 결코 용이하지가 않을 뿐만 아니라 또한 그것이 가능하지도 않습니다. 중국에 대해 기행문을 써야 할 한 서양인의 당혹과 고민이 '잘못된 수신인'에게 하나의 현실로서 다가선 셈입니다.

경제학이라는 말에서 제일 먼저 떠오르는 대상은 아마 '밥'일 것입니다. 말하자면 밥 — 그것이 빵이나 스파게티라도 마찬가지입니다만 — 과 관련되는 여러 가지 문제를 다루는 학문이 경제학입니다. 루드비히 포이에르바하라는 철학자는 "인간이란 요컨대 먹는 존재이다."(Mann ist, was er ißt)라고 지적했습니다만, 실상 이 지극히 평범한 발견이야말로 경제학이 성립하는 바탕이 된다고 할 수 있습니다. 그러나 "사람은 빵만으로 살 수 없다"는 블라디미르 두진체프의 소설 제목은 아주 지당하고 매력적인 말씀이나, "밥 없이 살 수 있는 녀석이 있으면 나서 보라"는 투박한 항의 또한 결코 외면할 수 없는 진실입니다. 이미 짐작했으리라 믿으나, 여기서의 밥을 단순히 인간의 생명을 유지하기 위한 한 보따리의 소비재쯤으로 국한해서는 안 됩니다. 밥은 한 사회의 발전과 쇠퇴를 규정하는 최초의 요인이며, 따라서 그 밥을 어떻게 만들고 또 어떻게 나누느냐는 방식에 따라 그 사회의 문화가 형성된다는 사실에 주목해야 합니다.

밥을 만드는 행위를 경제학에서는 '생산'이라고 합니다. 이 생산이 가능하기 위해서는 토지나 천연자원과 같은 '노동 대상'이 있어야 하고, 또한 이 대상을 가공할 수 있는 시설이나 기계와 같은 '노동 도구'가 필요합니다. 그러나 무엇보다 중요한 요소는 일정한 조직과 통제 아래서 이들 생산 수단을 실제로 사용하는 '노동력'의 역할입니다. 이렇게 생산의 원천을 노동이라 할 때, 경제학은 "태초에 노동이 있었으니 거기서 비롯되었다"고 생각할 수밖에 없습니다. 언뜻 생각하면 토지와 같은 노동 대상은 자연에 의해 이미 '주어진 것'으로서 인간의 노동과는 무관하게 보일지도 모릅니다. 그러나 모든 자연에는 인간의 노동이 부가되어야만 그것이 경제적 의미를 가집니다. 냉장고 속의 작은 얼음 조각에는 신경을 쓰면서도 북극의 빙산에 우리가 무관심한 — 적어도 경제적으로는 — 이유는 그 자연의 결정에 인간의 노동이 포함되지 않았기 때문입니다. 또한 우리가 일상적으로 자본이라고 부르는 생산 설비와 같은 노동 도구도 곰곰이 생각해 보면 그 이전에 인간의 수고와 노력이 만들어 낸 노동의 집적이며 그 결과임을 알 수 있습니다. 다시 강조합니다만 노동력은 토지나 자본에 선행하는 생산 요소입니다. 그러므로 주요 요소는 자연, 자본, 노동이라고 말해서는 안 되고 오히려 노동 대상, 노동 도구, 노동력이며 그 중에서도 가장 본원적인 요소는 노동력이라고 고쳐 말해야 됩니다.

나는 위에서 밥을 어떻게 생산하느냐는 문제가 곧 그 사회의 문화적 형태와 깊은 관련을 가진다고 말했습니다. 그러면 J양이 써 보낸 대로 경제학이란 요컨대 "한 사람의 위대한 시인보다 하나의 발전소 건설을 더 소중하게 여기지나 않는지요."라는 우려에 대해 얘기해 보지요. 인간이 처음으로 경제생활을 시작하면서 노동력은 노동 대상과 노동 도구를 지배했습니다. 그러나 사유 재산이란 개념이 도입되면서 노동력은 먼저 노동 대상을 잃게 됩니다. 예컨대 힘세고 욕심 많은 어느 한 사람이 자연이 하사한 광활한 토지에 사유의 울타리를 치면서부터, 다른 사람들은 여태까지 함께 열매를 거두던 땅에서 물러나야 했으며 또 지금까지 같이 고기를 잡던 강에 다가설 수 없게 되었습니다. 사회가 점점 더 발전하여 자본주의 단계로 들어오면 노동력은 다시 노동 도구와 분리됩니다. 현대의 어떤 노동자도 자기가 일할 공장을 스스로 짓거나 자기가 움직일 기계를 스스로 지고 일터로 가지는 않습니다. 경제학이란 '프리즘'을 통해 볼 때, 인류 역사의 발전이란 요컨대 인간의 노동에 의해 생산이 되풀이되는 과정이라고 말할 수 있습니다.

그런데 이 과정에서 노동력, 즉 구체적으로 이 노동력을 담아서 보관하고 있는 인간은 자연(노동 대상)이나 자본(노동 도구)을 차례로 잃게 됩니다. 주인이어야 할 노동력이, 즉 인간이 오히려 그 도구에 예속되는 현상을 경제학에서는 '소외'라는 말로 표현합니다. 그런데 불행하게도 현대의 경제학이 이 소외의 문제를 '대단히 소홀하게' 다루는 것은 사실이고, 또 그런 점에서 크게 비판을 받아야 마땅합니다. 그러나 경제학이 이 소외로부터의 인간 해방이란 그 본연의 사명을 끝끝내 포기할 수는 없기에, 아마 멀지 않은 장래에 경제학은 다시 J양이 걱정하는 그 시인에게 발전소의 건설에 못지않게 용기 있는 역할을 — 주인의 자리를 빼앗은 노예를 고발하고 노예가 된 주인을 분발하도록 만드는 힘찬 노래를 — 요청하게 되리라고 믿습니다.

이미 만들어 놓은 밥을 어떻게 나누느냐는 문제, 즉 '분배'에 대해서도 같은 얘기를 할 수 있습니다. 무엇인가를 나눈다는 행위는 그에 앞서 각기 이해(利害)가 '대립되는' 집단을 상정하게 만듭니다. 만약 서로 많이 가지려고 경쟁하지 않고, 서로 적게 가지려고 양보한다면 경제학은 더 이상 필요하지 않기 때문입니다. 이 이해 대립의 집단을 경제학에서는 '계급'이라고 부릅니다. 예컨대 고대 사회에서는 노예가 생산한 과실을 귀족이 채찍을 휘둘러 빼앗았으며, 중세 사회에서는 농노에게 빌려 준 토지의 대가라는 명분으로 영주가 지대를 걷었으며, 현대 사회에서 노동자는 생산물의 일부를 임금으로 받고 나머지는 자본가가 이윤으로 차지합니다. 계급이란 이렇게 밥의 생산과 분배에 참여하는 사람과 사람 — 즉 노예와 귀족, 농노와 영주, 노동자와 자본가 — 의 관계를 가리키는데, 그것은 즉시 노동 대상과 노동 도구를 차지한 집단과 노동력만을 지닌 집단의 갈등 위에 근거하고 있습니다.

실제로 한 사회가 존속할 수 있는 물질적 조건은 투입(input)보다 산출(output)이 커야 한다는 단순한 산술에 의거하는데, 이 산출과 투입의 차액을 잉여(surplus)라고 부릅니다. 만약 누가 100원을 비용으로 들여(투입) 120원을 수입으로 얻었다면(산출), 그는 이 사업에서 20원의 잉여를 낸 셈이 됩니다. 그런데 노예제 사회에서는 노예가 생산한 이 잉여를 귀족이 피라미드를 만드는 데에 탕진하고, 봉건제 사회에서는 농노로부터 수취한 지대를 영주가 고딕 사원을 세우는 일에 낭비해 버렸습니다. 모두 다 비생산적(unproductive)으로 소비한 셈이지요. 그러나 자본주의 사회에서 이윤은 투자라는 생산적(productive) 소비에 지출됨으로써 더 많은 잉여, 즉 이윤의 발생을 노리게 됩니다.

물론 나는 이 이윤이라는 단어가 매우 건조한 느낌을 주고, 또한 그것이 때때로 아주 고약한 짓을 하고 있다는 사실을 잘 알고 있습니다. 적어도 그 말은 J양 나이의 세대가 평가하는 가치 서열에서는 예컨대 우애니 동정심이니 혹은 휴머니즘이니 하는 개념들보다 훨씬 아래의 자리를 차지하고 있겠지요. 그러나 우리 한번 냉정하게 생각해 봅시다. 이를테면 J양이 사회의 정신건강을 위해 아주 높은 순위를 부여하고 있는 미술관의 건립도 실상은 두부공장과 마찬가지로 이 사회가 축적한 이윤의 토대 위에서만 가능합니다. 결국 이윤으로 표현되는 이 잉여가 경제 발전을 규정하는 가장 주요한 요인이고, 또한 그것이 궁극적으로는 그 사회의 문화 형태까지도 결정한다는 설득에 동의하지 않을 수 없습니다. 그럼에도 불구하고 이제까지의 역사에서 그 잉여의 생산과 분배가 전혀 정의롭지 못한 관계와 방법으로 이루어지고 있는 것만은 틀림없습니다. 아무튼 이와 같이 밥을 만들고 나누는 가장 구체적인 현상에서 시작하여 그 밥을 만들고 나누는 사람들의 관계로 관심을 돌릴 때, 경제학은 '밥과 사람의 관계'를 따지는 일에서 한 걸음 더 나아가 거기에 내재하는 '사람과 사람의 관계'를 밝히는 학문으로 그 본연의 사명을 회복하게 됩니다.

바로 그 사람이라는 문제에 관하여 현대 경제학이 표상하고 있는 '경제인(homo economicus)' 또한 그렇게 애착이 가는 인물로 그려지지 않습니다. 온통 도시를 압도하는 그 육중한 건물 안에서 하루 종일 머리를 컴퓨터의 단말기처럼 증권 시세표로 꽉 채우고 있는 비정한 표정의 금융인이나, 혹은 "하늘의 별을 헤아리기보다는 주머니 속의 돈을 셈하기에 바쁜" 메마른 심성의 기업가에게서 "한줌의 매력조차 느끼지 못한다."는 J양의 지적을 굳이 탓하지 않겠습니다. 그러나 처음부터 경제학이 그토록 약삭빠르기만 해서 항상 현실에 안주하거나 혹은 그 주변과의 타협 속에 연명해 온 것도 아닙니다. 무엇보다도 먼저 경제학은 중세의 봉건 사회를 지배해 온 자연법 사상에 대한 처절한 항거에서 싹텄다는 사실이나, 혹은 마르크스 이래의 정치 경제학이 자본주의 제도에 내재된 온갖 모순의 극복을 위해 여전히 치열하게 투쟁하고 있다는 사정을 기억해두십시오. 이제 그 경제학이 지닌 현실 개혁의 자세랄까 혹은 장래의 각오랄까에 관해 얘기해 보도록 하지요.

이 대목에서 내 개인의 체험을 하나 섞는 것을 양해하십시오. 벌써 한 20여 년 전, 그러니까 대학에 입학해서 첫 오리엔테이션을 받을 때의 일입니다. 경제학이 얼마나 '훌륭한' 학문인가에 대해 추호의 의문이 없도록 처음부터 신입생의 머리를 철저하게 훈련시켜야 할 '중대한' 사명을 띠고 우리 앞에 나선 한 선배는 인류의 진보를 가져온 세 개의 사과에 대한 얘기부터 시작했습니다. 우선 아담이 먹었다는 창세기의 사과는 인간으로 하여금 신의 계명을 거역하고 자유 의지를 선택하게 한 최초의 상징이라는 것입니다. 다음으로 뉴턴이 보았다는 사과는 자연의 공포로부터 인간이 지식과 이성의 독립을 선언한 찬란한 기록이 된다는 것입니다. 마지막으로 윌리엄 텔이 쏜 사과는 무엇보다도 인간에 대한 인간의 압제를 전복하고 자유와 사랑을 실현하게 만든 위대한 승리의 표현이라는 것이었습니다. 이 얘기가 그 선배의 창작인지 아니면 타인의 작품을 도용한 것인지의 여부는 알 수 없으나,

확실히 그 내용은 산뜻한 재치 못지않게 상당한 설득력을 지니고 있습니다. 요컨대 이 아담의 사과, 뉴턴의 사과, 그리고 텔의 사과를 거치면서 인간은 차례로 신과 자연과 인간의 폭력으로부터 그 '자유의 영역'을 확대해 온 것이 사실입니다.

그런데 그 아담의 사과가 철학의 영역에서 그 시비가 가려지고, 뉴턴의 사과가 자연과학 분야에서 논의되어야 한다면, 텔의 사과는 필경 사회과학적 관심의 대상이 되겠지요. 사실 18세기 유럽에서 시작된 소위 계몽사상은 바로 인간의 해방에 대한 최초의 자각이랄 수 있는데, 그 중요한 계기는 경제학을 비롯한 사회과학의 발전에서 비롯되었습니다. 그러니까 1776년 아담 스미스의《국부론》의 출판으로부터 현재까지 대략 경제학 200여 년의 역사는 실상 밥을 만들고 나누는 자유를 독점하려는 집단과 그 독점을 저지하려는 집단이 벌인 처절한 투쟁의 역사라고 해도 좋습니다. 이미 지적한 대로 자연법 질서에 대항해 1770년대 '고전파 경제학'이 태동되었습니다. 그 후 1870년대에 이 고전파 경제학이 지나치게 급진적이란 이유로 '신고전파 경제학'이 이의를 제기했고, 반대로 그것이 너무 보수적이란 이유로 '마르크스 경제학'이 도전했습니다. 그리고 이 신고전파 경제학이 지닌 이론과 정책의 오류에 대한 반동으로 1930년대에 '케인즈 경제학'이 성립되었습니다. 나는 이들 여러 이론이 실현하려고 애썼던 자유의 내용에 대해서는 자세히 설명하지 않겠습니다. 다만 새로운 주장이 이전의 생각을 계승하기보다는 차라리 거부한 면이 압도적으로 크기 때문에, 새 이론이 옛 이론의 '발전'이라기보다는 오히려 그것과의 '대결'이란 점을 강조하고자 합니다. 말하자면 경제학은 J양이 여러 차례 우려했듯이 현실에 자족하는 무기력한 학문이 아니고, 끊임없이 스스로를 '혁명하는' 학문이란 뜻입니다.

위에서 나는 경제학이 밥과 사람의 관계로부터 사람과 사람의 관계를 해명하는 학문이라고 지적했습니다만, 앞의 관계는 한마디로 풍족한 밥에 대한 요구이고 뒤의 관계는 자유의 영역 확대에 대한 집념이라고 할 수 있습니다. 이렇게 우리는 경제학을 통해서 '밥과 자유'라는 우리 삶의 가장 본질적인 두 측면을 규명할 수 있게 됩니다.

J양!

앨프리드 마셜은 경제학자들에게 차가운 머리(cool head)와 뜨거운 가슴(warm heart)을 함께 지니도록 당부한 적이 있습니다. 무엇보다 J양이 냉철한 지식(이론)과 열렬한 애정(실천)을 가지고 자신과 이웃이 밥을 얻고 자유를 찾는 일에 동참하기를 원한다면, 경제학을 선택하는 데 주저하지 마십시오. 결코 자상하지도 못하고 또 친절하지도 않은 이 회신이 J양이 '미래'를 선택하는 데 작은 도움이 되기를 바랍니다.

– 정운영, 〈경제학을 전공하려는 J양에게〉, 《피사의 전망대》, 한겨레출판사, 1995.

도움말 이 글은 경제학자가 경제학을 전공하려는 한 고등학생에게 보내는 편지이다. 수신자인 고등학생은 경제학에 관심이 있지만, 경제학이 '우울한', '차가운' 학문이란 생각에 전공 선택을 머뭇거리고 있다. 발신자는 수신자가 갖고 있는 경제학에 대한 통념이 일면 진실을 담고 있다고 인정하면서도 경제학이라는 학문 안에는 그러한 통념을 바꿀 수 있는 힘도 있다고 차분히 설명하고 있다. 그는 노동, 소외, 계급 등의 개념을 설명하는 과정에서, 경제학은 밥과 사람의 관계를 따지는 학문이며 동시에 사람과 사람 간의 관계를 밝히는 것을 사명으로 하는 학문이라고 주장하고 있는 것이다. 필자는 말미에 자신의 글이 "결코 자상하지도 못하고 또 친절하지도 않"다고 쓰고 있지만, 이 편지글은 경제학을 전공하려는 고등학생에게는 충분히 자상하며 친절한 전공 소개가 되었으리라고 생각된다.

기본 과제

1. 윗글을 편지가 아닌 일반적인 설명의 방식으로 요약해 보자. (800자 이내)

2. 윗글에서 J양이 보내온 편지 내용에 관한 부분을 찾아 밑줄을 그어 보자. 이 내용과 그에 따른 필자의 답을 참고하여 실제로 J양이 편지를 쓸 때 경제학에 대해 어떻게 생각했을지 짐작해 보고 그것을 정리해 보자.

3. 오늘날 피라미드와 고딕 사원은 각각 이집트와 유럽의 역사 문화유산으로 남아 많은 관광객들을 끌어들이고 있다. 노예제 사회의 귀족과 봉건제 사회의 영주의 '낭비'에 대해 재평가해 보자.

심화 과제

1. 윗글이 전공에 대한 소개 글로서 '자상함'과 '친절함'의 미덕을 갖출 수 있었다고 한다면 그것에는 내용뿐만 아니라 편지글이라는 형식이 중요한 역할을 하였다. 이러한 점에 착안하여 고등학교 후배들에게 자신의 전공을 소개하는 글을 편지글의 형식으로 써 보자.

2. 이 글에서 제시한 '소외'에 대한 설명을 다시 찾아 읽어 보자. 그리고 우리 삶에서 '소외'에 해당하는 예는 어떤 것이 있는지 구체적으로 찾아 발표해 보자.

3. 복지 정책이 선거 때마다 중요한 정책 현안으로 논의되고 있다. 차가운 머리(cool head)로 접근해야 할 경우와 뜨거운 가슴(warm heart)으로 접근해야 할 경우를 나눠서 생각해 보자.

4. 현대 경제 상황을 고려하여 '생산 요소' 세 가지를 새롭게 규정해 보자. 그리고 그 이유를 설명해 보자.

3. 자연과학

자연과학은 사물에 내재한 궁극적인 원리를 탐구하는 분야로서 물리학, 수학, 화학, 천문학에서 동물학, 전산학, 의학 등에 이르기까지 다양한 세부 분야를 포함한다. 과학의 발전이 급속하게 이루어지면서 그 분야가 더욱 세분되는 경향을 보이기도 하지만 최근 들어서는 인문학 분야와의 학문적 소통을 염두에 두면서 '통섭'적인 접근이 주목을 받기도 하였다.

이 절에서는 자연과학의 이론적 성격과 관련한 E. 윌슨의 글을 시작으로 찰스 다윈의《종의 기원》, 복잡계이론의 등장, 수학 문제의 직관적 접근 등을 다룬 네 편의 글을 통해 자연과학의 한 단면을 확인해 보도록 한다.

3.1.

자연과학의 이론적 성격

자연과학 1 • 자연과학의 이론적 성격	➡	자연과학 2 • 자연선택 또는 적자생존	➡	자연과학 3 • 결정론에서 복잡계 이론으로	➡	자연과학 4 • 수학 문제의 직관적 접근

과학에서는 그 어떤 것도 이론(理論, theory)이 없이는 의미가 없다. 모든 지식을 맥락에 맞도록 그럴듯하게 엮어 냄으로써 세계를 재창조하는 일은 우리의 본성이다. 이쯤에서 이론이라는 주제에 대해 잠시 생각해 보자. 우리는 자연 세계의 아름다움에 매혹되어 있다. 그대는 아는가? 북극성이 얼마나 현란한 패턴으로 그 자취를 그리는지를, 그리고 식물의 뿌리 끝에 있는 세포가 분열할 때 염색체가 얼마나 우아하게 이동하는지를. 이 둘은 우리의 삶에 있어서 아주 중요한 과정들을 드러낸다. 왜냐하면 태양 중심인 천문학과 멘델 유전학의 이론 틀이 없다면 그것들은 단지 아름다운 빛의 패턴에 지나지 않을 것이기 때문이다.

이론은 그 다양한 의미 때문에 파악하기 쉽지 않은 단어이다. 일상적 맥락에서 이론의 의미는 애매함으로 가득 차 있다. 우리는 종종 어떤 주장이 "단지 하나의 이론일 뿐"이라는 말을 듣는다. 누구든 이론을 가질 수 있다. 예컨대 "경합하는 여러 이론들이 있다면 돈을 내고 가장 마음에 드는 걸 고르면 된다."와 같은 것도 모두 일상적 의미의 이론들이다. 심지어 죽은 사람의 영혼을 달래기 위해 닭을 잡아 의식을 치르는 부두교의 사제들에게도 그런 행동을 정당화해 주는 일종의 이론이 있다. 이것은 재림의 징표를 목도하기 위해 아이다호의 하늘을 응시하는 천년왕국 신도들도 마찬가지이다. 그렇다면 과학 이론의 경우는 어떤가? 혹자는 과학도 추측을 포함하기 때문에 기초가 허약한 어림짐작에 지나지 않는다고 주장할지 모르겠다. 포스트모더니스트들의 입장이 바로 그런 것 같다. 어떤 이론이든 타당하며 흥미롭다는 생각. 하지만 과학 이론은 이와는 근본적으로 다르다. 과학 이론은 반례들에 직면하면 폐기되도록 특별히 설계되어 있다. 그리고 그것이 이왕 틀린 것이라면 빨리 폐기되면 될수록 좋다. "실수는 빨리 할수록 좋다."라는 격언은 과학적 실천에서도 하나의 규칙이다. 과학자들도 자신이 만든 구조물과 사랑에 빠지고는 한다. 물론 나도 예외는 아니었다. 불행히도 자신이 틀리지 않았다는 점을 보이기 위해 평생을 헛수고하는 과학자들도 있다. 게다가 비록 소수이기는 하지만 그런 행동으로 자신의 명예를 실추시키고 그동안 쌓아온 학계의 명성을 잃는 사람들도 있다. 경제학자 폴 새뮤얼슨(Paul Samuelson)이 언젠가 말했듯이 이론은 거듭되는 장례식을 통해 진보한다.

양자전기역학과 자연선택에 근거한 진화론은 중요한 현상들을 다루는 거대 이론들 중에 대표적인 성공 사례이다. 그 이론들이 다루는 존재들, 예컨대 전자, 광자, 유전자 등은 측정될 수 있다. 그리고 그 이론의 진술들은 혹독한 비판과 수많은 실험 그리고 경쟁 이론의 끈질긴 문제 제기 등을 통해 철저히 시험받도록 설계되어 있다. 과학 이론의 지위를 차지하려면 그 정도의 시험을 견뎌 내야만 한다. 최고의 이론은 '오컴의 면도날'을 통해 판가름난다. 오컴의 면도날이라는 용어는 1320년대에 오컴의 윌리엄(William of Occam)이 처음 사용한 것인데, 그는 "전제는 적으면 적을수록 좋기 때문에 필요 이상의 전제들을 사용하는 것은 헛될 수밖에 없다."라고 말했다. 이론을 판가름하는 데 있어 검약성은 좋은 기준이다. 군살이 없고 시험에 통과한 이론만 있으면 하늘에서 태양의 길을 안내하는 포이보스(Phoebos, 아폴로 신의 다른 이름)나 북녘의 숲을 가꾸는 드라이아드(dryad, 그리스 신화의 숲의 요정)도 더 이상 필요 없다. 검약의 원리는 세계를 이해할 수 있게 해 주기도 하지만 뉴에이지(New Age) 운동의 꿈을 물거품으로 만들기도 한다.

하지만 과학 이론도 상상력의 산물이다. 좀 더 정확히 말하면 정보에 입각한 상상력의 산물이다. 과학 이론은 이전에 짐작도 못 했던 현상들의 존재를 예측하기 위해서 아무도 발을 들여 놓은 적이 없는 곳을 찾아간다. 이론은 가설을 만들어 낸다. 가설은 탐구되지 않는 주제에 대한 훈련된 추측이다. 가장 좋은 이론은 가장 생산적인 가설을 생성해 낸다. 그리고 이 가설은 관찰과 실험을 통해 대답할 수 있는 질문으로 명료하게 번역된다. 이론과 그것의 자손인 가설은 가용한 자료를 놓고 다른 이론 · 가설과 경쟁을 한다. 이런 험난한 환경에서 살아남은 생존자는 다윈 진화론적인 의미의 승자로서 과학의 성전에 입성하게 되고 우리의 마음속에 자리를 잡게 되며 더 놀라운 물리적 실재를 탐구하는 데 길잡이 역할을 한다.

최대한으로 정확하게 말하자면 과학은 세상에 대한 지식을 모아서 그 지식을 시험 가능한 법칙과 원리로 응축하는 체계적이고 조직화된 탐구이다. 과학과 사이비 과학을 구분하는 첫째 기준은 반복 가능성이다. 즉 다른 사람들이 독립적으로 수행해도 같은 현상이 나와야 하고 그런 현상에 대한 해석이 새로운 분석과 실험을 통해 입증되거나 반증되어야 한다. 둘째 기준은 경제성이다. 과학자들은 가장 많은 정보를 가장 적은 노력으로 이끌어 내는 과정에서 가장 단순하면서도 미적으로 가장 아름다운 형태로 정보를 추상화하고자 한다. 이것을 우아함의 추구라고 말할 수 있다. 셋째 기준은 측정이다. 만일 어떤 것이 보편적으로 받아들여지는 척도에 따라 적절히 측정될 수 있다면 그에 대한 일반화는 명백해진다. 넷째 기준은 발견 기법이다. 최고의 과학은 종종 예측할 수 없는 새로운 방향으로 후속 발견들을 자극한다. 그리고 새로운 지식은 원래 원칙의 진위를 다시 시험해 보게끔 한다. 마지막으로 과학과 사이비 과학을 가르는 다섯째 기준은 통섭이다. 즉 다양한 현상들에 대한 여러 설명들을 서로 연결하고 일치시킬 수 있을 때 가장 경쟁력 있는 설명이 된다.

천문학, 생의학 그리고 생리심리학은 이 모든 기준들을 만족시킨다. 하지만 불행히도 점성술, UFO학, 창조 과학, 크리스천 사이언스는 어떤 기준도 만족시키지 못한다. 진정한 자연과학은 이론과 증거로 꽉 맞물려 있으며 근대 문명의 기술적 진보에 근간이 되어 왔다는 점을 절대로 간과해서는 안 된다. 사이비 과학은 개인의 심리적 필요는 충족시킬 수 있으나 기술 발달과는 아무런 관련이 없다.

– 에드워드 윌슨 저, 최재천 · 장대익 역, 《통섭》, 사이언스북스, 2005.

도움말

통섭 분야의 거장으로 알려진 윌슨의 책, 《통섭》에서는 철학에서 자연과학, 사회과학에 이르는 다양한 학문의 내용을 아우르면서, 학문의 세부적인 구분은 실제 세계의 반영이라기보다는 학자들이 만든 인공물일 뿐이며 궁극적으로는 세부 학문의 통합에 도달해야 함을 역설하고 있다. 위의 지문은 자연과학에서 다루는 '이론'의 일반적인 성격에 대해 자세한 논의를 베풀고 있어 자연과학을 이해하기 위한 좋은 안내 역할을 하고 있다.

기본 과제

1. 필자는 과학과 사이비 과학을 구분하는 다섯 가지 기준을 제시하면서 천문학, 생의학, 생리심리학 등은 과학으로, 점성술, UFO학, 창조 과학, 크리스천 사이언스 등은 사이비 과학으로 판정하였다. 이 결과를 다섯 가지 기준을 토대로 구체적으로 살펴보고 이러한 분류의 적절성에 대해 논의해 보자.

2. '오컴의 면도날'은 과학 이론의 검약성을 검증하는 기제로 종종 활용되어 왔다. 자신이 알고 있는 과학 이론을 오컴의 면도날을 통해 점검해 보고 그 결과를 발표해 보자.

심화 과제

1. 이 글에 의하면 모든 이론은 논증과 반증을 반복하면서 끊임없이 변화한다. 거시적인 과학사의 관점에서 이론의 변화 과정과 동인(動因)에 대해 조사하고 최근 유행하는 이론과 비교하여 설명해 보자.

2. 우수한 기술과 성공적인 경제 발전에도 불구하고 한국 과학계에서 자생한 독창적인 이론은 쉽게 찾아보기 어렵다. 이러한 현상의 원인은 무엇인지 논의해 보자.

3.2.

자연선택 또는 적자생존

자연과학 1 • 자연과학의 이론적 성격 ➡ 자연과학 2 • 자연선택 또는 적자생존 ➡ 자연과학 3 • 결정론에서 복잡계 이론으로 ➡ 자연과학 4 • 수학 문제의 직관적 접근

인간은 무의식적으로 생물을 새로운 환경에 옮겨 생활 조건을 바꾼다. 그 결과로 변이가 발생하지만, 그러한 생활 조건의 변화는 자연 아래서도 이루어질 수 있으며, 또 사실 일어나고 있다. 모든 생물의 상호 관계, 또는 그들의 물리적 생활 조건에 대한 상호 관계는 일정하지 않은 복잡성과 밀접한 적합성을 가지고 있다. 따라서 변화하는 생활환경 속에 있는 생물의 경우에는 그 구조 속에 무한히 변화할 수 있는 다양성이 있다는 것을 기억해 두자. 인간에게 쓸모 있는 변이가 분명히 일어나는 것을 볼 수 있으므로, 각 생물에게도 거대하고 복잡한 생존경쟁을 위해 뭔가 도움이 되는 다른 변이가, 수천 세대를 거듭하는 동안 이따금 일어난다고는 생각할 수 없을까? 만일 그런 일이 일어난다면 — 생존 가능한 것보다 훨씬 많은 개체가 태어나는 것을 잊지 않는다면 — 다른 개체에 비해 뭔가 조그만 이점이라도 가진 개체가 생존과 번식을 위한 기회를 가장 많이 가진다고 생각할 수 없는 것일까? 이와는 반대로 조금이라도 유해한 변이는 엄격하게 파괴된다는 것은 확신할 수 있다. 이렇게 유익한 개체적 차이와 변이는 보존되고, 유해한 변이는 버려지는 것을 가리켜 나는 '자연선택' 또는 '적자생존'이라고 부른다. 유해하지도 유익하지도 않은 변이는 자연선택의 영향을 받지 않으며, 또 다양한 형태의 종(種)에서 볼 수 있듯이 모든 형질이 변화성을 가진 요소로서 남아 있거나, 그 생물의 성질이나 생활 조건의 성질에 따라 결국 변하지 않는 상태가 될 것이다.

몇몇 저자들은 '자연선택'이라는 말을 오해하거나 이의를 제기한다. 자연선택은 변이성을 유도하는 것이라고 오해하는 사람들까지 있다. 그러나 그것은 어떤 생활 조건 속에 사는 생물에 대해 유익한 변이를 보존한다는 의미밖에 없다. 농업 연구가로서 인위적인 선택의 효과에 대해 이의를 제기하

는 사람은 없다. 이 경우 인간이 어떤 목적을 위해 선택하는 개체적 차이는 자연에 의해 필연적으로 먼저 일어나야 한다. 어떤 사람들은 선택이라는 이름이 변화하는 동물 자체의 의식적인 선택을 의미하는 것으로 보고 반대하기도 한다. 또한 식물은 자의식이 없기 때문에 식물의 경우 자연선택을 적용할 수 없다는 이견을 주장하는 사람들도 있다. 물론 글자 그대로의 의미로 말한다면 자연선택이라는 것은 틀린 이름이다. 그러나 화학자들이 여러 가지 원소의 선택적 친화력을 말할 때 그 누가 이의를 제기할 수 있겠는가? 더욱이 산(酸)이 선택적 결합을 할 때 염기(鹽基)를 선택한다는 것은 엄밀히 말해 할 수 없는 말이 아닌가?

어떤 사람은 나의 자연선택 학설을 능동적인 힘, 또는 신성(神性)으로서 말하는 것이라고 비난하기도 한다. 그러나 다른 저자가 모든 행성의 운동을 지배하는 것은 중력이라고 말한 것에 대해 누가 반대할 수 있겠는가? 나의 이러한 비유적인 표현이 무엇을 말하고자 하는 것인지는 누구나 쉽게 알 수 있을 것이다. 또 자연을 인격화하는 것을 피하는 것도 어려운 일이지만, 내가 말하고자 하는 자연은 수많은 자연법칙의 총괄적인 작용과 그 결과를 뜻한다. 그리고 이 법칙에 의해 우리가 확정지으려는 사상(事象)의 상관관계를 뜻하기도 한다. 어느 정도 익숙해지면 그런 피상적인 의견은 쉽게 불식될 수 있을 것이다.

예를 들어 기후에 의해 약간의 물리적 변화를 받고 있는 지역을 생각해 보면, 자연선택이 일어날 가능성이 있는 경로를 가장 쉽게 이해할 수 있을 것이다. 즉, 그 지역에 살고 있는 생물의 비례수는 거의 즉시 어떤 변화를 가져와서 그 중에 어떤 종은 멸종해 버릴 것이다. 이미 설명한 것처럼 각 지역에 살고 있는 생물은 서로 복잡하고도 밀접한 양상으로 얽혀 있기 때문에, 그곳에 살고 있는 생물의 수적인 비례의 변화는 기후의 변화와 상관없이 다른 수많은 생물에게 큰 영향을 미친다는 결론을 내려도 무방할 것이다. 만일 그 지역의 경계를 쉽게 드나들 수 있다면, 새로운 형태의 생물이 틀림없이 이주해 와서 이전 거주자인 어떤 생물들의 관계를 몹시 교란할 것이다. 여기서 알아두어야 할 것은 앞에서 논한 바와 같이, 수입해 온 나무 한 그루나 짐승 한 마리의 영향이 얼마나 큰가 하는 점이다.

섬이나 일부가 장벽으로 에워싸인 지역, 즉 더욱 적합한 새로운 형태가 자유롭게 들어올 수 없는 경우에, 만일 원래의 거주자인 어떤 생물이 무언가의 방법으로 변화했을 때는 그 자연계의 질서 안에서 확실히 다시 채워져야 하는 장소가 생긴 셈이 된다. 본디 그곳에 서식하고 있던 생물이 어느 정도라도 바뀐다면 잘 적응할 수 있는 장소 말이다. 만일 그곳에 자유로운 이주(移住)가 허락된다면, 그런 장소는 새로운 침입자에 의해 점거될 것이다. 이런 경우에는 어떠한 방법으로 어떤 종의 개체에 이익을 주는 약간의 변화가, 그 개체를 변화시킨 생활 조건에 더욱 잘 적응시킴으로써 그 적을 보존시키려는 경향이 있다. 그리하여 자연선택은 개량을 추진하는 자유로운 영역을 갖게 된다.

- 찰스 다윈 저, 송철용 역,《종의 기원》, 동서문화사, 2013.

도움말

1859년 처음 출판된 찰스 다윈의《종의 기원(The Origin of Species -by means of natural selection)》은 전문가를 위한 학술서가 아니라 일반 독자들이 즐겨 읽도록 출판된 책이다. 이 책은 초고가 출판된 지 한 달이 안 되어 초판 인쇄 부수가 모두 매진될 정도의 큰 호응을 얻었다. 이 인류사의 기념비적 저서는 진화 연구를 과학으로 자리매김했다는 점과 진화가 일어나는 메커니즘을 제창하였다는 점에서 그 의의를 찾을 수 있다.

기본 과제

1. 윗글에서 필자는 자신이 주장한 '자연선택'에 대한 오해와 이의에 대해 꼼꼼히 설명함으로써 자신의 주장을 명확히 전달하려고 힘쓰고 있다. 오해와 이의에 대한 다윈의 답변을 항목별로 정리해 보자.

2. 자연선택 혹은 적자생존의 개념은 종종 지나치게 확대되어 생존경쟁이 매우 필

연적인 결과라고 해석되기도 한다. 윗글의 설명을 토대로 자연선택과 생존경쟁을 명확히 구별해 보자.

심화 과제

1. 다윈의 진화론이 책으로 출판될 당시에는 창조론이 정통적인 학설로 인정받던 시대였다. 창조론이 주류이던 시대에 다윈의 진화론이 어떻게 일반인 혹은 학계의 호응을 얻게 되었는지 그 과정에 대해 논의해 보자.

2. 섬처럼 고립된 지역에서의 생태계의 진화는 특이한 양상을 보인다. 윗글의 후반부 설명은 갈라파고스 제도를 탐험한 결과를 논의한 것과 관련이 있다. 갈라파고스 현상(Galapagos Syndrome)에 대해 조사해 보고 이 현상이 의미하는 바가 다른 분야에서도 활용될 수 있는지 논의해 보자.

3.3.

결정론에서 복잡계 이론으로

자연과학 1 • 자연과학의 이론적 성격 ➡ 자연과학 2 • 자연선택 또는 적자생존 ➡ 자연과학 3 • 결정론에서 복잡계 이론으로 ➡ 자연과학 4 • 수학 문제의 직관적 접근

라플라스 프로그램이 추구한 완벽한 결정론에 대한 도전은 열 현상으로부터 제기되었다. 우리는 어렸을 때부터 경험적으로 뜨겁고 차갑다는 느낌에 대해 알고 있다. 불을 자유롭게 다룰 수 있는 유일한 생물 종인 인간에게 이러한 열의 인식은 숙명적이기도 한 것이었다. 그러나 열을 어떻게 설명할 것인가에 대해서는 오랜 탐구로도 답을 얻어내지 못하고 있었다. 19세기 들어 학계에서는 열소(熱素, caloric) 이론이 주목을 받았다. 이 이론에 의하면 열은 보이지 않고 질량도 없는 '열소'에 의한 것이며, 이 열소가 많고 적음이 온도를 결정한다는 것이었다.

그러나 19세기 중반부터 줄(J. P. Joule), 클라우지우스(R. J. E. Clausius) 등의 연구에 의해 열 현상은 열소를 도입하지 않고도 분자들의 운동만으로 충분히 설명이 가능하다는 사실이 밝혀졌다. 분자들의 운동에 의한 에너지를 열이라고 생각하면 열소에 의존하지 않고도 훨씬 간명한 설명이 가능했다.

하지만 이것만 가지고는 문제를 풀기가 너무 힘들었다. 열소라는 존재를 떼어버리고 분자의 틀에서 설명을 하더라도 분자라는 것이 너무나 많았다. 우리가 숨을 한 번 크게 쉬면 들락거리는 3리터 남짓한 공기에 무려 1023개 정도의 분자가 존재한다. 분자의 숫자도 엄청날뿐더러 이들 분자 사이의 상호작용까지 따지자면 '라플라스의 악마'라도 일일이 풀어내기 어려웠다. 맥스웰(J. C. Maxwell)은 이 난관을 극복하기 위해서는 통계적 접근이 필요하다는 결론에 도달했고, 기체분자의 동역학을 통계적으로 다루기 시작했다. 이어 오스트리아의 물리학자 볼츠만(L. E. Boltzmann)이 이 이론을 더욱 발전시켜 통계역학의 체계를 완성했다.

이 시기에 맥스웰과 볼츠만은 앞서 클라우지우스가 발견한 열역학 제2법칙이 내포하는 문제로 몹시 고민하고 있었다. 클라우지우스의 열역학 제2법

칙은 "차가운 물체에서 뜨거운 물체로 열이 흘러가게 만드는 순환과정은 얻을 수 없다"는 것이며, 맥스웰과 볼츠만은 엔트로피의 개념을 이용해 이를 더욱 간단하게 표시할 수 있다고 생각했다.

엔트로피는 열역학에서 나온 개념 중에서 일반인들에게도 가장 친숙한 용어이다. 모래시계의 예를 보면, 모래시계 위에 있는 모래알이 아래로 내려오면서 마찰에 의해 운동에너지가 열에너지로 전환된다. 모래시계의 아래에 있는 모레알은 무질서하게 흩어져 그 상태로는 다른 에너지원으로 쓰일 수가 없다. 전환된 열에너지는 어디에도 쓸 수 없는 에너지의 쓰레기가 되어버리는데, 이를 '엔트로피'라고 한다. 일반적인 의미로 엔트로피는 어떤 시스템의 무질서의 정도를 의미한다.

엔트로피를 이용하여 열역학 제2법칙을 재정의하면, 모든 시스템은 외부와 고립되었을 때 시간의 흐름에 따라 엔트로피(무질서의 정도)가 증가한다. 그리고 모든 에너지는 열에너지로 전환될 수 있지만, 그 역은 불가능하다(비가역이다). 시간에 따라 변화가 한 방향으로만 진행되므로 엔트로피는 당연히 증가할 수밖에 없는 것이다.

원래 뉴턴 역학은 시간에 대해 특별한 방향성이 없다. 이해가 가지 않는다면 당구경기의 스리쿠션 녹화장면을 거꾸로 틀어보면 된다. 사람의 움직임을 제쳐두고 공의 움직임만 보고 있으면 공이 거꾸로 가더라도 별 어색함을 느끼지 못할 것이다. 태양계를 구성하는 모든 천체의 운동방향이 지금과 정반대가 되더라도 태양계는 깨어지지 않는다. 이를 가역성(reversibility)이라고 한다.

하지만 열역학 제2법칙에 의하면 시간의 방향은 엔트로피가 증가하는 방향으로 정해진다. 필자가 여러분에게 책상 위에 커피가 가득 담긴 머그잔이 놓여 있는 사진과 머그잔이 산산이 깨어져 카펫을 흥건히 적시고 있는 사진을 함께 내밀며 "이 둘 중에 어느 사진을 먼저 찍었을까?"라고 묻는다고 상상해 보자. 당구와는 달리 길게 생각할 필요도 없이 대답이 떠오를 것이다. 미시적인 개개 분자를 다룰 때에는 나타나지 않던 비가역성이 거시적인 열현상에서, 그리고 우리의 일상생활에서는 관찰이 되고 있다.

이처럼 맥스웰과 볼츠만의 시대까지 발전해온 평형계에 대한 통계역학은 모든 문제에 대한 해답을 주지는 못했지만, 구성요소의 수가 매우 많아 다루기 어려웠던 계에 대한 이해를 크게 넓혔다. 통계역학의 방법론은 이후 20세기에도 계속 발전하며 과학적인 복잡계 이론의 탄생에 큰 역할을 하게 되었다.

– 윤영수 · 채승병, 《복잡계개론》, 삼성경제연구소, 2005.

도움말

복잡계(complex system)란 말 그대로 복잡함을 다루는 시스템을 말한다. 복잡계 이론은 기존의 결정론적 세계관 혹은 인과적 세계관에 대한 반발로 대두된 이론으로서 우리가 사는 세계에 내재한 복잡한 성질을 설명하기 위해 도입된 새로운 방법론이다. 위의 글은 복잡계 이론이 탄생하게 된 이론적 배경을 과학사적 흐름을 통해 살펴본 것이다.

기본 과제

1. 열 현상을 설명하는 과정이 어떻게 변화해 왔는지 차례대로 정리해 보자.

2. 윗글에서는 열 현상을 설명하는 과정에서 '가역성'의 개념이 중요하게 대두되었다고 하였다. 가역성과 비가역성의 개념을 구체적인 사례를 들어 설명해 보자.

심화 과제

1. 열역학 제2법칙은 이공계 전공자에게는 매우 친숙한 개념일 테지만 인문학 전공자에게는 여전히 이해하기 쉽지 않은 개념이다. 열역학 제2법칙이 적용되는 사례를 조사하면서 이들에 대한 이해의 폭을 넓혀 보자.

2. '엔트로피'의 개념을 고등학생에게 설명해 준다고 가정하고 평이한 용어로 풀이해 보자.

3.4.

수학 문제의 직관적 접근

자연과학 1 • 자연과학의 이론적 성격	➡	자연과학 2 • 자연선택 또는 적자생존	➡	자연과학 3 • 결정론에서 복잡계 이론으로	➡	자연과학 4 • 수학 문제의 직관적 접근

수학자들은 어떻게 문제를 해결할까? 이러한 의문에 대하여 철저하고 과학적으로 연구한 예는 드물다. 인지과학에 근거한 현대의 교육학적 연구는 대체로 고등학교 수준까지의 교육에 초점을 맞춘다. 학부 수학 교육을 다룬 연구도 있지만 상대적으로 드물다. 기존의 수학을 배우고 가르치는 것과 새로운 수학을 만들어내는 것 사이에는 상당한 차이가 있다. 악기를 연주할 줄 아는 사람은 많지만 콘체르토(협주곡)는 물론이거니와 대중가요를 작곡할 수 있는 사람의 수를 따져 봐도 그보다는 훨씬 적다.

최고급의 창조성을 논하자면 우리가 아는 것, 혹은 알고 있다고 생각하는 것의 상당 부분은 자기 성찰에서 비롯된다. 수학자들에게 사고 과정을 설명해 달라고 부탁해 일반적인 법칙을 찾아보자. 수학자들의 생각하는 방식을 알아내고자 하는 최초의 진지한 시도 중 하나는 자크 아다마르의 《수학 분야에서의 창안의 심리학》으로, 1945년 처음 출판되었다. 아마다르는 당시의 유수한 수학자와 과학자들을 인터뷰하면서 어려운 문제를 연구할 때 어떻게 생각하는지를 묘사해 달라고 요청했다. 확실하게 드러난 것은, 직관이 필수적인 역할을 한다는 것이었다. 직관을 대신할 더 좋은 용어가 없어서 직관이라고 하겠다. 무의식적인 마음의 어떤 특성이 그들의 생각을 인도했다. 가장 창조적인 통찰은 한 단계 한 단계 밟아나가는 논리가 아니라 갑작스럽고 엉뚱한 비약에서 생겨났다.

19세기 말에서 20세기 초 프랑스의 거물 수학자 앙리 푸앵카레는 논리적인 의문에 대한 비논리적으로 보이는 접근에 관해 매우 상세히 묘사했다. 푸앵카레는 수학의 대부분을 망라했고 몇 가지 새로운 영역을 만들어냈으며 그 외에도 많은 부분을 근본적으로 바꿔 놓았다. 이후 몇몇 분야에서 그는 두드러진 역할을 했고, 대중 과학서를 저술하기도 했다. 이렇게 폭넓은 경험은 그가 자신의 사고 과정을 보다 심오하게 이해하는 데 도움이 되었을 수 있다. 어쨌건 푸앵카레는 의식적인 논리는 창조적인 과정의 일부에 지나지 않는다고 단호하게 주장했다. 물론 논리를 빠뜨릴 수 없는 시점이 있기는 하다. 문제가 무엇인지를 판단하고 그 답을 체계적으로 검증하는 때가 그렇다. 그러나 그 사이에 자신의 뇌가 자기도 모르는 사이에 그로서는 가늠조차 할 수 없는 방식으로 문제를 연구하고 있는 경우가 많다고 푸앵카레는 느꼈다.

그는 창조적 과정을 핵심적 3단계로 구분했다. 준비, 배양, 깨달음이다. 준비는 문제를 정확하게 이해하고 엄밀하게 만들어 상투적인 방법으로 공략하기 위한 의식적이고 논리적인 노력으로 이루어진다. 푸앵카레는 이 단계가 필수적인 것이라고 보았다. 무의식을 자극하고 무의식이 연구할 미가공 정보를 공급해 주는 것이다. 배양은 문제에 대한 생각을 멈추고 내버려둔 채 다른 일을 할 때 이루어진다. 이제 무의식은 개념들, 아주 엉뚱한 때도 잦은 개념들을 결합하기 시작하고, 그러다 보면 서광이 비치기 시작한다. 운이 좋다면 이는 깨달음으로 이어진다. 무의식이 어깨를 툭툭 치며 갑자기 모든 것이 확연하게 드러난다.

…(중략)…

나는 무의식의 작용을 '직관'(intuition)이라고 불렀다. 이 말은 '직감'(instinct) 같이 매력적인 단어이기 때문에 실질적인 의미는 전혀 없는데도 널리 사용된다. 우리가 그 존재는 깨닫고 있지만 이해는 하지 못하는 어떤 것에 붙이는 이름이다. 수학적 직관은 형식과 구조를 감지하고 의식적으로는 인지하지 못하는 패턴을 발견하는 마음의 능력이다. 직관은 의식적인 논리와 같은 명료함은 없지만 그 대신 의식적으로는 절대 고려하지 않았을 것들에 관심을 끄는 역할을 한다. 신경과학자들은 뇌가 그보다도 훨씬 간단한 임무를 수행하는 방식조차 겨우 이해하기 시작했다. 하지만 직관이 어떻게 작동하건, 그것은 뇌의 구조와 뇌가 외부 세계와 벌이는 상호작용의 결과임에는 분명하다.

직관이 핵심적으로 공헌하는 바는 문제의 약점을 인식하게 해주고 공격에 취약할 수도 있는 부분을 알려주는 것인 경우가 많다. 수학적 증명은 전투와 같다. 호전적인 비유가 마음에 들지 않는다면 체스라고 하자. 잠재적인 약점이 확인되면 수학적 수단을 전문적으로 이해하고 있는 수학자는 이러한 수단을 이용할 수 있게 된다. 지구를 움직일 수 있을 만큼 버틸 수 있는 튼튼한 '장소(공간)'를 원했던 아르키메데스처럼 수학자에게는 문제를 지렛대로 움직이는 어떤 방법이 필요하다. 한 가지 핵심적인 아이디어가 이를 가능하게 하여 일반적인 방법으로 공략할 수 있게 해줄 수 있다. 그러고 나면 기법만이 문제가 될 뿐이다.

내가 좋아하는 지렛대의 예로, 본질적으로 수학적인 중요성은 전혀 없지만 중요한 메시지를 이해할 수 있게 해주는 수수께끼를 소개하겠다. 체스판에는 64개의 칸이 있다. 체스판의 인접한 2개의 칸을 덮을 만한 크기의 도미노 패들이 있다고 가정해 보자. 그렇다면 32개의 도미노 패로 체스판 전체를 덮는 것은 쉬운 일이다. 하지만 이제 〈그림 1〉처럼 체스판에서 대각선으로 마주 보는 2개의 귀퉁이를 잘라냈다고 가정해 보자. 31개의 도미노 패를 사용해서 남은 62개의 칸을 덮을 수 있을까? 실험해 보면 어떻게 해봐도 되지 않을 것 같다. 반면, 이게 불가능한 명백한 이유도 보이지 않는다. 도미노 패를 어떻게 배열하건 각각의 패가 1개의 검은 칸과 1개의 흰 칸을 덮어야 한다는 것을 깨닫기 전까지는 말이다. 이것이 지렛대이다. 이제 해야 할 일은 그 지렛대를 써먹는 것뿐이다. 이는 도미노 패로 덮인 영역은 모두가 거기에 속한 검은 칸과 흰 칸의 수가 같다는 것을 의미한다. 그런데 대각선

그림 1 잘라 낸 체스판을 각각 2개의 칸을 덮는 도미노 패(오른쪽 위)로 덮을 수 있을까? 오른쪽 아래와 같이 도미노 패에 칠을 하고 검은 칸과 흰 칸이 몇 개 있는지 세어 보면 답은 명확하다.

으로 마주 보는 칸들은 같은 색이니까 2개(이 경우 흰색)를 떼어내면 흰 칸보다 검은 칸이 2개 더 많은 모양이 된다. 그런데 이런 모양은 어떤 것이든 덮을 수가 없다. 어떤 도미노 패든 덮게 되는 색깔의 조합에 대한 관찰이 이 수수께끼의 약점이다. 이로써 논리적인 지렛대를 이용할 수 있다. 중세의 남작이 성을 공격해야 한다면 바로 이것이 성벽에 있는 약점이 된다. 투석기의 화력을 집중하거나 굴을 파서 지반을 약하게 만들어야 할 곳인 것이다.

수학 연구는 한 가지 중요한 점에서 전투와 다르다. 한번 점령한 영토는 어디든 영원히 나의 것으로 남는다는 점이다. 다른 곳에 노력을 집중할 수도 있지만 어떤 정리든 일단 증명하고 나면 다시 사라지지 않는다. 그래서 수학자들은 어떤 문제를 해결하지 못하더라도 그 문제에 진척을 이루어내게 된다. 새로운 사실을 규명하면 다른 누구든, 어떤 맥락에서든 그것을 이용할 수 있다. 해묵은 문제에 대한 새로운 공격을 감행할 도약대는 온갖 사실들이 볼품없이 쌓인 틈에 반쯤 묻혀있던, 예전에는 눈치 채지 못한 보석에서 드러나는 경우가 많다. 새로운 수학이 당장은 용도가 불분명하더라도 그 자체로 중요할 수 있는 이유가 바로 그것이다. 새로이 점령한 영토요, 무기고에 새로이 들어온 무기이다. 아직 때를 만나지는 못했을지 모른다. 그러나 '쓸모없는' 것으로 간주되어 잊히거나 누구도 그 용도를 알아채지 못해서 생겨날 기회조차 얻지 못한다면 그런 때는 결코 오지 않는다.

– 이언 스튜어트 저, 안재권 역, 《위대한 수학문제들》, 반니, 2013.

도움말 이 글은 가장 이성적이고 논리적이며 절차적인 중요성을 강조할 것 같은 수학자들조차도 실제 문제 해결의 과정에서 '직관'의 도움을 크게 받는다는 점을 보여 주고 있다는 점에서 흥미롭다. 이는 수학과 같은 순수 자연과학 분야에서도 인문학적인 접근법이 유효할 수 있음을 보여 주는 사례가 되기도 한다.

기본 과제

1. 푸앵카레가 제시한 창조적 과정의 핵심적 3단계를 예를 들어 논의해 보자.

2. 푸앵카레의 "의식적인 논리는 창조적인 과정의 일부에 지나지 않는다"는 주장에 대해 자신의 의견을 발표해 보자.

심화 과제

1. 위의 글에서 소개한 체스판에 얽힌 수수께끼는 장황한 개념 설명보다 훨씬 쉽게 개념을 이해할 수 있도록 도와준다. 이와 유사한 위대한(?) 수수께끼를 소개하고 그 의미를 설명해 보자.

2. 무의식 혹은 직관의 도움을 받아 이루어진 과학적 발견을 조사해서 발표해 보자.

제2장

우리 시대의 담론과 지성인의 성찰

1. 문학의 가치와 나의 글쓰기

문학은 인류와 그 역사를 함께해 왔다. 삼천 년 전에 부르던 사랑 노래는 오늘날의 관점에서 들어 보아도 전혀 촌스럽지 않으며, 오늘날 우리가 읽고 있는 문학 작품들을 삼천 년 전의 사람이 읽는다고 하더라도 그 본질을 이해하는 데 있어서는 큰 어려움이 없을 것이다. 이는 문학이 시대를 초월하여 인간의 보편적인 감정과 깊은 관계를 맺는다는 사실을 의미한다.

무언가를 마음으로 느끼는 일, 그리고 그 느낌을 글로 적는 일에는 큰 의미가 있다. 솔직하게 적어 내려간 나의 느낌에 다른 사람이 조금이라도 공감할 수 있다면, 빈 종이에 써 내려간 단어 하나, 문장 하나, 글 한 편에 모두 문학적 가치를 부여할 수 있다. 문학 작품을 읽는 행위로부터 어떤 즐거움을 느낄 수 있는지, 그리고 사소해 보이는 감정의 표현 하나하나가 왜 문학 작품이 될 수 있는지 생각해 보자.

《시경》은 기원전 11세기에서 기원전 6세기까지 500년에 이르는 기간 동안 황하(黃河)가 관통하는 중원(中原) 지역에서 유행했던 시 가운데서 뛰어난 작품 305편을 묶은 책입니다. 정확히 말하면 311편인데 여섯 편은 제목만 남고 가사가 없어졌습니다. 그래서 오늘날 전해지는 것은 305편입니다.

시경의 원래 제목은《시(詩)》입니다. 그리고 300여 편의 시가 실려 있어 '시삼백(詩三百)'이라고도 불렀습니다. 그러다가 기원전 2세기쯤 한무제(漢武帝) 때부터《시》에다 경(經) 자를 붙여《시경》이라 부르게 되었습니다.《시경》의 '경' 자는 원래 베틀에 세로로 걸어 놓은 실, 즉 날줄을 뜻하는데, 이것은 베를 짜는 데 '기본적으로 있어야 하는 것'에서 의미가 확대되어 '세상에 반드시 필요한 것', '영원불변한 진리' 등의 의미로 확장되었습니다. 성경, 불경, 코란경, 도덕경 등에 경자가 붙은 것도 모두 영원불변의 진리를 담고 있다는 의미입니다.

한나라 무제가《시》에다 이런 경칭을 붙인 것은 유학(儒學)을 정치적으로 이용하고자 하는 배경이 깔려 있습니다. 공자가 사망한 뒤 공자의 제자들이 사방으로 흩어지고, 이후 맹자가 등장해서 공자의 사상을 널리 알렸지만 현실과는 동떨어진 사상이라며 사람들이 귀를 기울이지 않자 유학은 사람들의 관심에서 점점 멀어졌습니다. 그런데 한참 세월이 지난 뒤 한나라 무제는 백성들을 안정시키고 정권을 이끌어 나가는데 도움이 되겠다고 생각해 유학을 부흥시킵니다. 이때 유학자의 한 사람인 동중서(董仲舒)가 큰 역할을 했습니다. 모든 식자인(識字人)에게 유학을 공부하게 하고 교육기관에 학과를 개설하고《역경》,《시경》,《서경》,《예기》,《춘추》 등 다섯 경서(經書)에 능통한 오경박사(五經博士)를 두고 제자를 양성해 유학을 정치적으로 이용하기 시작했습니다.

어떠한 학문이 하나의 이데올로기가 되고 특정 목적에 이용되면 대개 진실에서 멀어집니다. 그래서 사람들은《시경》에 정치적 교화와 관련된 것들만 담겨 있는 줄 아는데, 305편의 절반을 넘는 시들이 그 당시의 사회상과 사람들의 내면을 여실히 반영하고 있습니다.

우선《시경》앞부분에 나오는 시들의 내용을 살펴보겠습니다. 첫 번째 시 〈관저(關雎)〉는 한 총각이 강가에서 예쁜 처녀를 얼핏 본 뒤 매일 찾아가도 그 처녀가 안 보이자 매일 밤 집에서 뒹굴뒹굴 오매불망(寤寐不忘) 전전반측(輾轉反側)하면서 처녀를 그리워하는 애타는 심정을 담고 있습니다. 두 번째 시 〈갈담(葛覃)〉은 어렵게 짬을 내어 오랜만에 친정 부모를 뵈러 가는 여자의 두근거리는 심정을 담고 있습니다. 옛날에는 시집을 가면 친정을 자주 못 갔습니다. 특히 사회적 지위가 있는 집은 더욱 힘들었습니다. 세 번째 시 〈권이(卷耳)〉는 먼 지방으로 출장 간 남편을 그리는 아내의 애타는 마음을 담고 있습니다. 네 번째 시 〈규목(樛木)〉은 신랑신부의 행복한 삶을 노래한 것이고, 다섯 번째 시 〈종사(螽斯)〉는 어떤 훌륭한 사람에게 자식이 많기를 기원하는 이웃 사람들의 소박한 마음을 담고 있습니다.

그 밖에 잘생긴 사냥꾼을 사모하는 여자의 마음, 이웃 아낙네들과 들일을 하면서 서로 격려하는 따뜻한 마음, 사랑하는 여인과 함께할 수 없는 사나이의 애타는 심정, 멀리 있는 아내를 간절히 그리워하는 남편의 울적한 심사, 훌륭한 고을 원님을 찬양하고 원님의 자손들도 잘돼야 한다고 기원하는 동네 사람들의 따뜻한 마음 등을 담고 있습니다.

…〔중략〕…

공자는《시경》공부를 열심히 하지 않는 제자들을 꾸짖으며 왜 시를 읽어야 하는지에 대해 다음과 같이 말합니다.

> 詩는 의지를 흥기시킬 수 있고, 정치의 득실을 관찰할 수 있고, 무리를 지을 수 있으며, 원망할 수 있다. 가깝게는 어버이를 섬길 수 있고, 멀리로는 임금을 섬길 수 있으며, 새 · 짐승 · 풀 · 나무의 이름을 많이 알게끔 한다. (詩, 可以興, 可以觀, 可以羣, 可以怨. 邇之事父, 遠之事君, 多識於鳥獸草木之名.)

첫째, 시는 마음으로 느낀 것을 밖으로 표출할 수 있게 한다. 둘째, 시는 세상 돌아가는 상황을 알게 해 준다. 셋째, 시는 개인이 어떻게 세상과 조화롭게 소통하며 방종과 타락에 이르지 않을 수 있는지를 알게 해준다. 넷째, 시는 온갖 스트레스를 해소하는 카타르시스 작용을 한다. 다섯째, 시는 인간 존재의 정체성을 깨닫게 해준다. 여섯째, 시를 읽으면 새, 짐승, 풀, 나무 등의 생리와 명칭을 알게 해주는 덤도 있다.

이게 바로 공자의 시론(詩論)입니다. 이러한 인문에 관한 포괄적이고 구체적인 지적이 바로 공자 시론의 뼈대입니다. 그러니까 시는 사람과 사람, 그리고 사람과 사회 나아가서 사람과 자연의 소통을 시켜 주는 중요한 매개자라는 이야기입니다.

한번은 공자가 아들이자 제자인 공리(孔鯉)에게 요즘 시 공부를 하느냐고 물었습니다. 공리가 안 하고 있다고 대답하자 공자는 시를 모르면 높은 담장에 얼굴을 마주 대하고 있는 것 같다고 말합니다.

> 공자께서 아들 백어에게 말씀하셨다. "너는 (시경의) 주남(周南)과 소남(召南)을 배웠느냐?" 사람으로서 주남과 소남을 배우지 않으면 높은 담장을 마주하고 서 있는 것과 마찬가지가 아니겠는가? (子謂伯魚曰,"女爲周南召南矣乎?"人而不爲周南召南, 其猶正牆面而立也與?)

높은 담장에 얼굴을 마주 대하면 앞이 캄캄합니다. 아무것도 안 보이고 돌덩이만 보이겠지요. 공자가 시를 얼마나 중요하게 생각했는가를 알 수 있게 하는 대목입니다. 공자는 《시경》을 일러 '사무사(思無邪)'라고 했습니다. 사무사는 세속에 찌든 인간들을 진실하고 순수한 마음으로 돌아가게 해 주는 힘이 있다는 의미를 가지고 있습니다.

요즘 세상은 이기적이고 개인들의 지나친 아집이 득세한 꽉 막힌 불통(不通)의 시대입니다. 옆집에 서로 누가 사는지도 모릅니다. 성도 모르고 이름도 모르는 경우가 태반입니다. 엘리베이터를 같이 타도 대부분 인사도 없고 심지어 서로 불편해 합니다. 이런 불통의 시대에 일체의 장벽을 무너뜨리고 상하사방 동서고금과 소통하려는 순수한 마음자리를 확보하기 위해 시를 읽고 배울 필요가 있습니다. 또 때때로 잘 쓰든 못 쓰든 시를 지어 보는 것도 필요하다는 생각이 듭니다.

- 김언종, 〈3000년 지속된 사랑의 공식, 시경〉, 《인문학 명강》, 21세기북스, 2013.

기본 과제

1. 공자는 시를 읽어야 하는 이유로 여섯 가지 항목을 제시하였다. 윗글에서 제시한 여섯 가지 항목이 '사람과 사람, 그리고 사람과 사회, 나아가서 사람과 자연의 소통을 시켜 주는 중요한 매개자'가 될 수 있는 이유를 생각해 보자.

2. 위에서 제시한 여섯 가지 항목 외에 자신이 생각하는 시의 효용에 대해 떠올려 보고 그 이유를 말해 보자.

3. 윗글에서는 한(漢)나라 때 시경을 정치적인 목적으로 이용했던 실례를 들고 있다. 이와 마찬가지로 지은이가 감정을 드러내고자 하는 순수한 목적으로 지은 문학 작품이 정치적 · 사회적 이유로 변질되거나 달리 해석된 예를 찾아보자.

심화 과제

1. 윗글에서 언급한 《시경》 〈관저〉편의 전문은 다음과 같다. 다 함께 읽어 보자.

關關雎鳩 끼룩끼룩 징경이가
在河之洲 모래섬에 있도다
窈窕淑女 조용하고 착한 숙녀는
君子好逑 군자의 좋은 짝이로다

參差荇菜 삐쭉빼쭉 마름풀을
左右流之 좌우에서 물길 따라 취하도다
窈窕淑女 조용하고 착한 숙녀를
寤寐求之 자나 깨나 구하는도다

求之不得 구하여도 얻지 못하여
寤寐思服 자나 깨나 생각하고 그리워하니
悠哉悠哉 아득하고도 아득하여라
輾轉反側 잠을 못 이루고 이리저리 뒤척이도다

參差荇菜 삐쭉삐쭉 마름풀을
左右采之 좌우에서 취하도다
窈窕淑女 조용하고 착한 숙녀를
琴瑟友之 거문고와 비파로 친애하도다
參差荇菜 삐쭉삐쭉 마름풀을
左右芼之 좌우에서 삶아 올리도다
窈窕淑女 조용하고 착한 숙녀를
鐘鼓樂之 종과 북으로 즐겁게 하도다

윗글에서는 이 시에 대해 "한 총각이 강가에서 예쁜 처녀를 얼핏 본 뒤 매일 찾아가도 그 처녀가 안 보이자 매일 밤 집에서 뒹굴뒹굴 오매불망(寤寐不忘) 전전반측(輾轉反側)하면서 처녀를 그리워하는 애타는 심정을 담고 있다"라고 설명하였다. 오늘날의 대중음악 가운데 이와 같은 상황을 노래한 경우를 찾아보고 공통점과 차이점에 대해 생각해 보자.

2. 《시경》에 실린 시들은 3,000여 년 전의 사회상을 반영한 작품이지만, 그 내용은 오늘날에 견주어도 크게 다를 바 없는 보편적인 인간의 감정을 담고 있다. 우리나라의 시조 가운데 이처럼 인간의 보편적인 감정을 담고 있는 작품을 찾아 소개해 보자.

3. 자신이 최근에 읽은 현대시 가운데 옛날 사람이 읽더라도 쉽게 공감할 수 있는 작품을 찾아 소개해 보자.

4. 자신의 생활 주변에서 시상(詩想)으로 활용할 수 있을 만한 사건을 떠올려 보고, 이를 시로 적어 보자.

우리는 어릴 때부터 글을 읽으라는 말을 들으면서 자란다. 글을 읽는 일의 의의가 어디에 있든지간에 이 말이 그렇게 되풀이하여 이야기되어야 한다는 것은 글읽기가 자연스럽게 저절로 되는 것이 아니라는 것을 말하여 준다. 물론 힘들고 괴롭던 글익히기도 그것에 능숙하여짐에 따라 괴로움이 아니라 즐거움의 원천으로 바뀌어 가기는 한다.

그러나 모든 글읽기 가운데에서도, 일단 기초적인 것만 익히고 나면 가장 쉽고 즐겁게 할 수 있는 글읽기가 있다. 이것은 이야기를 읽는 일이다. 많은 아이의 경우 이야기는 읽지 말라고 하여도 읽게 되는 읽을거리이다. 이야기 책 읽기를 즐기고 이 즐기는 정도가 지나쳐 다른 일을 게을리하게 되어 어른들의 걱정의 대상이 되던 일은 우리들의 추억의 일부이다.

물론 이야기는 하필 글을 통해서만 우리의 어린 시절의 즐거웠던 추억의 일부를 이루는 것이 아니다. 할머니나 할아버지 또는 어머니나 아버지의 옛이야기는 우리가 몹시도 애타게 기다렸던 사건이었다. 우리의 문학(文學)에 대한 관심(關心)의 기원에는, 또 더 성장한 다음의 우리의 문학에 대한 관심의 밑바닥에는 이러한 듣고 읽은 이야기의 즐거움이 있는 것이다.

아이들이 옛이야기를 듣고 싶어하는 까닭은 무엇일까? 물론 이러한 질문 자체가 잘못된 것일 수도 있다. 왜냐하면 즐거움이 어떤 까닭으로 하여 일어난다고 상정하는 것은, 그것을 어떤 원인으로부터 나오는 것으로 또는 어떤 목적에 봉사하는 것으로 만들어, 그 자발성을 빼앗아 버리는 일이 되기 때문이다. 즐거움의 궁극적인 형태는 그저 즐겁다는 것이다. 그것은 그 자체로서 하나의 가치이다. 우리는 그 자체로서의 즐거움의 모습을 예술작품(藝術作品)에서 발견한다.

그러나 말할 것도 없이 세상에 있어서 공리적 목적이나 이유와 향수를 딱 갈라 말하기는 어려운 일이다. 근본적인 의미에 있어서 삶의 목적에 부합한 것은 그러한 목적에 관계 없는 즐거움의 형태를 띠기 쉽다. 사람의 생물학적 기능 또는 목적의 대부분이 즐거움을 통해서 수행된다. 사람은 먹는 것 자체를 즐긴다. 그러나 이것이 사는 데 직결되어 있는 것은 언급할 필요도 없는 일이다. 사람은 그의 오관(五官)을 활용하는 것을 즐긴다. 사람은 눈을 가진 한 보는 것을 즐긴다. 그러나 잘 본다는 것이 생존에 관계되어 있다는 것을 추정하기는 어렵지 않다. 사랑은 그 자체로서 사람이 가장 즐기고 가치 있게 생각하는 것이다. 그러나 이것이 이성에 대한 사랑이든 이웃에 대한 사랑이든 생물학적 의의를 가지고 있다는 것도 자명한 일이다. 그러면 우리가 이야기를 즐긴다면, 그 까닭은 무엇인가 — 이러한 물음은 물어볼 만한 물음이다. 그리고 이러한 물음에 답하면서 우리는 즐거움과 공리적(功利的)인 효용(效用)이 별개의 것이 아니라는 것을 발견하게 될 것이다. 사실 즐거움이란 삶의 공리적 기능의 어떤 특정한 존재 방식이라고 할 수도 있다.

이것은 문학의 경우에도 마찬가지이다. 예로부터 사람들은 문학이 즐거움을 주는 것이냐 아니면 교훈을 주는 것이냐 하는 문제를 가지고 씨름해 왔는데, 이것도 이러한 구분을 넘어선 차원에서 그 답변이 찾아질 것이다. 우리는 문학의 즐거움에 대하여 언급했지만, 이 즐거움의 근원에 대하여 묻는 것은 불가피하게 그 효용에 대하여 따지는 것이고, 또 이것은 즐거움이 어떻게 하여 곧바로 효용에 관계되는가를 생각하는 일이다.

이러한 즐거움과 효용의 일치는 강조할 필요가 있다. 왜냐하면 우리는 이 두 개가 분리되어서만 존재하는 소외된 세계에 살기 때문에, 이 둘의 일치를 이해하기 어려운 것으로 생각하기 쉽기 때문이다. 다시 말하여 우리는 인간의 행동을 생각할 때, 주로 그것을 도구적 질서 속에서 생각한다. 이 질서 속에서 하나의 행동은 무엇을 위하여 이루어질 때만 의의를 얻는다. 이에 대하여 즐거움은 이러한 도구적 행동의 질서에서 벗어나는 것으로 생각되고 또 그러니만큼 낭비적이고 파괴적인 것으로 생각된다. 그리고 사실상 우리의 즐거움은 그러한 것이 되기 쉽다. 그러나 이미 위에서 비친 바와 같이, 이상적 상태에서 사람의 행동은 그것 자체로 즐거울 수 있으며, 동시에 삶의 기능과 보람을 높이는 것이 될 수 있다. 문학의 참 재미도 이러한 곳에서 찾아질 수 있는 것이 아닌가 한다. 그것은, 다시 말하여, 문학이 삶의 깊은 충동에 관계된다는 것을 말하는 것이다. 그러니까, 문학의 재미가 어디에서 오는 것인가를 따져보는 것은 그것이 어떻게 삶의 깊은 움직임에 관계되는가를 살펴보는 일과 같은 일이 될 수 있다.

- 김우창, 〈문학의 즐거움과 쓰임〉, 《문학의 지평》, 고려대학교 출판부, 1984.

기본 과제

1. 윗글에서 언급한 것처럼 문학이 '즐거움'과 '교훈' 가운데 어느 것을 더 중시해야 하는가의 문제는 오랜 기간 동안 논쟁이 되어 왔다. 예를 들어 로마의 시인 루크레티우스는 저서《자연계(De rerum natura)》에서 문학의 기능에 대해 다음과 같이 말한 바 있다.

   "의사가 어린이에게 쑥탕을 먹이려 할 때 그릇의 거죽에 달콤한 꿀물을 칠해서 먹이는 것처럼, 문학도 꿀물과 같은 역할을 해서 시인이 말하려는 철학의 쓴 약을 꿀물인 달콤한 운문으로 독자 앞에 내놓아야 한다"

   문학의 즐거움은 알약에 당분으로 껍질을 입혀 놓은 것과 같고, 그 안에 담겨 있는 심오한 이치는 껍질 아래 들어 있는 본래의 쓴 약과 같다는 것이다. 위의 예처럼 문학의 효용과 즐거움의 관계에 대해 논한 학설을 몇 가지 조사해 발표해 보자.

2. 윗글에서 언급하는 '글', '이야기', '문학'의 개념은 서로 닮아 있는 듯하지만 다소 차이가 있다. 각각의 개념에는 어떤 차이가 있는지를 정리해 보자.

3. 필자는 즐거움과 공리적(功利的) 효용이 별개의 것이 아니라고 말하고 있다. 어떤 행위로부터 즐거움을 느끼고, 그 즐거움으로부터 공리적 효용을 찾은 경험이 있는가? 있다면 그 경험을 함께 얘기해 보자.

심화 과제

1. 글쓴이의 주장처럼 글을 읽는 행위는 과연 즐거운 일일까? 지금까지 본인의 경험을 떠올려, 글을 읽는 행위가 즐겁게 느껴졌던 경우와 괴롭게 느껴졌던 경우

를 이야기해 보자. 그리고 그 이유를 구체적으로 설명해 보자.

2. 윗글에서 사람은 오관(五官)을 활용하는 것을 즐긴다고 하였다. 오관은 시각(視覺) · 청각(聽覺) · 후각(嗅覺) · 미각(味覺) · 촉각(觸覺) 등 인간의 다섯 가지 감각을 말한다. 우리의 일상생활에서 문학 외에도 오관에 즐거움을 제공하는 활동은 어렵지 않게 찾아볼 수 있다. 자신이 즐기는 취미를 떠올려 보고, 그 취미가 제공하는 즐거움을 다섯 가지 감각을 기준으로 말해 보자.

읽기 자료 3

소재의 선택

소재는 무궁무진하다. 우주의 진리에서부터 곤충의 생태에 이르기까지 인생 문제, 사회 문제, 생활과 학문이나 다 소재가 될 수도 있다. 그러나 이것은 세계적 대가의 말이요, 보통으론 소재의 선택이 그 글의 성패를 좌우한다. 그 소재는 이론적인 것, 학문적인 것, 관념적인 것을 피하고 생활의 실감에서 찾아야 한다. 강단수필, 교양수필, 문화수필, 계몽수필이 되어서는 안 된다. 그런 것들이 작품이 되자면 독특하고 참신한 새로운 발견이 있거나 체험의 절규가 아니면 아니 된다. 이것은 차라리 지극히 어려운 일이다.

옛날에 소동파(蘇東坡)는 박학일 뿐 아니라 불경이치(佛經理致)도 제법 아는 대문장가다. 절에 가서 "시냇물 소리 바로 장광설인데, 산빛 어이 청정한 몸 아닐 것이랴(溪聲便是長廣舌, 山色豈非淸淨身)"라는 시를 써서, 득도(得道)한 글이라고 칭송을 받았다. 그러나 정말 고승 차암(此菴)은 이 글을 보고서 문외한이라고 껄껄 웃었다. 소동파가 아무리 불교를 잘 안들, 진짜 고승의 앞에야 웃음거리밖에 더 될 수 있으랴. 아무리 철학이나 도덕이나 종교나 문화를 떠들어 봐도, 혹은 서화골동(書畵骨董)의 아취(雅趣)를 풍겨 봐도 그 길에 높은 전문가의 눈에는 문외한이기가 십상팔구다. 오직 생활의 실감만이 참스러운 정서를 담을 수 있고 독자에게 절실한 공감을 줄 수 있다.

수필은 인생의 낙수(落穗: 추수 후 땅에 떨어져 있는 이삭)란 말이 있다. 평범한 생활 속에 묻혀 있으면서 아무도 발견하지 못한 것을 발견하면 참신한 수필이 될 수 있다. 그러나 가치 있는 것이라야 한다. 그러면서도 드러나지 않고 숨어 있는 것을 발견한다. 식도락가는 일류 요리집이나 고급요정의 음식을 자랑하지 않는다. 뒷골목, 남 모르는 초막의 진기한 음식이나 낯선 지방의 독특한 맛을 즐긴다. 봉지 쌀만 사 먹던 가난한 집 아이가, 쌀 한 말을 사왔다고 미곡상에 가 자랑을 하고, 모처럼 보석 반지 하나를 얻어 낀 여인이 금은상에 가서 번드겨 본들, 누가 거들떠볼 것인가. 그러나 내버린 북데기 속에서 한 되 쌀을 건지고, 마당 쓸다가 한 알 보석을 줍는다면, 온 집안 식구가 떠들썩할 것이다. 시로 노래하고, 소설로 이야기하고, 흘리고 간 인생의 낙수, 그러나 백옥 같은 한 줌의 쌀, 고귀한 한 알의 보석, 내가 발견하고 내가 거두어 두지 아니하면 건져 줄 이 없는 가치, 버릴 수 없는 인생의 향기, 수필의 소재는 여기 있다. 될 수 있으면 이런 소재를 발견하고, 이런 소재를 찾으면 이미 반은 성공이다.

- 윤오영, 《수필문학입문》, 태학사, 2011.

기본 과제

1. "평범한 생활 속에 묻혀 있으면서 아무도 발견하지 못한 것을 발견"했던 본인의 경험을 얘기해 보자.

2. 윗글은 수필을 창작하는 데 있어서 소재의 선택에 관해 이야기하고 있다. 명작으로 알려진 수필을 몇 편 직접 찾아 읽어 보고, 어떤 소재에서 출발하여 글을 완성했는지 분석해 보자.

심화 과제

1. 오늘날 인터넷 세상에서는 사용자들이 직접 콘텐츠를 제작하고 공유하는 등 정보 공유의 확대가 시도되고 있다. 블로그, 트위터, 페이스북 등 다양한 인터넷 매체를 통해 다양한 소수 의견이 교환되고 문화의 저변이 확대되고 있는 실정이다. 이처럼 웹 공간에 올라오는 다양한 형태의 신변잡기 글들을 수필이라고 말할 수 있는지 토론해 보자.

2. 본인이 직접 경험한 생활의 실감이 담겨 있는 수필을 한 편 써 보자.

2. 사실과 해석 사이에서

인류는 끊임없이 자신들이 살아가는 현재를 기록해 왔다. 우리는 과거에 일어난 수많은 일들을 기록과 해석을 통해 공부해 왔으며, 현재를 살아가는 우리의 모습도 모두 역사로 기록되어 후대에 전해질 것이다. 그리고 그 과정에서 역사는 수없이 많은 새로운 해석을 마주하며 자신의 의미를 바꿔 나가게 될 것이다. 역사는 '현재와 과거 사이의 끊임없는 대화'라는 정의가 수많은 사람들로부터 설득력을 얻을 수 있었던 이유 역시 여기에 있다고 할 수 있다.

이러한 점을 감안한다면 역사 공부는 단순히 '사실'의 암기를 의미하지는 않는다. 과거를 바라보는 시선은 어느 시대에나 고정된 것이 아니라, '현재'에 따라 끊임없이 변화하기 때문이다. 동일한 사실이라고 하더라도 해석자의 관점에 따라 다르게 해석되기도 하고, 가치 평가의 기준이 달라지기도 하며, 새로운 의미가 부여된다는 점을 우리는 기억해야만 한다. 만일 역사가 갖는 의미가 계속해서 변한다는 사실에 동의한다면 '역사를 어떻게 볼 것인가'의 문제를 함께 고민해 보자.

읽기 자료 1

이렇게 역사가와 역사상의 사실 사이의 관계를 살펴보면, 우리는 두 가지 난관 사이를 아슬아슬하게 항해하는 불안정한 상태에 있다는 것을 알 수 있다. 두 가지 난관이란 역사를 사실의 객관적 편집이라 생각하고 해석보다는 사실의 무조건적 우월성을 주장하는 지지하기 어려운 이론의 난관과, 역사란 역사상의 사실을 밝히고 그것을 해석 과정을 통하여 정복하는 역사가의 주관적 산물이라고 생각하는 이 또한 지지하기 어려운 이론을 말하는데, 즉 역사의 중심은 과거에 있다는 견해와 역사의 중심은 현재에 있다는 견해이다.

그러나 우리의 상황은 겉으로 나타난 것만큼 불안정한 것은 아니다. 게다가 우리는 사실과 해석이라는 동일한 대립이 강연을 통해 여러 가지로 모습을 바꾸어서 특수한 것과 일반적인 것, 경험적인 것과 이론적인 것, 객관적인 것과 주관적인 것으로 나타나게 되는 것을 알게 된다.

역사가가 처한 곤경은 인간 본성의 반영이다. 갓 태어난 유아나 아주 고령인 경우를 제외하고, 인간이란 결코 완전히 환경에 얽매여 있는 것도 아니고, 환경에 무조건 순종하는 것도 아니다. 반면에 인간은 또 환경에서 완전히 독립된 것도 아니고, 절대적인 주인도 아니다.

인간과 환경의 관계는 역사가와 주제의 관계이다. 역사가는 사실의 미천한 노예도 아니고, 군림하는 주인도 아니다. 역사가와 사실의 관계는 주고받는 평등한 관계이다.

역사가는 자기가 생각하고 집필하는 것을 잠시 숙고해 보면 알 일이지만, 역사가는 자신의 해석에 따라서 자신의 사실을 만들어내고, 자신의 사실에 따라서 자신의 해석을 만들어내는 연속적인 과정에 놓여 있는 것이다. 따라서 한쪽을 다른 쪽 위에 올려놓는다는 것은 불가능한 일이다.

역사가는 사실의 잠정적 선택과 잠정적 해석으로 — 그것이 타인에 의한 것이든 자의에 의한 것이든 — 일을 시작하는 것이다. 일이 진척됨에 따라 해석도, 사실의 선택과 정리도, 그 상호작용을 통하여 거의 무의식적인 미묘한 변화를 일으키게 된다.

역사가는 현재의 일부이고, 사실은 과거에 속하므로, 이 상호작용은 또한 현재와 과거의 상호 관계를 포함하고 있다. 역사가와 역사상의 사실은 서로가 필요한 것이다. 사실을 소유하지 못한 역사가는 뿌리도 없고 열매도 맺지 않는다. 역사가가 없는 사실은 생명도 없고 의미도 없다.

여기서 '역사란 무엇인가?'라는 질문에 대한 내 첫 대답을 하겠다.

"역사란 역사가와 사실 사이의 부단한 상호작용의 과정이며, 현재와 과거 사이의 끊임없는 대화이다."

- E. H. 카 저, 이화승 역, 《역사란 무엇인가?》, 베이직북스, 2009.

기본 과제

1. 윗글의 필자는 "보는 각도가 달라짐에 따라 산의 모양이 달라진다고 해서 산에는 객관적으로 모양이 전혀 없다거나 무한한 모양이 있다고 할 수는 없다. 마찬가지로 역사상의 사실을 결정할 때 해석이 필수적 역할을 한다고 해서, 또는 현존하는 해석은 어느 것이나 전적으로 객관적인 것이 아니라고 해서 어떤 해석이나 모두 좋다든가, 역사상의 사실은 원칙적으로 객관적 해석에 속하는 것이 아니라고 할 수는 없다."라고 하였다. 이와 같은 설명과 윗글의 내용을 바탕으로 '사실'로서의 역사와 '해석'으로서의 역사의 차이점에 대해 생각해 보자.

2. 윗글의 마지막에서 필자가 역사에 대해 내린 정의, "역사란 역사가와 사실 사이의 부단한 상호작용의 과정이며, 현재와 과거 사이의 끊임없는 대화이다"는 이 책 전체를 관통하는 주제 의식이기도 하며 후대의 학자들에 의해 끊임없이 인용되고 있는 유명한 문구이다. 그 의미를 곰곰이 음미해 보고, 자신의 개인 역사 가운데 과거의 경험이 현재까지 영향을 미치는 경우가 있는지 생각해 보자.

3. 《역사란 무엇인가》는 1961년 출간된 이래 전 세계적으로 가장 많이 읽힌 역사학 입문서 가운데 하나이다. 우리나라에서도 오랜 기간 동안 대학생들의 필독서로 읽혀 온 저서이기도 하다. 이 책의 저자인 E. H. 카에 대해 알아보고, 우리나라에서의 번역서 출간, 시대에 따른 이 책의 위상 변화에 대해 조

사해 보자.

심화 과제

1. 동일한 역사적 사건이라고 하더라도 후대의 평가가 변화함에 따라 해당 사건을 지칭하는 명칭이 변화한 예를 찾아보고 그 이유를 말해 보자.

2. 동일한 역사적 행적을 보인 인물이라고 하더라도 관점에 따라 상반된 해석과 평가를 받는 사례는 흔히 보인다. 이러한 사례를 찾아, 각각의 논리와 평가의 근거를 비교하는 글을 완성해 보자.

3. 지금까지 수많은 역사가들이 역사의 정의를 내렸으며, 관용구처럼 전해지는 역사의 정의 또한 셀 수 없을 정도로 많다. 역사에 대한 기존의 정의를 조사해 보고, 자신이 생각하기에 그 가운데 가장 설득력이 높은 정의는 무엇인지 말해 보자.

읽기 자료 2

역사란 무엇인가? 인류 사회의 '아(我)'와 '비아(非我)'의 투쟁이 시간으로 발전하고 공간으로 확대되는 심적(心的) 활동 상태의 기록이다. 세계사는 세계 인류가 그렇게 되어온 상태의 기록이요, 조선사는 조선 민족이 그렇게 되어온 상태의 기록이다.

무엇을 '아'라 하며 무엇을 '비아'라 하는가? 간단히 말하자면, 주관적 위치에 서 있는 자를 아라 하고, 그 밖의 것은 비아라 한다. 이를테면 조선인은 조선을 아라 하고 영국 · 러시아 · 프랑스 · 미국 등을 비아라고 한다. 하지만 영국 · 러시아 · 프랑스 · 미국 등은 저마다 자기 나라를 아라 하고 조선을 비아라고 한다. 무산(無產) 계급은 무산 계급을 아라 하고 지주나 자본가를 비아라고 한다. 하지만, 지주나 자본가는 저마다 자기들을 아라 하고, 무산 계급을 비아라 한다. 이뿐 아니라, 학문과 기술, 직업과 의견, 그 밖의 어디에서든 반드시 자기가 위치한 아가 있으면 이와 대치되는 비아가 있고, 아 가운데 아와 비아가 있으며 비아 가운데에도 아와 비아가 있다. 그리하여 아와 비아의 접촉이 잦을수록 비아와 아의 분투가 더욱 맹렬해져 인류 사회의 활동이 끊임없이 계속 되며, 역사의 전도(前途)가 완결될 날이 없다. 그러므로 역사는 아와 비아의 투쟁의 기록이다.

아와 이에 맞서는 비아의 아가 역사적 아가 되려면, 반드시 두 개의 속성이 있어야 한다.

첫째, 상속성으로, 시간 속에서 생명의 끊어지지 아니함이요.

둘째, 보편성으로, 공간 속에서 영향의 파급이다.

그러므로 인류 아닌 다른 생물의 아와 비아의 투쟁도 없지 않지만, 그 아의 의식이 너무 미약하거나 아예 없어서 상속적 · 보편적이 되지 못하므로 마침내 역사는 인류만 만들 수 있게 되었다. 사회를 떠나 개인적인 아와 비아의 투쟁도 없지 않지만 그 아의 범위가 너무도 약소하여 역시 상속적 · 보편적이 못 된다. 인류에게도 사회적 행동이라야 역사가 되는데, 한 사건에서도 상속성과 보편성이라는 두 속성의 강약(强弱)에 따라 역사의 재료가 될 만한 분량의 크고 작음을 정하게 된다.

이를테면 김석문(金錫文)은 3백 년 전에 '지전설(地轉說)'을 창도한 조선의 학자이지만 이 설에 브루노의 지원설(地圓說)과 똑같은 역사적 가치를 매길 수 없음은, 브루노의 지원설 덕분에 유럽 각국의 탐험열이 크게 왕성해졌고 아메리카 신대륙을 발견했지만 김석문의 지전설은 그런 결과를 가져오지 못했기 때문이다. 정여립(鄭汝立)은 4백 년 전 군신강상설(君臣綱常說)을 타파하려 한 동양의 위인이지만 그를 민약론(民約論)을 지은 루소와 동등한 역사적 인물이라 할 수 없음은, 당시에 정여립의 설에 영향을 입은 무력 폭동 단체인 검계(鈐契)나 양반살육계(兩班殺戮契) 등의 번갯불이 한때 번쩍하는 것 같은 행동이 없지는 않았지만, 결국 루소 이후 파란만장한 프랑스 혁명에는 비길 수 없기 때문이다.

비아를 정복하여 아를 드러내면 투쟁의 승리자가 되어 미래 역사의 생명을 잇고, 아를 없애어 비아에 바치는 자는 투쟁의 패망자가 되어 과거 역사의 묵은 흔적만 남긴다. 이는 고금역사에 불변하는 원칙이다. 그래서 승리자가 되려 하고 실패자가 되지 않으려 함은 인류 통성(通性)인데, 매번 예기(豫

期)와 어긋나서 승리자가 안 되고 실패자가 됨은 무슨 까닭인가? 무릇 선천적 실질부터 말하면 아가 생긴 뒤에 비아가 생기지만, 후천적 형식부터 말하면 비아가 있은 뒤에 아가 있다. 말하자면 조선 민족, 즉 아가 출현한 뒤에 조선 민족과 상대되는 묘족(苗族: 중국 귀주성 등지에 사는 소수민족)과 한족(漢族) 등 비아가 있었을 것이니, 이는 선천적이다. 그러나 만일 묘족과 한족 등 비아의 상대자가 없었다면 조선이란 나라를 세우고, 삼경(三京)을 만들고, 오군(五軍: 전 · 후 · 좌 · 우 · 중의 다섯 군단)을 두는 등 아의 작용이 생기지 못했을 것이니, 이는 후천적이다. 정신 확립으로 선천적인 것을 호위하며, 환경 순응으로 후천적인 것을 유지하되, 두 가치 가운데 하나가 모자라면 패망의 구렁에 빠진다. 종교가 흥했던 유대 민족과 무력을 갖추었던 돌궐이 몰락할 수밖에 없었던 것은 후천적인 것이 모자랐기 때문이고, 공화제를 선택했던 남미와 학문이 크게 일어났던 이집트가 몰락의 구렁에서 벗어날 수 없었던 것은 선천적인 것이 모자랐기 때문이다.

이제 조선사를 서술함에 조선 민족을 아(우리)의 단위로 잡되

가 우리의 생장 발달의 상태를 서술의 첫째 요건으로 하고, 그리하여

① 첫 문명은 어디에서 비롯되었는가,

② 역대 강역(疆域)은 어떻게 늘어나고 줄어들었는가,

③ 시대별 사상은 어떻게 바뀌어 왔는가,

④ 민족의식이 어느 때에 가장 왕성했고 어느 때에 가장 쇠퇴했는가,

⑤ 여진 · 선비 · 몽골 · 흉노 등이 본래 우리 동족으로 어느 때에 분리되었으며, 분리된 뒤 그 영향이 어떠했는가,

⑥ 우리의 현재 지위와 다시 일어설 수 있을 것인가,

등을 서술하며,

나 우리의 상대자인 주위 각 민족과의 관계를 서술의 둘째 요건으로 하고, 그래서

① 우리와 분리된 흉노 · 선비 · 몽골과, 우리 문화의 포대기 속에서 자라온 일본이 본디 과거에는 우리와 하나였으나 지금은 분리되어 있

는 사실과

② 우리가 인도에서는 한 손 거쳐서, 중국에서는 곧바로 문화를 수입했는데, 수입 분량이 많아지면서 민족의 활기가 시들고 강역 범위가 줄어든 까닭,

③ 오늘 이후는 서구 문화와 북유럽 사상이 세계사의 중심이 되고 있는데 우리 조선은 그 문화 사상의 노예가 되어 없어지고 말 것인가, 또는 그를 잘 씹고 소화해서 새 문화를 건설할 것인가.

등을 서술해서 위의 **가** · **나** 두 가지를 본 역사의 기초로 삼고

다 말과 글 등 우리 사상을 표현하는 연장이 날카로운지 둔한지, 어떻게 바뀌었으며,

라 종교가 오늘 이후에는 거의 가치 없는 폐물이 되었지만, 고대에는 확실히 한 민족의 흥망성쇠의 관건이었는데, 우리의 신앙에 관한 추세가 어떠했으며,

마 학술 · 기예 등 우리의 천부적인 재능을 발휘한 부분은 어떠했으며,

바 의 · 식 · 주 형편과 농 · 상 · 공 발달, 토지분배와 화폐제도, 그 밖의 경제조직 등이 어떠했으며,

사 인민의 이동과 번식, 또 강토의 늘고 줄어듦에 따라 인구는 어떻게 늘어나고 줄어들었으며,

아 정치제도 변천,

자 북벌(北伐) 진취의 사상이 시대에 따라 어떻게 나아가고 물러섰는지,

차 귀하고 천하고, 가난하고 부유한 각 계급간 압제와 서로 대항한 사실, 그 성해지고 쇠해진 대세,

카 지방 자치제가 태곳적부터 발생했는데, 근세에 와서는 형식만 남기고 정신이 사라진 원인과 결과,

타 외세 침입에서 받은 거대한 손실과, 그 반대로 끼친 다소의 이익,

파 흉노 · 여진 등이 한번 우리와 분리된 뒤에 다시 합쳐지지 못한 까닭,

하 옛날부터 우리에게 문화 창작이 적지 않았지만 매양 동떨어지거나 별개의 것이 되고 계속 이어지지 못한 괴이한 원인 등을 힘써 참고하면

서 논술함으로써 위의 **다 · 라** 이하 여러 문제를 본 역사의 요목(要目)으로 삼아 일반 역사를 읽는 이가 조선의 면목을 만의 하나라도 알게 하려고 한다.

– 신채호, 《조선상고사(朝鮮上古史)》, 〈서문〉, 동서문화사, 2012.

기본 과제

1. 윗글의 필자는 역사를 "'아(我)'와 '비아(非我)'의 투쟁"으로 정의하고 있다. '아'와 '비아'의 속성을 항목별로 나누어 비교해 보자.

2. 윗글의 필자가 의도한 우리나라 역사 서술에서 (가)는 '아', (나)는 '비아', (다)-(하)는 역사 서술의 세부 항목이라고 할 수 있다. 각각의 항을 세밀하게 읽어 보고 중복되거나 불필요한 항목은 없는지 함께 토론해 보자. 또한 '현재의 관점'에서 새롭게 추가되어야 할 항목이 있다면 함께 이야기해 보자.

3. 어느 민족이나 자민족중심주의(自民族中心主義, ethnocentrism)에서 비롯된 자국 중심주의 역사관을 가지고 있다. 중국의 동북공정(東北工程), 일본의 제국주의 역사 부정, 우리나라의 환단고기(桓檀古記)에 대한 맹신 등이 그 대표적인 예이다. 자국 중심주의 역사관의 긍정적인 측면과 부정적인 측면을 함께 생각해 보자.

심화 과제

1. 일제강점기 시기의 우리나라 역사에 대한 논쟁으로 '식민지 근대화론'과 '내재적 발전론'이 상충하고 있다. 양쪽의 주장 근거를 찾아보고, 어느 쪽이 더 타당한지 입장을 정해 토론해 보자.

2. 윗글을 통해 알 수 있듯이 필자 신채호는 확고하고 뚜렷한 역사관을 견지하고 있다. 그가 남긴 다른 저술들을 찾아 읽어 보고, 그의 역사관을 형성하는 데 있

어서 영향을 끼친 요소들에 대해 토론해 보자.

3. "역사를 잊은 민족에게 미래는 없다"라는 말은 역사 교육의 중요성을 강조하는 일종의 선언적 명제(슬로건)이다. 이와 비슷한 방식으로 역사의 특정한 성질을 부각하는 슬로건을 만들고 그 의미를 설명해 보자.

읽기 자료 3

최근 들어 분야를 가리지 않고 "우리 팩트(fact)만 가지고 이야기를 해 보자." 혹은 "사실관계를 먼저 따져 보자."라는 말을 많이 듣는다. 아무리 그럴듯한 주장이 있다고 하더라도 그 주장이 사실에 기반하지 않는다면 설득력이 떨어지게 마련이다. 하지만 사실을 말하는 건 생각처럼 쉬운 일이 아니다. 여기저기서 사실만을 말하자고 목놓아 외치는 모습은 사실을 말하는 것이 어렵다는 것을 역설적으로 증명하고 있는 건 아닐까.

지식인 마을 완간 기념 강연의 4번째 주인공은 조지형 이화여대 교수였다. 조지형과 함께 역사학에서 사실이란 무엇인지 알아보는 시간을 가졌다. 역사학은 과거에 벌어진 사실을 논하는 학문이다. 다른 분야도 마찬가지지만 역사학은 사실 관계를 면밀히 따진다. 랑케는 사실로서의 역사를 강조했다. 랑케는 역사가란 역사가의 주관을 철저히 배제한 뒤 과거 사실이 자연스럽게 드러날 수 있도록 해야 한다고 말했다. 역사가의 편견이 아니라 사료 그 자체에 초점을 맞춘다. 역사학에서 사실을 철저하게 따지는 전통은 랑케 이후에 시작되었는데, 그가 근대 역사학의 아버지라 불리는 이유이기도 하다.

사실은 왜곡된다

2월 20일 갑순이의 아침을 살펴보자. 그녀는 일어나서 곧장 화장실로 향했다. 적당히 씻은 뒤 찌개를 데우기 위해서 가스레인지에 불을 켰다. 밥만 먹기는 심심해서 TV를 튼다. 때마침 시작한 아침 드라마에 시선이 고정된다. 찌개가 끓는 소리가 들리자 가스 불을 끄고 냉장고에서 반찬을 내놓고 전기 밥솥에서 밥을 퍼 담는다. 아침 드라마를 보면서 밥을 먹는다. 밥을 다 먹고 나갈 채비를 한다. 집을 나가기 전 갑순이는 자신의 다이어리에 이렇게 적었다. 오전 8시, 아침 밥 먹음.

'갑순이는 2월 20일 오전 8시에 아침을 먹었다.' 우리가 살펴본 갑순이의 경험과 갑순이의 다이어리에 남은 기록을 바탕으로 바라보면 이 진술은 사실이다. 하지만 이 진술이 정말로 사실일까? 8시 정각에 갑순이가 밥을 먹었으리란 보장은 없다. 정말로 밥을 먹었을 수도 있지만 찌개 불을 올리거나 아침 드라마를 봤을 가능성도 있다.

우리가 흔하게 말하는 사실은 크게 2가지다. 우선은 경험 그 자체다. 갑순이가 일어나서 밥을 먹었던 모든 행동. 언어로 옮길 수 없는 그 모든 경험이 사실 그 자체로 존재한다. 다른 하나는 언어화된 진술이다. '갑순이가 2월 20일 오전 8시에 밥을 먹었다'라는 진술은 갑순이의 수많은 행동들 중 밥을 먹었다는 한 가지 행동에만 초점을 맞춰 축약해 표현한다. 경험 속에 존재하는 수많은 경험은 한 마디로 압축된다. 이 과정에서 경험과 말은 분리되며 경험은 언어를 기반으로 질서화된다. 한 마디로 왜곡된다. 왜곡됨에도 경험을 언어화한 진술을 우리는 사실이라 여긴다.

경험을 언어화하는 과정에서 축소와 왜곡이 발생한다. 거기서 멈추지 않고 한 번 더 왜곡된다. 갑순이가 2월 20일에 있었던 친구와의 약속에 늦었다고 상상해 보자. 그녀는 친구에게 아침 일찍 일어났지만 교통 체증 때문에 늦었다며 미안하다고 말하고는 아침에 쓴 다이어리를 보여주었다. 다이어리에는 아침 8시에 밥을 먹었다는 사실이 적혀있다. 이게 사실인지 아닌지는 알 수 없다. 원래는 9시로 적어놨는데 친구가 노발대발 할 것이 두려워 8시로 고쳐놓았을 수도 있다. 갑순이의 다이어리는 사료의 역할을 한다. 사료는 경험과 진술을 연결시켜주는 매개체다. 사료에는 기록하는 사람의 의도에 따라 조작 가능하다는 위험이 존재한다. 물론 갑순이의 사례처럼 의도적인 조작으로만 사료가 오염되는 것은 아니다. 사람은 자신의 시선에 따라서 기록한다. 이 과정에서 의도하지는 않았지만 어쩔 수 없이 왜곡적인 시선이 담긴다. 같은 사실도 어떤 방향에서 바라보느냐에 따라서 달라질 수 있기 때문이다.

정리하면 사실에는 크게 2가지가 있다. 경험 그 자체로서의 사실과 경험을 언어화한 진술로서의 사실. 언어화된 진술은 크게 2가지 이유로 오염이 된다. 우선 경험을 언어화하는 과정에서 축소 왜곡이 되며, 언어화된 진술을 진술자의 입장에 따라 조작할 수 있다는 점에서 다시 한 번 왜곡된다. 역사학자는 이 2가지 왜곡에 대항하는 사람이다. 그들은 사료에서 무엇이 드러나고 무엇이 감춰지는지를 살핀다. 더 나아가 사료를 기록하는 사람의 의도를 파악하려 노력한다.

역사상의 사실이란 역사가가 중요성을 부여한 진술이다

갑순이의 또 다른 에피소드다. 수능 날이었다. 갑순이의 어머니는 등 푸른 생선이 머리에 좋다는 정보를 입수하고 수능을 보러 가는 갑순이에게 생선을 구워주었다. 아뿔싸, 갑순이는 생선을 먹다 가시가 목에 찔려 병원에 가게 되었다. 당연히 수능은 보지 못했다. 마침 병원에 있던 의사가 훈남이었다. 훈남 의사도 갑순이가 마음에 들었다. 어떻게 눈이 잘 맞아서 결혼을 하게 되었다. 하지만 시간이 지나고 갑순이와 훈남 의사는 파경을 맞게 되었다.

아마도 갑순이는 살아오면서 생선을 먹다 목에 가시를 찔리는 경험을 여러 번 겪었을 것이다. 대부분의 가시는 갑순이의 삶에 큰 영향을 끼치지 못했다. 하지만 수능 날 먹다가 목에 찔린 가시는 다르다. 어떤 역사가는 이날의 가시를 갑순이의 인생에서 터닝 포인트로 꼽을 수도 있다. 수능을 못 본 것은 물론이고 미래의 배우자를 만나는 기회를 제공했기 때문이다. 어떤 역사가는 가시 자체는 별 것 아니었다고 생각할 수 있다. 다만 병원에서 만난 훈남 의사가 더 문제였다고 생각한다. 훈남 의사가 재빠른 조치 후 갑순이를 시험장으로 보냈다면 갑순이는 지금과는 다른 삶을 살 수도 있었을지 모른다.

'갑순이는 수능 날 아침에 생선을 먹다 목에 가시를 찔렸다.' 이는 경험을 언어화한 진술이다. 어떤 역사가는 갑순이의 인생에 가시가 큰 영향을 끼쳤다며 이 진술에 중요성을 부여한다. 이제 갑순이가 수능 날 아침에 생선을 먹다 목에 가시를 찔린 사건은 역사상의 사실(a fact of history)이 된다. 역사상의 사실은 경험을 언어화한 진술에 역사가가 중요성을 부여함으로써 생성된다. 반면에 다른 역사가는 갑순이는 수능 날 훈남 의사를 만났다라는 진술에 중요한 의미를 부여할 수 있다. 이 또한 역사상의 사실이다.

역사가들이 어떤 진술에 중요성을 부여할 수는 있지만, 그렇다고 경험 그 자체가 변하지 않는다. 경험은 과거 사실로서 고정된 상태로 변하지 않는다. 하지만 경험을 언어화한 진술에 각기 다른 중요성을 부여함으로써 과거 사실이 다르게 보일 수는 있다. 역사가가 부여한 중요성은 과거 사실을 바라보는 필터처럼 작용한다. 과거는 고정되어도 필터가 변한다면 과거는 다른 모양으로 인식된다.

시간이 흘렀다. 많은 토론이 있었다. 이제 갑순이의 삶에서 가시가 중요했는지 아니면 훈남 의사가 중요했는지 어느 하나가 다수의 의견으로 채택될 수 있다. 그 때 다수의 의견으로 정해진 역사상의 사실은 역사적 사실(a historical fact)이 된다.

사실보다 중요한 건 역사가

아직까지도 한국의 역사 공부는 암기 위주다. 고려는 언제 건국했고 조선은 언제 건국했는지 사실을 파악하는 데 주력한다. 물론 사실 파악도 중요하다. 하지만 조지형은 역사 공부는 사실을 공부하는 것보다 역사책을 쓴 사람을 공부하는 것이 더 중요하다고 이야기한다.

앞서 우리는 역사상의 진술은 역사가가 언어화한 진술에 중요성을 부여함으로써 생성된다고 알아보았다. 조지형은 우리에게 역사가가 어째서 그 진술에 중요성을 부여했는지 그리고 그 진술에 중요성을 부여하는 것이 정말로 합당한 행위인지를 따져봐야 한다고 말한다. 그의 말에 따르면 역사가의 행동을 읽는 것이 역사책을 읽는 마지막이 아니라 역사책을 읽는 시발점이다. 역사 책에 실려있는 사실보다 역사가가 어떤 사실에 어떤 중요성을 부여하고 있는지가 중요하다. 하지만 한국의 역사 교육은 아직까지 주입식이다. 조지형은 이런 현실을 강하게 비판했다. 주입식 교육으로는 역사학을 공부하는 이유인 비판정신이 생겨날 수 없기 때문이다.

"팩트를 알기 위해서 역사책을 본다? 그건 바보 같은 짓입니다. 팩트보다 중요한 것은 팩트에 역사가가 어떤 중요성을 부여하고 있느냐입니다. 국정 교과서를 지정하는 것은 결코 바람직하지 않지만 다양한 관점의 교과서가 등장하는 것은 바람직합니다.

역사학을 공부하는 이유는 비판 정신을 기르기 위해서입니다. 어떤 주장이 있고 사실관계가 분명하다고 생각해봅시다. 사실을 어떤 방식으로 어떤 중요성을 부여했는지를 추측해보는 능력. 사실을 활용한 의도가 무엇인지 파악할 수 있는 능력. 역사학은 그런 능력을 길러 냅니다. 세종대왕은 위대한 임금이다. 그렇다면 위대한 이유는 무엇일까요? 세종대왕은 못난 임금이다. 그렇다면 못난 이유는 무엇일까요? 세종대왕도 사람인데 파고들면 흠이 하나도 없을까요? 어떤 사실에 대해서 이의를 제기할 수 있는 문화적 풍토가 필요합니다."

역사는 과거와 현재의 끊임없는 대화

역사는 과거와 현재의 끊임없는 대화다. 《역사란 무엇인가》에 나오는 카의 유명한 말이다. 여기서 중요한 것은 끊임이 없다는 점이다. 역사란 과거와 현재의 일방적인 대화가 아니다. 고려시대가 어떤 시대라고 결론이 났다면 그걸로 마무리를 지어서는 안 된다. 그 결론이 정말로 맞는지 혹시 수정할 부분이 없는지 다시금 과거 사회를 살펴야 한다.

우리는 과거 사회를 바라볼 때 현재 사회를 투영한다. 현재 사회에서 중요하게 여기는 요소를 중점으로 두고 과거 사회를 바라본다. 그런데 현재 사회는 끊임없이 변한다. 현재 사회가 중요하게 여기는 요소도 끊임없이 변한다. 결국 과거 사회를 바라보는 관점도 변하고 그 관점에 따라서 과거 사회에 대한 평가도 변한다. 과거를 바라보는 시선은 고정된 것이 아니라 변화하는 것이다. 그렇기 때문에 끊임없이 대화를 해야 한다. 조지형은 역사는 외우는 것이 아니라 머리가 깨질 정도로 싸우고 논쟁해야 발전할 수 있는 것이라고 말한다. 우리 사회가 그렇게 나아갈 수 있기를 바란다.

– 정준민, 〈사실보다 역사가에 관심을 가져라〉, 문화웹진 예스24 《채널예스》, 2014. 2. 28.

기본 과제

1. 윗글의 필자는 아주 쉬운 예시를 들어 '사실의 기술'보다 '역사가의 해석'이 중요하다는 주장을 펼치고 있다. 이는 "역사는 과거와 현재의 끊임없는 대화"라는 E. H. 카의 정의와 일맥상통한다. 필자가 사실의 기술보다 역사가의 해석을 더 중시하는 이유를 윗글에서 찾아보자.

2. 윗글의 필자는 우리가 '사실(fact)'이라고 부르는 일도 사실 원형 그대로라고 보기는 어렵다고 보았다. 그리고 그 이유로 언어화 과정에서의 왜곡, 진술자의 의도적인 조작이 개입될 수 있다고 하였다. 윗글에서 이러한 주장이 실례로 담긴 부분을 찾아보고, 그 주장에 동의할 수 있는지 다시 한 번 생각해 보자. 동의할 수 없다면 그 이유를 설명해 보자.

3. 윗글에서 '역사상의 사실(a fact of history)'과 '역사적 사실(a historical fact)'의 차이점에 대해 설명한 부분을 다시 한 번 읽어 보고, 둘 사이에는 어떤 차이가 있는지 생각해 보자. 그리고 지금까지 자신의 삶 속에서 역사적 사실이라고 부를 수 있을 만한 일을 찾아 그 이유를 설명하는 글을 써 보자.

심화 과제

1. 최근 중 · 고등학교에서의 한국사 교과서 채택 문제를 두고 논란이 있었다. 국사편찬위원회의 검정 심의를 통과했음에도 불구하고 특정 교과서에 대한 반대의 목소리가 높았던 이유는 무엇인지 생각해 보자.

2. 오늘날 텔레비전에서 사극(史劇)이 방영될 때마다 역사 왜곡 논란이 끊이지 않는다. 이를 비판하는 이들은 역사적 사실을 왜곡하여 일반 대중에게 잘못된 역사 인식을 심어 줄 우려가 있음을 지적한다. 반면 이를 옹호하는 이들은 사극은 어디까지나 역사를 소재로 한 창작물에 불과하다는 반론을 제기한다. 사극에 있어서의 역사 재해석은 어느 범위까지 허용이 가능한지 토론해 보자.

3. 흔히들 역사의 주요한 속성으로 반복성을 든다. 과거와 유사한 사례가 계속해서 발생한다는 의미이다. 자신에게 인상이 깊었던 최근의 사회적 이슈 · 사건 ·

인물 등을 떠올려 보고, 이와 비슷한 사례를 역사에서 찾아 비교하는 글을 써 보자.

읽기 자료 4

이 강의의 제목에서는 4 · 19를 혁명이라 하지 않고 '혁명'으로 표기했습니다. 1960년 4월 19일을 전후해서 일어나 결국 이승만정권을 무너뜨리게 된 일련의 움직임을 역사적으로 무엇이라 부를 것인가 하는 문제를 먼저 생각해 봐야 하겠습니다.

4 · 19에 대한 명칭은 여러 가지지요. 4 · 19의 주체 세력들은 대체로 그것을 '혁명'으로 불렀으나, 박정희군사정권은 '의거'로 불렀고, 박정권을 뒤이은 전 · 노 군사정권들도 대체로 그렇게 불렀습니다. 그러나 군사정권 시대가 끝나고는 대체로 다시 혁명이라 부르게 되었습니다.

역사적인 관점에서 볼 때도 1960년 4월 19일을 전후해서 일어난 일련의 사태를 혁명으로 부를 것인가 하는 문제가 있지만, 역사학계에서는 아직 그 명칭 문제에 대한 본격적인 학술적 논의가 없었다고 하겠습니다.

혹은 '혁명'으로 또는 '의거'로 불리고 있는 일 자체가, 이에 대한 역사적 평가가 덜 이루어졌다는 말이 되겠지요. 역사학계의 객관적이고도 진지한 논의가 요구됩니다.

흔히 갑자기 일어난 정치적 변혁, 특히 기존 정권을 무너뜨린 변혁을 혁명이라 부르기도 합니다. 그러나 역사학에서는 정치혁명뿐만 아니라 사회혁명까지 이루어졌을 경우를 혁명이라 합니다.

사회혁명이란 한마디로 말해서 피지배계급이 지배계급에게서 국가권력을 탈취하여, 스스로 정권을 장악하고 새로운 경제체제를 수립해가는 것을 말합니다.

역사적 의미의 혁명이란 지배권력 담당층이 다른 계급으로 바뀌는 것을 말하며, 이같은 사회혁명에는 당연히 정치혁명이 수반되기 마련입니다. 그러나 반대로 4 · 19와 같이 정치적 변혁이 있었다 해서 사회혁명이 반드시 수반되는 것은 아닙니다.

동양의 전근대사회에서 볼 수 있는 역성혁명(易姓革命)의 경우, 일반적으로 정치 세력의 교체는 있었으나 지배계급의 교체는 없었습니다. 대체로 정치적 변혁에 한정되었고, 역사적 의미의 혁명, 다시 말하면 지배계급의 교체가 이루어지는 사회혁명을 수반하지는 않았습니다.

서양식 개념으로 말해서 귀족계급 정권을 무너뜨리고 자산계급 정권이 수립된 부르주아혁명이나 자산계급 정권을 무너뜨리고 노 · 농계급 정권을 수립한 프롤레타리아혁명과 같이 지배계급이 교체된 혁명은 아니었다는 말입니다.

4 · 19는 청년 · 학생층과 지식인층 그리고 도시빈민층 등이 중심이 되어 이승만정권의 독재와 부정선거에 항거한 것으로, 결국 정권을 무너뜨리는 데는 성공했습니다.

이승만정권을 무너뜨린 세력은 일반적으로 '민중'으로 불리는데, 그 역사적 · 사회적 성격에 대한 학술적 정의가 불충분한데다, 이들은 이승만정권을 무너뜨린 다음 스스로 정권을 쥐고 사회개혁을 단행하지는 못했습니다.

이승만정권이 무너진 후 그 정권이 임명한 허정(許政) 과도 정권이 임시정부 역할을 하면서 총선거를 실시했고, 그 결과 보수 야당인 민주당정권이 성립되었습니다.

4 · 19의 주체 세력이라 할 수 있는 '민중'이 이승만정권을 무너뜨린 것은 사실이지만, 그들이 정권을 쥐지는 못했고, 따라서 정권 교체가 있었을 뿐 지배계급의 교체는 일어나지 않은 것입니다.

결국 4 · 19는, 정권은 교체되었으나 지배계급까지는 교체되지 않은 정치적 변혁이었을 뿐이며, 사회혁명을 수반한 역사적 의미의 혁명은 아니었다고 할 수밖에 없습니다.

따라서 역사학적으로 보면 4 · 19는 완전한 혁명이라기보다 흔히 말하는 미완의 혁명이었다고 볼 수밖에 없으며, 그러므로 역사학적 규명이 없는 상황의 역사책에서는 혁명이 아닌 '혁명'으로 표기할 수밖에 없다는 생각입니다.

이 '혁명'은 이승만정권을 무너뜨린 다음에는 바로 평화통일 운동으로 전환되었습니다. 그러므로 4 · 19를 일으킨 주체세력은 정치 · 경제 · 사회 · 문화적 민주주의를 지향하고 평화통일 운동을 일으킴으로써, 이 시기 우리 역사의 올바른 방향을 설정한 것입니다.

'해방공간'의 민족사적 요구였음에도 이승만정권은 이룰 수 없었던 친일파 숙청은 물론, 독재세력 일소라는 과업을, 4 · 19 이후의 주체세력이 정권을 쥐고 철저히 추진해 나갔다면, 4 · 19를 혁명이라 할 수 있겠습니다.

그러나 4 · 19의 결과로 성립된 장면정권은 친일반민족행위자 숙청은 전혀 할 수 없었고, 독재세력 일소에도 철저하지 못했습니다. 민족 해방운동 과정에서는 우익 전선까지도 해방은 혁명이어야 한다 했지만, 실제로 해방은 혁명이지 못했습니다. 따라서 늦었지만 역사적으로 4 · 19는 기어이 혁명이어야 했습니다.

4 · 19 주체세력이 이승만독재정권을 무너뜨리긴 했지만, 직접 정권을 쥐고 그들의 정치적 이상을 실현하는 단계에는 나아가지 못함으로써 혁명이 아닌 '혁명'이 되고 말았다고 하겠습니다. 결국 4 · 19에 대해 그 역사적 성격에 알맞은 명칭을 정하는 문제 역시 우리 역사학계의 큰 과제의 하나로 남아 있다고 하겠습니다.

– 강만길, 〈4 · 19 '혁명'의 역사적 의의는 무엇일까요?〉, 《20세기 우리역사》, 창비, 2009.

기본 과제

1. 윗글에서 글쓴이는 4 · 19를 혁명이 아닌 '혁명'으로 표기하였다. 그 이유가 무엇인지 생각해 보고, 같은 명칭을 다르게 표기한 차이를 설명해 보자.

2. 4 · 19가 발생한 이후, 이 사건을 지칭하는 명칭은 시대에 따라 변화해 왔다. 명칭의 변화 과정을 조사하여 정리하고, 그 사회적 · 정치적 배경에는 어떤 이유가 있었는지 발표해 보자.

심화 과제

1. 4 · 19 외에 한국사와 세계사에서 혁명이라 부르는 사건을 찾아보고, 해당 사건의 발생 · 전개 · 경과 · 결과 · 의의에 대해 조사해 보자.

2. 제2차 세계대전이 끝난 후 프랑스에서는 점령 기간 중에 나치독일에 협력했던 이들을 대독협력자(對獨協力者)로 규정하고 대대적인 숙청 작업을 진행하였다. 전후 프랑스의 숙청 작업과 광복 후 우리나라의 숙청 작업을 여러 각도에서 비교하는 글을 작성해 보자.

3. 고려대학교에서는 매년 4월 19일에 앞서 하루 전인 4월 18일에 학교 정문에서부터 수유리에 위치한 국립묘역을 다녀오는 마라톤 행사를 개최하고 이를 '4 · 18 구국대장정'이라 부르고 있다. 4월 19일 대신 4월 18일을 기념하게 된 이유와 유래를 조사하고, '4 · 18 구국대장정'이라는 명칭이 합당한지에 대해 생각해 보자. 만약 이 명칭을 대체해야 한다면 가장 적합한 명칭을 제시해 보자.

3. 사랑의 기술

'연애(사랑)의 시대'가 다시 돌아온 것 같다. 그만큼 청소년들, 특히 대학생들에게 '사랑'은 흥미롭고 현실에서 빈번하게 맞닥뜨리게 되는 '사건'이다. 미디어는 연애와 사랑을 존재의 필수 조건으로 선전하는 한편 상업적으로 포장함으로써 아름답고 화려한 장면을 부각시킨다. 각종 '데이'와 '기념일'은 둘의 관계를 공개적으로 과시하거나 재확인한다는 명목으로 값비싼 선물을 주거나 받아야 하는 날이 되었다. 그렇게 사랑은 현실을 떠나 상업적이고 환상적인 세계로 들어간다. 관계의 어려움이 가져다주는 번민과 고뇌 그리고 다툼은 한 쪽의 일방적 이해와 양보로, 때로는 물질적 보상으로 쉽게 해결되는 것처럼 보인다. 그러므로 환상에 빠진 사람들은 자신들이 하고 있고 또 찾고 있는 사랑이 무엇인지에 대해 깊이 생각하지 않는다. 그러다가 결정적인 문제에 부딪혔을 때는 대개 주변 사람들에게 조언을 구하거나 연애 지침서를 참고한다. 문제는 거기에서 얻을 수 있는 것이 고작 상대방을 만족시키기 위한 행동의 변화라는 데 있다. 물론 행동의 변화가 관계에 영향을 줄 수는 있을 것이다. 그러나 사랑은 우리의 온 몸을, 온 정신을 뒤흔들어 변화시키는 존재론적 경험이다. 사랑의 충만한 경험은 자신과 자신이 사랑하는 사람을 더욱 성숙한 존재로 재탄생시켜 준다. 진정한 사랑은 사랑하는 사람의 마음뿐만이 아니라 사랑을 통해 변화된 자신의 마음도 함께 들여다볼 때 비로소 시작되기 때문이다.

사랑은 기술인가? 기술이라면 사랑에는 지식과 노력이 요구된다. 혹은 사랑은 우연한 기회에 경험하게 되는, 다시 말하면 행운만 있으면 누구나 '겪게 되는' 즐거운 감정인가? 이 작은 책은 '사랑은 기술이다'라는 견해를 전제로 하고 있지만, 대부분의 현대인들은 물론 사랑은 즐거운 감정이라고 믿고 있다.

그렇다고 해서 현대인이 사랑을 중요하게 여기지 않는다는 뜻은 아니다. 현대인들은 사랑을 갈망하고, 행복한 사랑의 이야기, 불행한 사랑의 이야기를 펼쳐 놓는 무수한 영화를 보며, 사랑을 노래한 시시한 수백 가지 노래에 귀를 기울인다. 그러나 사랑에 대해서 배워야 할 것이 있다고 생각하는 사람은 거의 없다.

이 특별한 태도는 몇 가지 전제에 기초를 두고 있으며, 이 전제는 단독으로 또는 결합되어서 이 태도를 뒷받침해 준다. 우선 대부분의 사람들은 사랑의 문제를 '사랑하는', 곧 사랑할 줄 아는 능력의 문제가 아니라 오히려 '사랑받는' 문제로 생각한다. 그들에게는 사랑의 문제는 어떻게 하면 사랑받을 수 있는가, 어떻게 하면 사랑스러워지는가 하는 문제이다. 그들이 이 목적을 추구하는 몇 가지 방법이 있다. 남자들이 특히 애용하는 방법은 성공해서 자신의 지위의 사회적 한계가 허용하는 한 권력을 장악하고 돈을 모으는 것이다. 그리고 특히 여성이 애용하는 또 한 가지 방법은 몸을 가꾸고 치장을 하는 등 매력을 갖추는 것이다.

남녀가 공용하는 또 한 가지의 매력 전술은 유쾌한 태도와 흥미 있는 대화술을 익히고 유능하고 겸손하고 둥글둥글하게 처신하는 것이다. 사랑스러워지는 여러 가지 방법은 성공하기 위해, 곧 '벗을 얻고 사람들에게 영향력을 갖기 위해' 우리가 사용하는 방법과 같다. 사실상, 우리 문화권 대부분의 사람들이 사랑스럽다고 말하는 경우, 그 의미는 본질적으로는 인기와 성적(性的) 매력이 뒤섞여 있다는 것이다.

사랑에 대해서는 배울 필요가 없다는 태도의 배경이 되는 두 번째 전제는 사랑의 문제는 '능력'의 문제가 아니라 '대상'의 문제라는 가정(假定)이다. '사랑한다'는 것은 쉬운 일이고, 사랑할 또는 사랑받을 올바른 대상을 발견하기가 어려울 뿐이라고 사람들은 생각한다. 이 태도에는 근대 사회의 발전에 바탕을 둔 몇 가지 이유가 있다. 한 가지 이유는 '사랑의 대상'을 선택하는 데 있어서 20세기에 일어난 커다란 변화이다.

빅토리아 시대에는 많은 전통적 국가의 경우처럼 대체로 사랑은 다음에는 결혼으로 이어지게 될, 자발적이며 개인적인 경험은 아니었다. 반대로 결혼은 관습에 의해 — 쌍방의 가족에 의해, 또는 중매인에 의해, 또는 중매인 같은 중개자의 도움 없이 — 계약되었다. 결혼은 사회적 고려를 기반으로 결정되었고, 사랑은 일단 결혼이 성립한 다음에 전개되는 것으로 생각되었다. 낭만적 사랑이라는 개념이 서양에서 거의 보편화된 것은 최근 몇 세기 동안의 일이었다. 미국에서는 관습적 성격을 가진 고려가 완전히 없어지지는 않았지만, 대부분의 사람들은 '낭만적 사랑', 곧 다음에는 결혼으로 이어지게 될 사랑의 개인적 경험을 추구하고 있다. 사랑에 있어서의 이와 같은 새로운 자유 개념은 '능력'의 중요성과 대립되는 것으로서 대상의 중요성을 몹시 과장하지 않을 수 없었다.

현대 문화의 또 하나의 특징적 성격은 이러한 요소와 밀접히 관련되어 있다. 우리의 모든 문화는 구매욕에, 또한 상호간 유리한 거래라는 관념에 기초를 두고 있다. 상점의 진열장을 들여다보며 느끼는 스릴과 살 수 있는 것이면 무엇이든지 현금 또는 할부로 사는 맛, 이것이 현대인의 행복이다. 그는(또는 그녀는) 사람들도 같은 방식으로 본다. 남자에게는 매력 있는 여자 그리고 여자에게는 매력 있는 남자는 탐나는 경품이다. '매력'은 보통 인기 있고 퍼스낼리티(Personality) 시장에서 잘 팔리고 있는 품질 좋고 멋진 포장을 의미한다.

사람들을 특히 매력 있게 하는 것은 육체적으로나 정신적으로나 그 시대의 유행에 달려 있다. 1920년대에는 술을 마시고 담배를 피우는, 튼튼하고 성적 매력이 있는 소녀가 매력적이었다. 오늘날의 유행은 오히려 가정적이고 얌전하기를 요구한다. 19세기 말과 20세기 초에는 매력적인 '포장'이 되려면 남자는 공격적이고 야심적이어야 했으나 오늘날은 사교적이고 관대해야 한다. 어쨌든 사랑하게 되었다는 느낌은 보통 자신의 교환 가능성 범위에 있는 인간 상품에 대해서만 나타난다.

내가 거래를 하러 나갔다고 하자. 상대는 사회적 가치라는 관점에서 보아 바람직해야 하며, 동시에 상대자도 나의 명백한 또는 숨겨진 재산과 능력을 고려한 다음 나를 바람직하다고 생각해야 한다. 이와 같이 자기 자신의 교환 가치의 한계를 고려하면서 서로 시장에서 살 수 있는 최상의 대상을 찾아냈다고 느낄 때에만 두 사람은 사랑에 빠질 수 있다. 부동산을 사는 경우, 앞으로는 개발될지 모르지만 현재는 숨겨져 있는 가능성이 대체로 거래에서 중요한 역할을 한다. 시장 지향적이고 물질적 성공이 현저한 가치를 지니는 문화권에서 인간의 애정 관계가 상품 및 노동 시장을 지배하는 교환 형식과 동일하다고 해서 놀랄 이유는 전혀 없다.

사랑에 대해서는 배울 필요가 없다는 가정에 이르게 하는 세 번째 오류는 사랑을 '하게 되는' 최초의 경험과 사랑하고 '있는' 지속적 상태, 혹은 좀 더 분명하게 말한다면 사랑에 '머물러' 있는 상태를 혼동하는 것이다. 우리 모두와 마찬가지로 남남으로 지내 오던 두 사람이 갑자기 그들 사이의 벽을 허물어 버리고 밀접하게 느끼며 일체(一體)라고 느낄 때, 이러한 합일의 순간은 인생에서 가장 유쾌하고 가장 격앙된 경험 가운데 하나다. 특히 폐쇄적이고 동떨어져 있어서 사랑을 모르고 지내던 사람의 경우라면 특히 놀랍고 기적적인 경험이다. 갑자기 친밀해지는, 이 기적은 성적 매력과 성적 결합에 의해 시작되는 경우, 대체로 더욱 촉진된다.

그러나 이러한 형태의 사랑은 본질적으로 오래 지속될 수 없다. 두 사람이 친숙해질수록 친밀감과 기적적인 면은 점점 줄어들다가 마침내 적대감, 실망감, 권태가 생겨나며 최초의 흥분의 잔재마저도 찾아보기 어렵게 된다. 그러나 처음에 그들은 이러한 일을 알지 못한다. 사실상 그들은 강렬한 열중, 곧 서로 '미쳐 버리는' 것을 열정적인 사랑의 증거로 생각하지만, 이것은 기껏해야 그들이 서로 만나기 전에 얼마나 외로웠는가를 입증할 뿐이다.

이러한 태도, 즉 사랑보다 더 쉬운 일은 없다는 태도는 반대의 경우에 대한 압도적 증거에도 아랑곳없이 사랑에 대한 일반적 관념으로서 지속되고 있다. 사랑처럼 엄청난 희망과 기대 속에서 시작되었다가 반드시 실패로 끝나고 마는 활동이나 사업은 찾아보기 어려울 것이다. 만일 이것이 다른 활동의 경우라면 사람들은 열심히 실패의 원인을 가려내려고 하고 개선법을 찾아내려고 할 것이다. 그렇지 않으면 그들은 이 활동을 포기할 것이다. 사랑의 경우, 포기는 불가능하므로, 사랑의 실패를 극복하는 적절한 방법은 오직 하나뿐인 것 같다. 곧 실패의 원인을 가려내고 사랑의 의미를 배우기 시작하는 것이다.

최초의 조치는 삶이 기술인 것과 마찬가지로 '사랑도 기술'이라는 것을 깨닫는 것이다. 어떻게 사랑해야 하는가를 배우고 싶다면 우리는 다른 기술, 예컨대 음악이나 그림이나 건축, 또는 의학이나 공학 기술을 배우려고 할 때 거치는 것과 동일한 과정을 거치지 않으면 안 된다.

- 에리히 프롬 저, 황문수 역, 《사랑의 기술》, 문예출판사, 2006.

기본 과제

1. 윗글은 《사랑의 기술》의 서문이다. 서문의 중심 내용을 500자 내외로 요약해 보자.

2. 에리히 프롬에 따르면 사람들은 세 가지 전제를 기초로 하여 사랑에 대해 배울 필요가 없다고 생각한다. 이 세 가지 전제를 찾아서 밑줄을 긋고 여러분의 생각을 이야기해 보자.

3. 《사랑의 기술》의 영문 제목은 *The Art of Loving*이다. 'Art'를 '예술'이 아니라 '기술'로 번역한 이유와 윗글에서 '기술'이 어떤 의미를 갖는지 생각해 보자. 그리고 에리히 프롬이 'Love'가 아니라 'Loving'으로 표현한 이유가 무엇인지 이야기해 보자.

심화 과제

1. 사랑에 대해 배울 필요가 없다고 생각하게 만드는 세 가지 전제 중 하나를 선택

하고 그것에 대한 자신의 생각을 글로 써 보자.

2. 여러분에게 사랑의 의미를 생각하거나 깨닫게 해 준 계기(책, 영화, 노래, 텔레비전 드라마 등)가 있는가? 있다면 언제, 어떤 부분이, 왜 그랬는지 자세하게 이야기해 보자.

읽기 자료 2

• 선생님 고유의 사랑 개념으로 돌아와 보겠습니다. 앞에서 우리는 사랑이 재발명되기를 원했던 랭보를 언급한 바 있습니다. 그런데, 사랑에 관한 어떤 사유에서 출발하여 우리가 사랑을 재발명할 수 있는 걸까요?

먼저, 각자의 경험에 부합하는 두 가지 지점에서 출발하여 사랑에 관한 문제 전반에 접근해야 한다고 생각합니다. 무엇보다도 사랑은 두 사람 각자의 무한한 주체성을 바탕으로 두 사람 간의 단순한 차이를 구성해 낼 분리나 구분을 다룹니다. 구분은 대부분의 경우 성적 차이에 바탕을 둡니다. 물론 딱히 이런 경우가 아니라 해도, 사랑은 어쨌든 두 가지 상이한 재현의 자세, 두 가지 형상과 직면하게 됩니다. 달리 표현하자면, 사랑 안에서 우리는 분리이자 구분이며 차이인 첫 번째 요소를 갖게 된다는 것입니다. 둘인 무엇을 갖게 된다는 말이지요. 따라서 사랑은 우선 이 둘인 무엇에 관여합니다.

다음으로 말씀드릴 두 번째 지점은 사랑이 바로 구분을 다루기 때문에, 이 둘인 무엇이 모습을 드러내고, 무대에 등장하고, 새로운 방식으로 세계를 경험하는 바로 그 순간, 사랑이 불확실하거나 우발적인 어떤 형태를 취할 수 있다는 사실입니다. 흔히 만남이라고 부르는 것도 바로 이것입니다. 사랑은 항상 만남에서 시작됩니다. 그리고 저는 형이상학적인 방식으로 이러한 만남에 하나의 '사건', 다시 말해서 사물들의 즉각적인 법칙에 속하지 않는 무엇에 사회적 지위를 부여합니다.

사랑의 이러한 출발점을 보여 주는 수많은 예를 우리는 문학과 예술 작품에서 찾아볼 수 있습니다. 수많은 이야기나 소설은 둘이 각별하게 강조된 사례들에 바쳐졌으며, 이런 사례들은 두 연인이 동일한 사회 계층이나 동일한 집단, 동일한 파벌이나 동일한 국가에 속해 있지 않은 경우가 대부분입니다. 두 연인이 대립되는 세계에 속해 있는《로미오와 줄리엣(*Romeo and Juliet*)》이 바로 이러한 구분에 대한 대표적인 알레고리라 하겠습니다. 가장 강력한 이원성과 가장 극단적인 분리를 경유하여 사랑의 대각선처럼 교차되는 측면은 매우 중요한 요소입니다.

이 두 가지 차이들의 만남은 하나의 사건, 우발적이고도 놀라운 어떤 것, "사랑의 놀라움들", 심지어 연극이기조차 합니다. 이러한 사건에서 출발하여 사랑은 시작되고 도입됩니다. 이것이 바로 사랑에서 아주 근본적이라 할 첫 번째 지점입니다. 이러한 놀라움은 전적으로 세계에 대한 경험인 하나의 과정을 연동시켜버립니다. 사랑은 개인인 두 사람의 단순한 만남이나 폐쇄된 관계가 아니라 무언가를 구축해 내는 것이고, 더 이상 하나의 관점이 아닌 둘의 관점에서 형성되는 하나의 삶이라 하겠습니다. 그리고 바로 이것이 제가 "둘이 등장하는 무대"라고 일컫는 것이기도 합니다. 개인적으로 저는 그저 단순하게 사랑의 시작에 대한 물음들이 아니라, 사랑의 지속성과 그 과정에 대한 물음들에 늘 관심을 기울여 왔습니다.

• 선생님께서는 사랑을 만남으로 요약되는 것이 아니라, 지속성 속에서 실현된다고 하셨습니다. 선생님께서 완전히 서로를 통합해 버리는 사랑의 개념을 용인하려 하시지 않는 것은 어떤 이유에서입니까?

사랑의 낭만적인 개념이 지금도 여전히 존재하며, 다소간 이 개념은 만남에다 사랑을 소진시켜 버린다고 저는 생각합니다. 다시 말해 사랑은 만남에서, 즉 있는 그대로의 세계에서 일어나는 마술적인 외재성의 한순간을 맞이하여 불타 버리고, 소진되며, 동시에 소비된다는 말입니다. 또한 바로 여기에서 바로 기적의 범주에 속하는 어떤 것, 즉 존재의 강렬함, 완전히 녹아 버린 하나의 만남이 도래합니다. 그렇지만 전반적으로 이렇게 전개될 때 우리는 "둘이 등장하는 무대"가 아니라 "하나가 등장하는 무대"와 마주하게 됩니다. 그리고 바로 이것이 서로를 통합해 버리는 사랑 개념입니다. 다시 말해서 두 사람의 연인이 만났고, 한 사람의 영웅적 행위와 같은 무언가가 세계에 맞서 생겨납니다.

낭만적 신화 속에는 이러한 융합의 지점이 빈번히 죽음으로 귀결된 바 있다고 지적할 수 있을 것입니다. 사랑과 죽음 사이에는 깊고도 밀접한 관계가 존재합니다. 이러한 관계를 가장 잘 드러내는 것은 분명 리하르트 바그너(Richard Wagner)의 《트리스탄과 이졸데(*Tristan und Isolde*)》일 텐데, 만남의 예외적이고 형언할 수 없는 그 순간 속에 사랑을 소진해 버린 나머지, 그 이후 관계의 외부에 남아 있는 세계로는 더 이상 진입할 수 없게 되어 버리기 때문입니다.

이것이 바로 급진적이고 낭만적인 사랑 개념이며, 저는 이 개념이 거부되어야만 한다고 믿고 있습니다. 이 개념에는 놀라운 예술적 매력이 존재하지만, 제 생각에 이 개념은 심각한 실존적 위험을 또한 내포하고 있습니다. 저는 이 개념을 사랑에 대한 진정한 하나의 철학으로서가 아니라, 오히려 강력한 예술적 신화로 받아들여야만 한다고 생각합니다. 왜냐하면 무엇보다도 사랑은 세계에서 일어나는 것이기 때문입니다. 사랑은 세계의 법칙들에 의해서는 계산하거나 예측할 수 없는 하나의 사건입니다. 그 무엇도 만남이 이루어지도록 허용하지는 않았는데 — 심지어 장시간 채팅을 미리 전제하는 '미틱'이라 해도! — 왜냐하면 결국 서로 만나게 되는 순간, 서로 만난다는 것, 바로 이런 것들은 다른 그 무엇으로도 환원될 수 없는 것이기 때문입니다. 더구나 사랑은 만남으로도 환원될 수는 없는데, 이는 사랑이 구축이기 때문입니다.

사랑에 관한 사유에서 불가사의한 것은 바로, 사랑을 완수할 그 기간에 관한 문제에 놓여 있습니다. 예컨대 매우 흥미로운 사실은 사랑이 시작되는 순간의 황홀감에 관한 문제에 놓여 있는 게 아니라는 점입니다. 물론 시작되는 그 순간의 황홀감은 분명 존재합니다. 그러나 우리가 사랑이라고 부를 수 있는 것은 무엇보다도 지속되는 하나의 구축이 되어야 한다는 것입니다. 사랑은 끈덕지게 이어지는 일종의 모험이라고 할 수 있겠지요. 모험적인 측면은 사랑에 필요한 것이겠지만, 한편, 그렇다고 해서 사랑이 끈덕짐을 덜 필요로

하는 것도 아닙니다. 최초의 장애물, 최초의 심각한 대립, 최초의 권태와 마주하여 사랑을 포기해 버리는 것은 사랑에 대한 커다란 왜곡일 뿐입니다. 진정한 사랑이란 공간과 세계와 시간이 사랑에 부과하는 장애물들을 지속적으로, 간혹은 매몰차게 극복해 나가는 그런 사랑일 것입니다.

– 알랭 바디우 저, 조재룡 역, 《사랑 예찬》, 길, 2010.

기본 과제

1. 윗글에서 사랑은 '차이'에 의해 구분되는 두 사람이 만나면서 시작되는 '사건'이다. 두 사람은 만남과 사랑을 통해 하나의 관점이나 폐쇄된 관계에 갇히지 않고 둘의 관점에서 하나의 삶(무대)을 형성한다. 바디우가 말하는 '둘이 등장하는 무대'와 '지속되는 하나의 구축(構築)'을 연결시켜 사랑의 의미에 대해 생각해 보자.

2. 바디우는 '로미오와 줄리엣', '트리스탄과 이졸데'의 예를 들어 '낭만적 사랑'을 빈번히 죽음으로 귀결되는 '낭만적 신화', 다시 말해 현실 세계에는 존재하지 않는 '강력한 예술적 신화'로 간주하고 비판한다. 여러분은 바디우의 비판에 동의하는가? 동의하지 않는가? 그 이유를 사례를 들어 이야기해 보자.

3. 미틱(Meetic)은 유럽 최대 규모의 인터넷 만남 주선 사이트로 2001년 "위험 없는 사랑을 당신에게!"라는 광고 문구와 함께 운영을 시작했다. 사랑하는 데 있어서 위험이 없다는 것은 무엇을 의미하는가? 윗글의 마지막 단락을 다시 한 번 읽고 이 문구의 문제점을 지적해 보자.

심화 과제

1. 국립국어원은 2012년 11월 사랑의 사전적 정의를 '남녀 간에 그리워하거나 좋아하는 마음. 또는 그런 일'에서 '어떤 상대의 매력에 끌려 열렬히 그리워하거나 좋아하는 마음. 또는 그런 일'로 바꾸었다. 그런데 2014년 기독교계를 중심

으로 한 반대 운동에 부딪히자 다시 '남녀 간에 그리워하거나 좋아하는 마음. 또는 그런 일'로 바꾸었다. 2012년에 바뀐 내용과 이유를 사회 변화와 관련하여 이야기해 보자.

2. 영화 〈행복한 사전〉(고레에다 히로카즈, 2013)에서 주인공 마지메는 '사랑'을 다음과 같이 정의한다. "어떤 사람을 좋아하게 되어 자나 깨나 그 사람 생각이 떠나지 않고 다른 일이 손에 잡히지 않게 되며 몸부림 치고 싶어지는 마음의 상태. 이루어지게 되면 하늘에라도 오를 듯한 기분이 된다." 각자 자신만의 표현으로 사랑을 정의해 보자.

3. 정이현의 단편소설 〈낭만적 사랑과 사회〉를 읽고 '낭만적 사랑'과 '현실적 사랑'을 비교하는 글을 써 보자.

읽기 자료 3

연애는 오래된 신화다. 자유연애라는 개념이 등장한 지 100년밖에 되지 않았다지만, 거꾸로 생각해 보면 100년이나 이어진 일이다. 연애 신화는 결혼뿐 아니라 성애 자체의 문제와 맞물려 있다. 하지만 결혼과 성애에 대한 논의가 확장돼 온 것과는 반대로 연애의 각본은 오히려 신화로 견고해지는 듯 보인다.

초식남, 건어물녀, 이말삼초…

요즘 20대들에게 '왜 연애를 하지 않느냐'고 물어보면 "시간, 돈 혹은 의지가 없기 때문"이라는 답을 자주 한다. 국제통화기금(IMF) 구제금융 이후 강화된 신자유주의적 질서는 시장 중심성을 강조했다. 자유의 가면을 쓴 경쟁은 치열해졌고, 자기 계발에 내몰린 이들은 시간이 적어졌다. '할 일이 많아서'라는 이유는 그래서 정말 타당해 보인다. 그렇다면 연애를 안 하는 사람이나 연애를 하는 사람이나 모두 공평하게 이해받을까? 짐작과 달리 그렇지 않다. 젊은이들에게 연애는 경험, 나아가 스펙과 자원으로까지 여겨지기 시작했다. 연애는 무리를 해서라도 이뤄야 할 과업이 되고, 이것을 하지 못한 자는 '모자란 사람' 취급을 받는 현실이다. 으레 '연애를 한 번도 해보지 못했다면 어딘가 문제가 있지 않겠느냐'는 시선을 받는다. 이런 연애 신화는 연애하지 않는 사람들을 일컫는 많은 신조어를 만들어 냈다. '안 생겨요', '초식남', '건어물녀', '이말삼초'. 모두 연애라는 정상 상태를 가정한 말들이다. 심지어 '연애에 서투른데 연애 학원에 다녀야 할까' 같은 고민도 나온다.

한 여대생은 실제 3학년 초에 취업 압박이 커지면서 초조함을 느끼기 시작했다. 눈치 없는 선배 하나가 "2학년 때까지 노력해도 남은 스펙도 없는데 연애라도 해야지"라고 말한 게 도화선이 됐다. 토익 점수며 대외 활동을 준비한다고 2년 내내 종종거리며 쫓아다녔지만, 토익 성적은 800점이 안 됐다. 내놓을 결과물이 없었다. 아무것도 한 게 없는 듯 느껴졌다.

중 · 장년층까지 확산된 연애의 환상

2학년 말에서 3학년 초에 남자 친구가 없으면 졸업할 때까지 연애를 할 수 없다는 '이말삼초'란 말이 새삼 무섭게 들렸다. 친구들이 하나둘 연애를 시작하면서 '또래 집단보다 뒤처지고 있다'는 불안감은 심해져 갔다. 결국 평소에는 생각도 해보지 않았던 소개팅을 통해 남자 친구를 만들었다. 첫눈에 반했다거나 사랑이 있다기보다는, '그 정도면 나쁘지 않다'는 생각이었다. 느낌상 그것은 남자 친구도 마찬가지였다. 문제는 적당한 호감으로 시작해 만나다 보면 사랑으로 발전할 것이라는 예상이 서서히 빗나가면서 불거졌다. 남자 친구와의 데이트는 신경 쓸 일이 많아지면서 점점 부담스러워졌다. 어느 순간부터 남자 친구를 만나기 귀찮다는 생각까지 하게 됐다. 일부러 약속을 잡아 남자 친구를 피하는 일도 부지기수였다. 빈 시간에 어학원에 등록해 남자 친구와 보낼 시간을 스케줄에서 빼 버리는 일도 있었다. '권태기가 빨리 찾아온 것이 아니냐'는 물음에 이 여대생은 "권태기가 올 만큼 서로 좋아하는 사이가 아니었다."고 대답했다. 더 이상 '연애를 왜 안 하느냐'는 말을 듣지 않게 되자, 이제는 연애 과제를 완수했다는 생각이 들어 더 흥미가 동하지 않았다. 결국 쫓기듯 시작한 연애는 얼마 가지 않아 종지부를 찍었다.

졸업하는 순간까지 '안 생겨요'라는 말에 시달린 남학생도 마찬가지였다.

그는 대학 생활과 연애에 대한 로망을 품고 삼수 끝에 대학에 입학했다. 하지만 어영부영 새내기 시절이 지나가 버리고 군대를 제대할 때까지도 애인은 생기지 않았다. 복학하고 나서도 한동안 애인이 생기지 않자 연애는 완수해야 할 과제처럼 느껴지기 시작했다. 다들 하는 연애를 못하고 있으니 매력 없는 사람으로 비치는 것도 속상했다. 상담해 준답시고 자신의 단점을 자연스럽게 지적하는 사람도 있었다. 대부분 스타일을 바꿔 보라거나 자신이 너무 가르치려 든다는 식의 이야기였다. 학과 행사를 가면 자신의 연애 이야기가 자주 화두에 올랐고, 심심찮게 '마법사'라는 놀림까지 감수해야 했다. 마법사란 싱글 생활을 오래 하면 초자연적인 힘이 생긴다는 우스갯소리였다. 결국 대학을 졸업하기 전에 7살 연하의 여자 친구를 사귀는 데 성공했다. 주위에서 도둑놈이라는 '칭찬'도 들었다. 마치 연애 게임에서 9회말 역전 홈런을 친 타자 같은 기분이 들었다. 흐뭇한 마음에 주변에 일부러 전화해 연애 사실을 알리기도 했다. 그제야 자신의 단점을 지적하는 이야기들이 쑥 들어갔고, 연애를 하면 이런 점이 좋다는 식의 듣기 싫은 설교도 사라졌다. 무엇보다 자신이 어딘가 모자란 게 아닌가 하는 의심이 사라져서 '불치병 오진 판정'을 받은 것 같은 느낌이 들었다.

이렇게 연애의 '압박'에 쫓기는 것은 그만큼 '연애'라는 단어가 주는 행복한 환상이 고조돼 있기 때문이다. 매체는 이런 환상을 강화한다. 요새는 젊은이들에게만 요구됐던 사랑과 연애의 환상이 중 · 장년층으로까지 확산되고 있다. 이혼이나 사별로 홀로 된 유명인을 가상으로 결혼시키는 〈님과 함께〉(JTBC)가 대표적인 예다. 〈우리 결혼했어요〉(MBC)의 콘셉트를 재혼에 적용해 타깃층을 바꾼 이 예능 프로는 종합 편성 채널이지만 3% 넘는 시청률을 기록하고 있다. 이렇게 방송은 연애를 남녀는 물론 세대 구분도 뛰어넘는 이데올로기로 확산시키고 있다. 여기에 나온 임현식은 산업폐기물 같은 맛을 내는 아침 식사일지라도 박원숙 앞에서는 맛있게 먹으며 환상적인 아침을 연다. 생각해보면 '가상 결혼'이라는 포맷은 정말 어색한 형식이다. 현실에선 그렇게 결혼의 현실성과 일상성에 대해 성토하면서 그런 일상성은 완전히 배제한 채 연애의 달콤한 환상만 미션처럼 해치워 나가기 때문이다.

최근엔 '썸'이라는 단어도 생겼다. 연애를 계산 영역으로 끌어들인 20대들은 연애에 본격적으로 뛰어들기 전 시간을 세분화해 '썸'이란 말로 부른다. '썸'은 이성이 시간과 돈을 들여 만날 만한 가치가 있는지 탐색하는 연애의 전초전이다. 탐색이나 전초의 단계는 늘 연애에서 있어 왔지만 이것이 명확한 하나의 기간으로 떨어져 정의됐다는 건 그만큼 이 개념의 비중이 늘었다는 의미다. 케이블 방송 코미디 프로그램에는 '썸&쌈'이라는 꼭지가 있다. '썸을 타는' '썸남 · 썸녀'를 소재로 삼은 코미디가 있을 만큼 '썸'은 중요한 세태가 됐다.

왜 행복한 사람은 늘 소수인가

이처럼 연애도 능력이라는 신화가 강화됐지만, 정작 행복한 사람은 소수다. 연애를 할 만한 조건도 주지 않고 연애의 다양성도 인정하지 않으면서, 무작정 연애를 권하는 사회의 각본에 맞는 이는 많지 않기 때문이다. 더구나 '연애 인구' 다수의 폭력에 소외받은 싱글들은 '온전하지 못한 인간'이라는 오명까지 뒤집어쓴다. 커플 이데올로기에 발끈하면 금세 '부러워서 그러지?'라는 시선이 따라온다. 심지어 외모와 능력에 대한 폄하를 당하기도 한다. 정말 연애의 지향점이 행복이라면, 모두 연애하는 상태를 강요하기보다는 다른 방식으로라도 행복하면 된다는 생각을 존중해 주는 게 더 바람직하지 않을까? 커플과 싱글로 나뉜 21세기의 카스트는 이제 없어질 때도 됐다.

– 〈연애, 마침내 '스펙'이 되다〉, 《한겨레 21》 제1000호, 2014. 3. 3.

기본 과제

1. 윗글에 따르면 요즘 20대가 연애를 하지 않는 이유는 "시간, 돈 혹은 의지가 없기 때문"이라고 한다. 이런 대답에 대해 어떻게 생각하는지 이야기해 보자.

2. '초식남, 건어물녀, 이말삼초' 등은 연애를 '정상 상태'로 가정하고 연애를 하지 않거나 못하는 사람들을 부정적으로 규정한 말들이다. 연애를 '능력'이나 '스펙'

으로 보는 사고방식에 대해 이야기해 보자.

3. 윗글에서는 '썸'을 "이성이 시간과 돈을 들여 만날 만한 가치가 있는지 탐색하는" 과정으로 정의하고 있다. '썸'이라는 신조어의 사회적 의미를 "시장 지향적이고 물질적 성공이 현저한 가치를 지니는 문화권에서 인간의 애정 관계가 상품 및 노동시장을 지배하는 교환 형식과 동일하다"는 에리히 프롬의 지적과 관련하여 이야기해 보자.

심화 과제

1. '연애'를 해야 한다는 심리적 압박을 느낀 적이 있는가? 있다면 언제, 왜 그랬는지 이야기해 보자.

2. 텔레비전에서 방송되는 연애 관련 프로그램 하나를 선택하고 그 문제점에 대해 구체적으로 이야기해 보자.

3. 자신이나 주변 사람들의 경험을 바탕으로 '대학 생활과 사랑'에 대한 글을 써 보자.

4. '나 혼자' 사는 1인 가구가 2012년 전체 가구의 20%를 넘어섰다고 한다. 그에 따라 '아직 결혼을 하지 않았다'는 뜻의 미혼(未婚)보다는 '결혼을 선택하지 않는다'는 뜻의 비혼(非婚)을 사용하는 사람들의 수도 점점 증가하고 있다. 이러한 현상의 원인을 사랑과 결혼에 대한 여러분의 생각을 바탕으로 분석해 보자.

즐거운 편지

황동규

1

내 그대를 생각함은 항상 그대가 앉아있는 배경에서 해가 지고 바람이 부는 일처럼 사소한 일일 것이나 언젠가 그대가 한없이 괴로움 속을 헤매일 때에 오랫동안 전해오던 그 사소함으로 그대를 불러 보리라

2

진실로 진실로 내가 그대를 사랑하는 까닭은 내 나의 사랑을 한없이 잇닿은 그 기다림으로 바꾸어 버린데 있었다. 밤이 들면서 골짜기엔 눈이 퍼붓기 시작했다. 내 사랑은 어디쯤에선 반드시 그칠 것을 믿는다. 다만 그때 내 기다림의 자세를 생각하는 것뿐이다. 그 동안에 눈이 그치고 꽃이 피어나고 낙엽이 떨어지고 또 눈이 퍼붓고 할 것을 믿는다

너를 기다리는 동안

황지우

네가 오기로 한 그 자리에
내가 미리 가 너를 기다리는 동안
다가오는 모든 발자국은
내 가슴에 쿵쿵거린다
바스락거리는 나뭇잎 하나도 다 내게 온다
기다려 본 적이 있는 사람은 안다

세상에서 기다리는 일처럼 가슴 애리는 일 있을까
네가 오기로 한 그 자리, 내가 미리 와 있는 이곳에서
문을 열고 들어오는 모든 사람이
너였다가
너였다가, 너일 것이었다가
다시 문이 닫힌다
사랑하는 이여
오지 않는 너를 기다리며
마침내 나는 너에게 간다
아주 먼데서 나는 너에게 가고
아주 오랜 세월을 다하여 너는 지금 오고 있다
아주 먼데서 지금도 천천히 오고 있는 너를
너를 기다리는 동안 나도 가고 있다
남들이 열고 들어오는 문을 통해
내 가슴에 쿵쿵거리는 모든 발자국 따라
너를 기다리는 동안 나는 너에게 가고 있다.

빈집

기형도

사랑을 잃고 나는 쓰네

잘 있거라, 짧았던 밤들아
창밖을 떠돌던 겨울 안개들아
아무것도 모르던 촛불들아, 잘 있거라
공포를 기다리던 흰 종이들아
망설임을 대신하던 눈물들아

잘 있거라, 더 이상 내 것이 아닌 열망들아

장님처럼 나 이제 더듬거리며 문을 잠그네
가엾은 내 사랑 빈집에 갇혔네

그리하여 어느 날, 사랑이여

최승자

한 숟갈의 밥, 한 방울의 눈물로
무엇을 채울 것인가,
밥을 눈물에 말아먹는다 한들.

그대가 아무리 나를 사랑한다 해도
혹은 내가 아무리 그대를 사랑한다 해도
나는 오늘의 닭고기를 씹어야 하고
나는 오늘의 눈물을 삼켜야 한다.
그러므로 이젠 비유로써 말하지 말자.
모든 것은 콘크리트처럼 구체적이고
모든 것은 콘크리트 벽이다.
비유가 아니라 주먹이며,
주먹의 바스라짐이 있을 뿐,

이제 이룰 수 없는 것을 또한 이루려 하지 말며
헛되고 헛됨을 다 이루었도다고도 말하지 말며

가거라, 사랑인지 사람인지,
사랑한다는 것은 너를 위해 죽는 게 아니다.

사랑한다는 것은 너를 위해
살아,
기다리는 것이다,
다만 무참히 꺾여지기 위하여.

그리하여 어느 날 사랑이여,
내 몸을 분질러다오.
내 팔과 다리를 꺾어

네

꽃
병
에

꽂
아
다
오

네가 그리우면 나는 울었다

고정희

길을 가다가 불현듯
가슴에 잉잉하게 차오르는 사람
네가 그리우면 나는 울었다
너를 향한 기다림이 불이 되는 날

나는 다시 바람으로 떠올라
그 불 다 사그러질 때까지
스스로 잠드는 법을 배우고
스스로 일어서는 법을 배우고
스스로 떠오르는 법을 익혔다
네가 태양으로 떠오르는 아침이면
나는 원목으로 언덕 위에 쓰러져
따스한 햇빛을 덮고 누웠고
누군가 내 이름을 호명하는 밤이면
나는 너에게로 가까이 가기 위하여
빗장 밖으로 사다리를 내렸다
달빛 아래서나 가로수 밑에서
불쑥불쑥 다가왔다가
이내 허공중에 흩어지는 너,
네가 그리우면 나는 또 울 것이다

기본 과제

1. 각 시의 주체가 어떤 상황에 처해 있는지, '그대/너'에 대해 어떤 감정을 가지고 있는지 구체적으로 이야기해 보자.

2. 각 시의 주체에게 조언을 해 준다면 어떤 이야기를 할 수 있을지 생각해 보자.

3. 가장 마음에 와 닿는 시를 한 편 골라 다시 한 번 읽고 어떤 부분이, 왜 마음을 울리는지 이야기해 보자.

심화 과제

1. 사랑에 대한 시는 기쁨과 행복보다는 그리움이나 이별의 아픔을 노래한 경우가 더 많다. 그 이유가 무엇인지 추측해 보자.

2. 좋아하는 사랑시가 있다면 소개해 주고 좋아하는 이유를 이야기해 보자.

3. 자신이나 주변 사람들의 사랑 경험을 토대로 시를 한 편 써 보자.

4. 공부란 무엇인가

《논어(論語)》에 나오는 '학이시습지 불역열호(學而時習之, 不亦說乎?)'는 언제부터인가 우리의 공부(工夫)와는 어울리지 않는 말이 되었다. 오늘날 우리의 공부는 가르치는 사람에게도, 배우는 사람에게도 즐겁지 않은, 아니 어쩌면 고통스러운 일로 여겨지기 일쑤다. 그럼에도 공부를 잘하는 방법에 대한 책은 수도 없이 많지만 정작 '공부란 무엇인가?'라는 질문을 제기하는 책은 찾기 힘들다. 공부의 의미와 이유를 모르니 공부가 즐거울 수 없는데도 말이다. 질문은 교사와 학생이 만나는 공부의 현장에서도 사라진 지 오래이다. 질문이 없는, 질문의 기회를 빼앗긴 학생들은 공부를 그저 당연히 해야 하는 '의무'로 생각한다. 그러나 공부는, 적어도 대학에서의 공부는 직업으로 나아가기 위한 준비 단계이기도 하지만 무엇보다 끊임없는 질문을 통해 자신의 정체성을 찾는 과정이어야 한다. 또한 외부로부터 주어지는 지식을 수동적으로 받아들이는 자세에서 벗어나 그 지식이 어디에서 왔는지, 자신의 삶에서 어떤 의미를 갖는지 이해하려고 노력하는 적극적인 과정이어야 한다. 그러므로 '공부란 무엇인가?'라는 질문은 공부의 시작이며 공부 그 자체이기도 하다. 질문과 대답의 반복은 외부의 지식을 자신의 것으로 만드는, 다시 말해 자신의 정체성을 찾아가는 유일하면서도 가장 좋은 방법이다.

읽기 자료 1

나는 거창한 것에는 관심이 없다. 다산(茶山) 정약용(丁若鏞, 1762-1836)은 선비가 글을 제대로 읽으면 천하가 바로잡힌다는 취지의 발언을 했지만, 나는 그 '천하'에는 관심이 없다. 다만 나는 나를 알기 위해서 공부한다는, 이기적인 동기만 갖고 있을 뿐이다. 즉 '나는 누구인가'라는 의문에 답하는 것이 내 공부의 내용이다.

인간은 생물학적 존재이면서 동시에 문화적으로 자신을 만들어 가는 존재이다. 나는 인문학자다. 따라서 나의 공부는 자연히 후자에 관심을 갖는다. 나를 안다는 것은, 문화적으로 구성된 나에 대해 아는 것이다. 예컨대 내가 유아세례를 받은 천주교인이라 하자. 내가 지금도 신실한 천주교인이라면, 나의 '천주교인임'을 구성하는 내용은, 나의 생각이 아니라, 2천 년에 걸쳐 수많은 논쟁의 결과 단 하나 정통으로 확립된 신학이다. 곧 나를 안다는 것은, 나의 신앙이 남이 만든 신학으로 구성되어 있음을 확인하는 것이다.

요컨대 나는 내가 아니다. 타자의 사유가 나에게 설치되어 나를 구성하고 명령하는 것이다. 비유컨대 그것은 컴퓨터의 운영체제와 같다. 하지만 그 누구도 윈도우를 설치할 것인지, 리눅스를 설치할 것인지, 아니면 다른 프로그램이 있는지 나에게 물어보지 않았다. 그 결과 나의 대뇌를 차지한 타자의 사유들이 나로 하여금 말하고 생각하고 행동하게 한 것이다. 나는 내가 아닌 것이다.

명대(明代)의 사상가 이탁오(李卓吾)는 '동심설(童心說)'에서 벌써 같은 취지의 발언을 한 바 있다.

"어린아이는 사람의 최초 형태요, 동심은 사람의 최초 마음이다. … 동심은 왜 갑자기 사라져 없어지는 것일까. 처음의 상황은 이러하다. 듣고 보는 것(聞見)이 귀와 눈으로 들어와 속에서 주인 노릇을 하면 동심은 사라지게 된다. 그러다 자라면서 도리(道理)가 견문으로부터 들어와 속에서 주인 노릇을 하면 동심은 또 사라지게 된다."

이탁오의 말인즉 이렇다. 인간은 순수한 동심이 있다. 그러나 자라면서 견문과 도리가 들어와 나의 주인 노릇을 하면, 동심은 사라진다. 나는 인간에게 순수한 동심이 있다는 이탁오의 생각에는 동의하지 않는다. 하지만 도리와 견문이 나를 구성하는 주인, 곧 주체가 되어 있다는 그의 말에는 절절히 찬성한다.

…(중략)…

나는 여기 개인으로 존재하지만, 분석해 보면 나는 위에서 말한 타자들의 담론으로 이루어진 문화적 복합물이다. 나는 복수적 타자가 나에게 설치한 프로그램의 내용들과 그 프로그램을 설치한 의도를 알고 싶다. 이것이 내가 공부하는 이유다. 다만 자신을 돌아보건대, 나의 능력은 제한적이다. 따라서 제한된 능력으로 나는 제한된 분야에서 내 문제를 탐구할 뿐이다.

나는 우연히 국문학자이자 한문학자가 되었다. 나의 전공은 그야말로 인문학 중에서도 변방이고 오지에 속한다. 이 오지를 탐사하는 나에게 국가/민족은 여전히 민족의 우월한 문화, 전통을 찾아낼 것을 명령하지만, 나는 별 관심이 없다. 도리어 관심이 있다면, 한문학을 생산했던 양반 사회가 인간을 어떻게 제작했던가, 그 제작의 결과 인간을 얼마나 억압했던가 하는 문제에 있을 뿐이다.

나는 한문학 관계 논문을 써 왔다. 하지만 솔직히 말해 최근 그 쪽에 흥미를 잃고 있다. 한문학이란 분야를 따로 설정하는 것 자체가 근대적 분할이 아닌가. 대학의 학문 분야는 한문학과 역사학, 혹은 사상사의 경계를 엄격히 나누지만, 그 경계는 내가 만든 것이 아니며 내가 동의하지 않은 것이다. 나는 제도적으로 한문학과에 소속되어 있지만, 그 제도가 나의 공부와 연구까지 제한할 수는 없다. 나에게는 문학과 역사, 사상의 경계선은 없으며 그 내부의 경계들도 무의미하다. 정치사 · 경제사 · 제도사 · 풍속사 등의 경계가 도대체 무엇이란 말인가. 오직 관심이 있다면, 그것들이 한데 얽혀 인간을 '제작'해 온 역사를 역으로 추적하여 나에게 진리로 설치되어 나에게 명령을 내리는 담론의 실체를 알고 싶은 것이다.

– 강명관, 〈공부는 즐거운 창조다〉, 김열규 · 김태길 · 윤구병 · 장영희 외,

《공부의 즐거움》, 위즈덤하우스, 2006.

기본 과제

1. 윗글의 필자가 "나는 내가 아니다"라고 주장하는 이유를 찾아서 이야기해 보자.

2. '나'는 개인으로 존재하지만 사실은 '타자들의 담론으로 이루어진 문화적 복합물'이라는 말의 의미를 구체적인 예를 들어 설명해 보자.

3. 이탁오는 '성교소인(聖教小引)'에서 "나는 쉰 이전에 정말 한 마리 개였다. 앞의 개가 그림자를 보고 짖으면 따라서 짖을 뿐이었다. 왜 짖느냐고 물으면 꿀 먹은 벙어리처럼 그냥 실실 웃을 뿐이었다"고 말했다. 여러분에게도 이러한 경험이 있다면 언제, 어떤 상황에서, 왜 그랬는지 이야기해 보자.

심화 과제

1. 자신이 공부하는 이유가 무엇인지 생각해 보고 함께 이야기해 보자.

2. 자신의 것이라고 확신하는 생각이 있는지 이야기해 보자. 그 생각이 어떤 과정을 거쳐 여러분의 것이 되었는지 이야기해 보자.

3. 여러분의 경험에 비추어 '공부'에 대한 정의를 내리고 이를 설명하는 글을 써 보자.

공부는 ____.

읽기 자료 2

서열화된 대학 구조가 인문사회과학을 반학문으로 왜곡시킴으로써 학생들의 '자기 생각과 논리'를 죽였다면, 각 가정은 아이들의 '왜?'라는 질문을 죽였다. "논리로 안 되면 인신을 공격하라." 고대 로마의 정치가이자 학자인 키케로의 말로 전해진다. 토론이나 논쟁을 할 때 상대방에게 논리로 밀릴 것 같으면 상대방의 인신을 공격함으로써 자리를 모면하는 사람들을 빗대서 한 말일 것이다. 우리 사회는 21세기에 "논리로 안 되면 인신을 공격하라"는 키케로의 말을 아주 잘 따른다.

…(중략)…

사람은 회의(懷疑)하는, 즉 의심을 품고 질문을 던지는 동물이다. '왜'라는 질문을 가져야 마땅하다. 프랑스에서 말하기 시작한 어린 아이들이 가장 많이 사용하는 단어에 관한 통계에 관해 읽은 적이 있다. 첫째는 당연히 '엄마'였는데 둘째는 '아빠'나 '맘마', '싫어'가 아니라 '왜?'였다. 생각하는 동물인 사람이 말하기 시작했을 때 세상만사는 온통 질문거리이므로 '왜?'라고 질문한다. 비는 왜 오고, 하늘은 왜 파랗고, 손가락은 왜 다섯 개인가…… 이렇게 아이가 '왜?'라는 질문을 꼬리 물듯이 던지는 것은 동서고금을 막론하고 똑같다. 하지만 이에 대한 부모의 반응은 그 나라에서 대물림되는 습속에 따라 다르다.

우리 사회 부모들은 '상대방의 처지에서 생각한다'는 역지사지(易地思之)를 알고 실행한다면 절대로 해선 안 되는 대답을 주로 한다. "크면 다 알아!"가 그 중 하나다. 아이의 처지에서 보면 엄마 아빠는 이미 다 컸다. 그런데 "크면 다 알아!"라니, 엄마 아빠는 알고 있다는 얘기인데 왜 대답을 해 주지 않고 그냥 넘어가나? 또는 "나도 몰라!", "몰라도 돼!"라며 불성실하게 대답하다가 급기야 "바빠 죽겠는데……" 하면서 야단을 친다. 우리는 기억하지 못하지만 어렸을 때 모두 '왜?'라는 질문을 던지는 데 주눅 들어야 했고 결국 '왜?'라는 질문을 스스로 죽였다. 가장 가까운 엄마와 아빠에게 거부당한 '왜?'라는 질문을 누구에게 던질 수 있겠는가? 우리는 학교를 비롯하여 어디에서도 '왜?'라는 질문을 감히 던지지 않는다.

'왜?'라는 질문이 사라졌다는 것은 대화와 토론이 사라졌다는 것을 뜻한다. 가령 한국의 가정 중에 식구들끼리 인간과 사회와 관해 대화하고 토론하는 가정이 몇이나 될까? 거의 없을 것이다. 부부 사이나, 부모 자식 사이에 말을 주고받긴 하지만 그 내용은 인간과 사회에 관한 견해를 나누기 위한 게 아니라 무엇인가 요구하기 위해서다. 부모는 자식에게 공부나 잘하라고 요구하고, 자식은 부모에게 돈이나 달라고 요구하는 관계에서 크게 벗어나지 않는다. 이처럼 가정에서 요구를 주고받는 관계는 학교와 직장에서 명령과 지시를 내리고 받는 관계로 바뀐다. 어디에서도 수평적 관계의 대화와 토론은 없다.

우리 사회에서 합리성의 추구나 토론 문화가 발전하지 못한 데에는 '미친 교육'의 탓이 크지만 그 이전에 각 가정에서 '왜?'라는 질문을 죽인 탓도 무시할 수 없다. '왜?'라는 질문을 통해 논리를 끌어내고 그것으로 상대방을 설득하기보다는 힘과 권위로 누르거나 다수의 논리로 밀어붙이는 사회에서 합리성 추구나 토론 문화는 설 자리가 없다. 사적 관계에서도 주로 명함이 가진 힘과 권위가 작용하는 것 역시 '왜?'라는 질문이 죽었기 때문이다. 정치가 합리적 보수와 건전한 진보 사이의 경쟁 게임이 되기 위해서도, 가정 폭력을 줄이기 위해서도 각 가정에서 '왜?'라는 질문을 살려야 한다.

- 홍세화, 〈왜?의 죽음〉, 《생각의 좌표》, 한겨레출판사, 2009.

기본 과제

1. 어렸을 때부터 지금까지 여러분이 '왜?'라고 질문을 했을 때 가장 흔히 들었던 대답은 무엇이었는가?

2. 여러분은 '자기 생각과 논리'를 갖추었는가? 갖추지 못했는가? 왜 그렇게 생각하는지 이야기해 보자.

3. 가족이나 친구들과 '인간과 사회에 관한 견해'를 나누어 본 적이 있는가? 우리나라의 가정과 학교에서 '수평적 관계의 대화와 토론'이 이루어지기 어려운 이유가 무엇인지 생각해 보자.

심화 과제

1. 본인의 경험을 토대로 다음의 질문에 대답해 보자.
   ① 여러분은 수업 시간에 질문을 자주 하는가?
   ② 가장 최근에 한 질문은 무엇인가?
   ③ 질문이 있어 해당 과목의 교수자를 찾아가거나 교수자에게 이메일을 보낸 적이 있는가?
   ④ 그 결과 원하는 답을 얻었는가?

2. '왜?'라는 질문의 중요성과 한국 사회에서, 특히 교육의 현장에서 '왜?'라고 질문하기 어려운 이유에 대해 여러분의 경험을 통해 이야기해 보자.

3. '토론 문화'의 문제점을 구체적 사례(텔레비전 토론 프로그램, 개인적 경험 등)를 들어 써 보자.

읽기 자료 3

I

우리의 일상생활은 밀도를 달리하는 여러 차원의 장소에서 영위되고 있다. 우리는 그 장소의 조건과 구성 요인에 따라 순간마다 그것에 적합한 행동을 결정해야 한다. 부모와 함께 있을 경우의 행동은 애인과 담소할 경우의 행동과 다르며, 일터에서의 활동은 집에서의 활동과 다르다. 대학 생활도 대학이란 장소의 고유 조건에 의해 한정되지 않을 수 없다.

대학의 직능은 기술적으로 이용할 수 있는 지식을 전달하는 데 있다. 산업사회는 끊임없이 자격 있는 젊은이들을 필요로 하므로, 대학은 사회적 노동의 체계를 보존하고 유지해야 한다는 과제로부터 물러날 길이 없다. 수업이건 연구이건 대학의 활동은 즉시 경제의 과정에 통합되기 마련이다. 대학의 연구 활동은 각종의 정보 자료가 되어 산업 생산 · 무기 병참 · 복지 후생의 영역으로 흘러들며, 전략적 지식이라는 형태로 경영과 행정의 의사 결정에 영향을 미친다. 산업의 발전을 위한 도구로 기능할 뿐만 아니라, 대학은 유용한 지식을 만들어 내기도 해야 하며, 교육 그 자체의 확대 재생산에도 유념해야 한다. 대학 생활의 대부분은 사회적으로 유용한 과학과 기술의 습득에 바쳐지지 않을 수 없다.

…〔중략〕…

Ⅱ

대학의 직능은 지식과 기술을 생활 속에서 이용할 수 있는 역사의식의 함양에 있다. 역사의식이란 다음의 세 가지 질문에 대답할 수 있는 능력을 말한다.

1. 전문화된 지식의 편협성을 넘어서 전공 학문의 방법론적인 기본 가정 자체를 비판적으로 검토할 수 있는가?
2. 직업이 요구하는 성질과 태도와 덕목을 구비하고 있는가?
3. 일상생활의 의사소통 과정에서 지식의 기본 원리들을 이용하고 있는가?

의사가 환자를 치료하다가 사회학과 정신분석의 가치를 인식하고 의학의 생물학적 가설에 대하여 반성한다든지, 경제학자가 역사의 의미에 눈을 뜨고 경제학의 일반화에 내재하는 한계를 반성한다든지 하는 것이 역사의식의 실례가 된다. 직업적 행동의 기계적이고 자동적인 성격을 반성하지 않으면 살아 있는 문화 전통을 포착할 수 없다. 대학은 전통을 재생산하고 발전시키고 비판적으로 변형해야 한다는 의무에 충실하지 않으면 안 된다. 지식이 아무리 중요하다고 하더라도 그것은 어디까지나 생활의 일부이며, 직업이 아무리 중요하다고 하더라도 그것 역시 생활의 일부이다. 직업의 영역에 국한하여 살펴보는 경우에도 지식과 무관한 기준이 고려되는 것을 알 수 있다. 한 사회의 생산 체계는 일정한 시기에 자본가와 노동자가 갖추어야 할 성질과 태도에 대한 정보를 마련해 두고 있다. 그러한 덕목을 구비하고 있지 못한 자본가는 부도를 내고, 그러한 정보를 습득하고 있지 않은 노동자는 기업의 체계로부터 탈락된다. 불확실한 상황 앞에서도 당황하지 않고 적절하고 민첩하게 결정할 수 있는 자질이 구비되어 있지 않으면 의사라는 직업에 충실할 수 없으며, 개인의 의향에 구애받지 않고 제도적으로 공적 권위를 수행할 능력이 습득되어 있지 않으면 판사라는 직업에 충실할 수 없다. 간혹 대학을 갓 나온 교사들이 학부모들에게 항의를 받는 것도 대부분의 경우에 지식의 결여와는 무관하다. 대학은 평등하고 자유로운 토론을 통하여 동의에 도달하는 훈련의 장소이다. 토론을 통하여 얻은 원칙이 아니면 용인하지 않으려는 완강한 정신은 대학 생활의 바탕이 되어야 하고, 문제가 제기될 때마다 가능한 결정 방법들을 제안하고 지식의 원리들에 근거한 예증들을 천천히 검토하는 행동이 대학 생활의 중심이 되어야 한다. 백거이(白居易)는 글자를 모르는 이웃집 할머니에게 읽어 드려서 그 할머니가 알겠다고 한 글만 발표했다고 하거니와, 일상생활의 의사소통에 이용할 수 없는 지식과 기술은 아직 충분히 자기화된 지식과 기술이 아니라는 사실을 강조하지 않을 수 없다.

– 김인환, 〈대학과 산문〉, 《글쓰기의 방법》, 작가, 2005.

기본 과제

1. 대학의 직능을 규정한 다음의 두 문장에 대해 이야기해 보자. "대학의 직능은 기술적으로 이용할 수 있는 지식을 전달하는 데 있다." "대학의 직능은 지식과 기술을 생활 속에서 이용할 수 있는 역사의식의 함양에 있다."

2. 윗글에서 말하는 '역사의식'을 함양했는지 판단하는 기준이 되는 세 가지 질문의 의미를 구체적 예를 들어 설명해 보자. 그리고 이 '역사의식'과 우리가 알고 있는 역사의식의 의미에는 어떤 차이가 있는지 생각해 보자.

3. "한 사회의 생산 체계는 일정한 시기에 자본가와 노동자가 갖추어야 할 성질과

태도에 대한 정보를 마련해 두고 있다."고 한다. 오늘날 "자본가와 노동자가 갖추어야 할 성질과 태도"는 무엇인지 이야기해 보자.

심화 과제

1. '대학의 직능'을 한 문장으로 규정하고 이를 설명하는 글을 써 보자.

2. 여러분의 전공에서 '전문화된 지식의 편협성'이 가져올 수 있는 문제가 무엇인지 구체적인 예를 들어 이야기해 보자.

3. 교양 수업이나 타과의 전공 수업을 통해 자신의 전공 영역에 대한 이해를 확장시킬 수 있었던 경험이 있었는가? 있었다면 사례를 구체적으로 이야기하고, 없었다면 확장시킬 가능성에 대해 이야기해 보자.

4. 한국교육방송공사(EBS) 다큐프라임 〈왜 우리는 대학에 가는가〉의 5부 '말문을 터라'와 6부 '생각을 터라'를 보고 대학 생활의 의미와 목표에 대해 생각해 보자.

5. 한류, 문화와 산업의 경계

한국 노래가 지구 반대쪽에서도 울려 퍼지고 있다. 미국 빌보드 차트 상위 순위에 한국 가요가 오르고 샹송의 나라, 프랑스의 젊은이가 한국 가수의 율동을 능숙하게 따라 하는 모습이 유튜브를 통해 방송되기도 한다. 아랍 국가 텔레비전에 한국 사극이 방영되고 드라마에서 한국 배우가 입은 옷이 중국에서 유행을 이끈다. 많은 외국 관광객들이 한류 가수의 공연을 보기 위해서, 혹은 한류 드라마가 촬영된 현장을 찾기 위해 한국을 방문하고 있다.

우리나라는 오랜 세월 동안 문화 수입국에 머물렀던 터라 최근의 한류(韓流) 현상은 꽤 고무적이다. 게다가 한류는 엄청난 수익과 부가가치를 낳는 문화 산업이다. 하향 곡선을 그리고 있는 청년층의 고용 지표를 끌어올릴 수 있고 정체되어 있는 한국의 경제 상황을 견인할 수 있는 성장 동력이 될 수 있는 것이다. 뿐만 아니라 한국이라는 나라 이름도 전 세계적으로 널리 알려 국위 선양에도 이바지한다.

그러나 한류에 대한 곱지 않은 시선도 있다. 한류 문화 자체가 한국을 대표할 만한 문화가 아니어서 한류의 보급은 세계에 한국의 왜곡된 이미지를 알릴 뿐이라는 것이다. 또한 한류의 문화 산업적인 성격에 대한 비판도 있다. 문화를 문화 그 자체의 목적이 아닌 경제적인 목적으로 이용한다는 것이다. 특히 문화 산업은 독점 자본 산업이 그러한 것처럼 자국의 문화 현상을 교란할 뿐만 아니라 다른 나라의 문화를 제국주의적으로 침탈한다. 과거 미국이 자행했다고 비판했던 문화 제국주의를 이제는 반대로 우리가 동남아시아에 한류를 통해 행사하고 있다는 것이다.

이러한 비판과 지적처럼 한류를 마냥 경제나 민족주의의 관점으로 대하는 것은 온당치 않아 보인다. 그렇다고 하여 한류에 대해 느끼는 자부심에 마냥 이의를 다는 것도 바람직하지 못하다고 생각한다. 좋든 싫든 한류는 우리 사회의 현재를 설명하고 미래를 전망하는 데 중요한 문화 현상이다. 문화와 산업의 경계 선상에서 우리 한류가 나아가야 할 길을 모색해 보자.

읽기 자료 1

15년 전쯤 미국 영화 〈쥬라기 공원〉 한 편의 수익이 우리나라 자동차 소나타를 몇 백만 대 수출한 것과 맞먹는다는 말에 많은 사람들이 충격을 받았던 기억이 있다. 오락 거리의 하나로만 여겨 왔던 영화라는 콘텐츠가 파생시키는 경제적 부가가치를 통해 문화 예술의 산업적인 가능성을 깨닫게 되는 계기였다. 소설《해리포터》가 1997년 이후 10년간 벌어들인 총매출액이 308조 원에 달하고, 영국 경제 기여도는 연간 30억 파운드에 이른다. 〈반지의 제왕〉은 영국에는 저작권료, 미국에는 영화 판매 수입, 뉴질랜드에는 관광객 증대 효과를 가져다 줬다. 제작비 중 총 2억 5,000만 달러가 뉴질랜드에 지출됐고, 2만여 명의 고용 창출 효과를 낳았다. 영화 이후 외국 관광객 수가 연평균 5.6퍼센트 증가했다. 오늘날 이런 분석들은 더 이상 새롭지도, 신기하지도 않다. 문화 예술이 단지 사람들의 정서를 순화시키고 정신을 고양하는 예술의 영역에 머무는 것이 아니라, 엄청난 수익과 부가가치를 낳는 상품이며 산업이라는 것, 그리고 세계 각국이 이 산업에서 주도권을 가지기 위해 치열한 경쟁을 벌이고 있다는 현실은 이제 누구나 알고 있기 때문이다. 출판이나 영화, 게임, 애니메이션, 음반과 같이 복제 가능한 콘텐츠 시장의 무한한 가치 창출 가능성, 또 올림픽이나 세계적인 체육 이벤트 유치, 선수 개인의 금메달 획득 같은 일들이 낳는 경제적 효과, 그리고 관광 시장의 성장 등은 이제 문화를 산업적인 시각에서 바라보는 것에서 떠나, 세계의 치열한 문화 산업 시장 개편에서 우리가 살아남아야 하는 전략적인 자세를 취해야 함을 절실히 요구하고 있다.

현재 세계의 콘텐츠 산업 시장은 성장 일로를 거듭하며 급속도로 각국의 대표 산업으로 급부상하고 있다. 세계 콘텐츠 시장 규모는 1조 3,566억 달러로, 자동차(1조 2,000억 달러)나 아이티(IT, 8,000억 달러) 시장 규모를 이미 앞질러, 연평균 5퍼센트 이상 성장하고 있는 고성장 산업이다. 특히 차세대 분야인 스마트 영역은 앞으로 3년간 400퍼센트의 고성장이 전망되는 등 고성장 · 고부가가치 산업으로 주목받고 있다. 세계 관광 시장 역시 1조 달러의 시장 규모에, 연평균 4.3퍼센트의 성장률을 보이고 있다. 특히 다른 나라보다 부존자원이나 제조업을 위한 환경이 열악한 우리나라는 창의력과 상상력, 그리고 문화적인 우수성으로 무한 가치를 창출하는 이 두 분야의 산업에 전력을 기울여야 할 필요가 있다. 게다가 최근 불어 닥친 한류 열풍은 문화를 통한 기존 제조업 상품의 브랜드 가치를 제고시키며, 경제적 가치를 확대할 수 있는 가능성을 보이고 있다. 영국 비비시(BBC)방송은 "한류는 삼성을 대체할 국가 브랜드"로, 블룸버그 통신 역시 "한국의 실질적 파워 브랜드는 삼성 아닌 소녀시대"라며 이 같은 가능성을 높이 평가하고 있다.

국내 콘텐츠 산업은 2009년 기준으로 매출 69조원, 수출 26억 달러, 종사자 52만여 명으로, 2005년 이후 연평균 매출 4.5퍼센트, 수출액 18.9퍼센트, 종사자 1.4퍼센트의 성장세를 지속했다(2010 콘텐츠 산업 통계). 그러나 세계 무대에서의 현실은 그리 녹록하지 않다. 콘텐츠 시장의 한국 세계 시장 점유율은 2.2퍼센트 밖에 되지 않는다. 세계 8위라는 순위에 만족할 수 없는 미미한 숫자다. 한국 관광 수입(97억 8,200만 달러) 역시 세계 26위 수준에 머무르고 있다. 우리가 정신을 바짝 차리고 이 시장의 경쟁력에 대한 고민이 필요할 때인 것이다.

일자리 창출이 한국 경제의 가장 큰 과제인 현실을 놓고 볼 때, 콘텐츠와 관광 분야는 고용 유발 효과 면에서도 제조업보다 훨씬 높은 효용을 가지고 있음에 주목해야 한다. 제조업과 달리 콘텐츠 관광 산업은 기계로 대체가 어려운 고용 유발 계수가 높은 친고용 산업으로 청년 일자리 창출에 크게 기여한다. 콘텐츠 산업 부가가치 및 고용 유발 효과를 보면, 문화 산업의 고용 유발 계수는 타 산업의 두 배 가까이에 이른다. 투자 대비 고용 창출 효과가 높다는 점은 높은 청년 실업률을 보이는 국내 상황을 고려할 때 주의 깊게 봐야 할 부분이다. 문화 체육 관광부 자료에 따르면, 10억 원을 투자했을 때의 고용 유발 효과는, 제조업은 9.2명, 콘텐츠 산업은 12.11명, 관광 산업은 15.5명에 이른다. 콘텐츠 산업 고용 증가율을 보면, 2000년에서 2007년 사이 4.38퍼센트를 기록하여, 전 산업 평균이 1.47퍼센트임을 감안할 때 제조업 0.59퍼센트와는 비교도 되지 않을 정도로 높다.

무엇보다 콘텐츠나 관광 등 문화 산업의 일자리는 종사자의 80퍼센트 이상이 20-30대로, 젊은 층이 선호하는 일자리다. 2011년 취업 대상자 1000명을 대상으로 한 실태 조사에서 나타났듯, 청년층이 가장 선호하고 유망하다고 생각하고 있는 분야는 문화 콘텐츠, 관광 산업 분야다. 문화 콘텐츠 산업 분야는 유망 직종에서 31.3퍼센트가 꼽아 1위로 나타났다. 청년층은 디지털 네이티브 세대로, 영화, 게임, 모바일, 콘텐츠, 여행 산업 등 콘텐츠와 관광 분야 일자리를 선호한다. 대표적인 게임 개발 업체인 엔씨소프트의 경우, 전 직원 1,958명 중 20-30대가 97퍼센트를 차지하고 있어, 청년층들의 이 분야 직업 선호도를 알 수 있다. 각종 직업 전망에서도 모바일 프로그램 개발자, 게임 기획자, 문화 디자인 매니저, 레크리에이션 진행자 등 문화관광 서비스 분야는 미래 유망 직업으로 대두되고 있다.

실제 영화 한 편을 만들면, 여기에 평균 67명의 일자리가 생겨난다. 18개 홀의 골프장 한 곳을 개장하면 평균 200명이, 관광호텔 300실짜리 하나를 개관하면 300명, 예술 · 스포츠 강사 배치는 학교 100개당 200명 정도가 가능하다. 연간 영화를 150편 만들고, 골프장 10개소를 만들고, 호텔 10개를 짓고, 예술 · 스포츠 강사를 5000개 학교에 배치하면 2만 5,050개의 신규 일자리 창출이 가능한 것이다.

한류가 폭발적으로 확산되고 있는 대외적인 상황 역시 콘텐츠 투자에 대한 필요성을 높인다. 한국 콘텐츠 진흥원의 분석 보고서에 따르면, 한류 확산과 경기 호조로 2011년 1분기 콘텐츠 산업 매출이 20조 53억원을 기록하여, 2010년 같은 기간보다 12.7퍼센트 증가했다. 또 같은 기간 국내 콘텐츠의 해외 수출은 9억 2,915만 달러로, 2010년 같은 기간 대비 26.3퍼센트 증가했고, 종사자는 53만 9,441명으로 1만 1,963명(2.3퍼센트) 늘었다. 2010년 같은 기간과 비교할 때 가장 높은 증가율을 보인 분야는, 매출액 기준으로는 음악 산업으로 33.7퍼센트 증가한 8,805억 원이었으며, 수출액 기준으로는 게임 산업이 40.4퍼센트 증가한 5억 2,982만 달러를 기록했다.

특히 콘텐츠 상장사들의 영업 이익률은 17.8퍼센트로, 전체 상장사보다 2.7배 높은 것으로 조사됐다. 이 같은 대내외적 상황을 고려해 보면, 콘텐츠와 관광을 중심으로 한 문화 산업이 차세대 동력 산업으로 미래를 이끄는 젊은이들에게 희망을 주는 국가의 핵심 투자 대상이 되어야 함을 잘 알 수 있다.

– 정병국, 〈문화 산업의 사회적 가치〉, 《문화, 소통과 공감의 코드》, 동랑서원, 2011.

보조 자료

"삼성, 현대, LG는 강력한 한국 최대의 수출 브랜드이지만 지금 수많은 사람들이 실질적인 파워 브랜드는 보아, 소녀시대, 에픽하이, 슈퍼주니어 등이라고 지적하고 있다." 경제 전문 블룸버그TV는 주말 판 시사 종합 해설 프로그램인 '모노클'에서 한국 K-Pop 열풍을 소개하면서 이같이 전했다.

블룸버그는 디지털 시대로 접어들면서 서구 음악 산업이 어려움을 겪고 있는 것과 달리 한국 K-Pop은 해외 시장 진출의 계기가 됐고 "디지털 혁명의 최선두에 서게 됐다"고 평가했다. 아날로그 시대에 해외에 진출하려면 음반을 들고 해외 대형 배급사를 찾아다녀야 했지만 디지털 시대에는 유튜브 등을 통해 외국 청중과 관객에게 직접 다가갈 수 있는 길이 열렸기 때문이다.

YG엔터테인먼트 소속 가수인 지뉴션 출신의 김진우는 "유튜브는 이제 한

국만이 아닌 전 세계 청중, 특히 젊은 층에게 다가가는 최선의 수단이 됐다"면서 "더 이상 대형 TV방송국이나 라디오 방송국에 의존하지 않고 소셜 네트워크를 통해 다가갈 수 있게 됐다"고 말했다.

한국 음악 산업이 디지털 시대에 빠르게 적응한 것도 K-Pop을 효자 수출품으로 만들었다. 음악 관련 마케팅 업체인 DFSB 콜렉티브의 조수광 대표는 "음악은 더 이상 상품이 되지 못한다"며서 디지털 시대에는 '대중성'이 상품이며 K-Pop은 바로 이 대중성을 기반으로 하고 있다고 말했다. 조 대표는 K-Pop 관련 사이트 상위 3개는 늘 영문으로 된 사이트로 한글 사이트보다 더 많은 방문자 수를 기록하고 있고, 블로그 · 트위터 · 페이스북 등 각종 소셜네트워크의 관심 항목 순위 20위 가운데 3개는 늘 한국 가수들이 차지하고 있다면서 이들 사이트 접속 대부분은 한국이 아닌 외국에서 이뤄지는 것들이라고 말했다.

음악 전문 방송 MTV 아시아의 벤 리처드슨 부사장도 "한국은 엔터테인먼트 수출 국가"라고 지적한 뒤 "한국(K-Pop)콘텐츠들이 상당수 MTV 프로그램의 매출을 끌어올리고 있다"고 말했다. 그는 한국 음악이 "청중과의 연계성이 매우 높다"며 "미국 프로듀서들이 만든 음악과 한국에서 오는 음악들은 동등한 수준에서 평가받고 있다"고 덧붙였다.

블룸버그는 K-Pop의 성공요인으로 한국식 엔터테인먼트 모델 정착, 저변 확대, 문화적 개방성 등을 들었다. 블룸버그는 한국식 모델로 유튜브 등을 통한 팬들과의 호흡을 강조하고, 원더걸스의 '노바디' 율동을 흉내 내는 각국 팬들의 동영상과 원더걸스의 뮤직 비디오를 교차시켜 소개했다. 또 일본의 독특한 문화적 폐쇄주의가 J-Pop을 일본 국내에만 머물게 한 반면 K-Pop은 개방성을 통해 주요 수출품으로 자리매김할 수 있었다고 지적하기도 했다.

이와 함께 음악 산업 관련 전문가들이 넘쳐나고, 국내의 관심이 뜨거운 것이 결국 수출로 이어지게 됐다는 분석을 내놨다. 한편 모노클 진행자 타일러 브륄레이는 대담에 참여한 문화 담당 편집장에게 소녀시대 뮤직비디오를 구해달라는 말로 프로그램을 끝냈다.

– 〈블룸버그TV "한국 실질 파워 브랜드는 삼성 아닌 소녀시대"〉, 《파이낸셜뉴스》, 2011. 2. 21.

기본 과제

1. 윗글에서 이제 문화 예술은 예술의 영역에 머무는 것이 아니라 상품이며 산업이라고 주장하고 있다. 이러한 주장을 뒷받침하는 이유와 근거를 이 글에서 찾아보자.

2. 윗글의 필자는 콘텐츠와 관광 분야에서 2만 5,050개의 신규 일자리 창출이 가능하다고 말한다. 제시한 근거에 밑줄을 긋고, 그 근거의 타당성에 대해 논의해 보자.

3. 윗글은 통계 수치를 많이 제시하고 있다. 이렇게 통계 수치를 제시함으로써 글이 얻는 장점은 무엇인가? 그리고 단점은 무엇인가?

4. 보조 자료는 블룸버그TV의 한 프로그램 '모노클'에서 방송한 내용을 요약 · 정리한 신문 기사이다. 기자는 그 기사의 제목을 〈블룸버그TV "한국 실질 파워브랜드는 삼성 아닌 소녀시대"〉라고 달았다. 왜 제목을 이렇게 달았을까 논의해 보자.

심화 과제

1. 윗글에 따르면 요즘 청년층이 가장 선호하는 직업 분야는 문화 콘텐츠 산업 분야이다. 교실 안의 학생들 중에서 문화 콘텐츠 산업 분야를 직업으로 원하는 학생들의 수를 조사해 보자. 그리고 그 직업을 원하는 이유에 대해서 알아보자.

2. 보조 자료에 따르면 한국 음악이 세계적으로 퍼져 나갈 수 있었던 데에는 유튜브의 공로가 크다. 현대 대중문화에서 유튜브의 역할과 그에 따른 대중문화의 특성에 대해 논의해 보자.

3. 최근 세계 기업 브랜드 가치를 보도한 신문 기사를 찾아보자. 그리고 그러한 브랜드 가치는 어떤 방식으로 계산하는지 조사해 보자. 그러한 기업 브랜드 가치보다 인기 가수 그룹의 브랜드 가치가 실질적으로 높은 현상에 대해 이야기해 보자.

문화 산업은 문화를 합리화한다는 구실로 문화를 잘 짜인 체계로 바꾸어 놓는다. 문화 산업은 산업의 독점 자본을 흉내 내 문화의 생산 과정을 조직화하며, 그를 통해 문화 산업 자체가 독점 자본으로 성장한다. 독점으로 성장한 문화 산업과 그보다 먼저 독점의 지위에 올라선 산업 자본 사이의 차이는 점차 무색해진다. 독점 산업 자본처럼 체계 구축을 통한 합리화만이 문화 산업의 경쟁력의 원천이 된다. 문화 산업이 생산해 내는 상품은 잘 짜인 체계의 생산품이며, 그 생산품 자체도 생산 과정처럼 잘 짜인 체계의 성격을 지닌다.

문화 산업의 상품은 물샐 틈 없는 통일성을 지향하는 체계와 같다. 즉흥적인 연기처럼 보이는 코미디가 제공하는 웃음 또한 자동차를 생산하듯 사전에 치밀하게 계획하고, 연습하고, 유발하는 효과를 예측한 결과 등장한 계산적 합리성의 산물이다. 체계를 구축하는 부분들은 체계를 위해 기능해야 한다. "인기 가요에서 효과를 보이는 짧고 단속적인 인터벌, 유쾌한 재밋거리에 불과하겠지만 간혹 벌어지는 인기 배우의 창피스러운 실수, 남자 배우가 연인에게 휘두르는 억센 손찌검, 또는 응석받이 상속녀를 거칠게 다루는 것 등은 다른 자질구레한 사항들처럼 어떤 작품에서나 임의로 사용할 수 있는 준비된 상투 수법들로서, 그 역할이란 이미 짜인 틀 속에서 그들에게 부여된 목표를 달성하는 것뿐이다. 이러한 것들의 존재 이유란 그들이 오직 전체 틀을 유지하기 위한 구성 부분이 됨으로써 그 틀을 확인하는 것이다."

계몽의 논리에서 밝혀진 것처럼 문화 상품 안에서 체계를 위해 순기능을 담당하지 않는 부분은 과잉일 뿐이다. 체계를 위해 기능을 담당하지 못한 부분은 제거되어야 한다. 부분들은 전체를 위해 조화롭게 구성되어야 한다. 부분들의 조화로운 관계는 전체의 목표를 향해 기능해야 한다. 그 체계의 목표는 이윤이다. 이윤 창출이라는 문화 상품의 목적을 위해 영화를 구성하는 모든 요소들은 상품으로서의 영화의 목적에 기여해야 한다.

자본주의가 고도화됨에 따라 문화는 점차 산업화되며, 산업화된 문화에서 문화와 경제의 원초적 대립은 무화되어 문화는 경제의 논리에 포섭된다. 상품 경제의 논리는 양화(Quantifizierung)의 법칙을 충실히 따른다. 상품 경제의 논리에 지배되고 있는 사회에서, 상품의 사용 가치는 교환 가치에 종속된다. 모든 상품은 그 상품의 사용 가치의 질적 차이보다는 교환 가치의 차이, 즉 가격의 차이에서만 의미를 지닌다. 문화 산업이 제공하는 문화라는 상품의 생산 과정에는 상품의 생산 과정에서 나타나는 포드주의적 방식이 은밀하게 혹은 대범하게 전면에 부각된다. "대중에게는 각계 계층을 위해 다양한 질의 대량 생산물이 제공되지만, 그것은 양화의 법칙을 더욱 완벽하게 실현시키기 위한 것이다. 모든 사람은 미리 자신에게 주어진 수준에 걸맞게 자발적으로 행동하며 자기와 같은 유형을 겨냥해 제조된 대량 생산물을 고른다." 포드주의적 생산 방식이 노동 과정에 참여하는 노동자들을 부속품으로 전락시키는 것처럼, 포드주의적 방식의 합리화에 의해 대량 생산되어 대량 보급되는 문화 산업의 문화 상품은 문화 향유라는 표현을 시대에 뒤떨어지게 만들며, 그 대신 문화의 소비자라는 경제학의 용어를 사용하게 만든다. 이로써 문화의 소비자는 포드주의적 법칙에 말려든다.

상품의 범주에서 '전체'라는 범주보다 '부분'이라는 범주는 우위를 차지하며, 전체는 부분들의 조립 혹은 합에 불과하다. 포드주의적 생산 방식에 따르면, 자동차라는 전체는 자동차를 구성하고 있는 부품들의 조립의 결과물이다. 자동차를 만들기 위해 자동차 설계자는 가능한 한 자동차를 구성하고 있는 부분들, 즉 부품들을 엄밀하게 설계해야 하며, 자동차 생산에 있어서 가장 핵심적인 것은 자동차를 구성하고 있는 각각의 부분들 사이의 조화로운 관계이다. 자동차라는 복합 부품으로 구성되어 있는 상품의 품질은 자동차를 구성하고 있는 각각의 부품들이 서로 얼마나 조화롭게 기능하는가에 달려 있다.

문화 산업의 합리성은 지배의 합리성으로 귀결될 수밖에 없다. 문화 산업이 창출하는 발신-수신의 화용적 관계는 문화 산업의 합리성을 지배의 합리성으로 만들어 버리는 기제이다. 문화 산업에 의한 문화의 합리화는 소수의 발신자와 다수의 수신자라는 화용적 관계를 정착시킨다. 문화 산업 소비자는 자신의 입맛에 따라 다양한 문화 상품에 대한 선택권을 지닌 듯 보이지만, 문화 상품을 공급하는 문화 산업의 생산자는 선택의 범위를 결정하는 신과 같다. 저자들은 전화의 화용적 관계와 라디오의 화용적 관계를 비교한다. 전화를 통해 대화를 나누는 사람들은 서로 대화에 참여할 수 있는 동등한 위치를 차지한다. 전화는 양자가 동등한 위치를 지니고 동등하게 발화할 때 의미 있다.

하지만 문화 산업화된 라디오는 전화와는 확연하게 구별되는 화용 관계를 만들어 낸다. 라디오는 "청취자들을 서로 엇비슷한 방송 프로그램들에 권위적으로 복종" 시키며, 청취자가 "자신의 의사를 말할 수 있는 어떤 응답 장치"도 개발되지 않았기에 청취자는 화용 관계에 동등하게 참여할 수 없다. 청취자에게 가능한 역할은 단지 '좋은 청취자'일 뿐이다. 좋은 청취자도 라디오를 통한 화용 관계에서 수동적 지위에서 벗어날 수 없다. 문화 산업에 내재한 전체-부분의 관계는 불가피하게 개인의 몰락을 가져온다.

노명우, 《계몽의 변증법-야만으로 후퇴하는 현대》, 살림, 2005.

보조 자료

아도르노와 호르크하이머는 후기 자본주의 시대의 대중문화를 지칭하기 위해, 대중문화(popular culture)라는 말 대신에 문화 산업(culture industry)이라는 새로운 용어를 고안해냈다. 왜냐하면 대중문화라는 표현을 쓸 경우, '대중 스스로에 의해 자발적으로 생겨난 문화'라거나 '대중의 꿈과 희망을 대변하는 문화'라는 긍정적인 뉘앙스를 가질 수 있음을 염려했기 때문이다. 그래서 그들은 애초부터 이러한 기대를 조금이라도 불러일으키지 않도록 의도적으로 '문화 산업'이라는 용어를 채택했다고 했다.

우리는 대중문화의 옹호자들이 마음에 들어 할 의미를 처음부터 차단하기 위해 대중문화라는 표현을 '문화 산업'이라는 말로 대체했다. 대중문화의 옹호자들에게 문제가 되는 것은 대중들 자신으로부터 자발적으로 일어난 문화라든가 현대적인 형태의 민중 예술일 것이다. 문화 산업은 이와 같은 의미의 대중문화

와 극명하게 구별된다. 〈문화 산업론의 재고〉(1963)

아도르노는 문화 산업이라는 용어를 사용함으로써, 오늘날 문화가 철저하게 이윤을 추구하는 일종의 비즈니스가 되었음을 강조한다. 따라서 보통 '문화 산업론'이라는 표현을 쓸 경우에, 이는 아도르노와 호르크하이머에 의해 대변되었던 비판 이론의 대중문화론을 지칭하는 것이다. 물론 오늘날에는 문화 경제학이나 예술 경영학 등에서 아주 중립적인 의미로 문화 산업이라는 표현을 사용하고 있지만 말이다. 아도르노에 따르면, 문화 산업이란 궁극적으로는 인간 주체의 내면적 자연, 그러니까 인간의 감정, 충동, 욕망, 본능, 상상력, 육체 등에 대해서 외적 자연에 가했던 것과 똑같은 폭력을 가함으로써 동일성 원리를 관철시키고자 하는 지배의 수단이다.

신혜경, 《벤야민 & 아도르노 대중 문화의 기만 혹은 해방》, 김영사, 2009.

기본 과제

1. 보조 자료에 따르면 '대중문화'는 '대중의 꿈과 희망을 대변하는 문화'라는 의미를 지닐 수도 있다. 이러한 의미에 값하는 예를 현대 '대중문화'에서 찾아 제시하고 그 이유를 이야기해 보자.

2. 윗글에서 이야기하는 '문화 향유'와 '문화 소비'의 차이를 상품, 포드주의, 개인, 개성, 전화, 라디오 등의 단어를 이용하여 설명해 보자.

3. 읽기 자료1과 읽기 자료2에서 '문화 산업'이라는 개념이 각각 본문에서 사용된 맥락을 비교하여 정리해 보자.

심화 과제

1. 최근 한국뿐만 아니라 세계적으로 인기를 끈 한류 상품을 예로 들어 보고 그것

의 작품성은 어떠한지 논의해 보자.

2. 윗글에 따르면 문화 산업은 독점 산업 자본 체제로 운영된다. 이러한 논의와 관련지어 현재 우리나라 연예 기획사와 영화 제작사 등이 어떻게 운영되고 있는지 조사해 보자. 그리고 이들 기획사, 제작사의 활동이 우리나라 문화에 미치고 있는 영향에 대해 이야기해 보자.

3. 외국인 친구에게 소개하고 싶은 한국 가요나 한국 영화를 하나씩 꼽아 보자. 그리고 그 이유를 이야기해 보자. 그 가요 혹은 그 영화는 어떠한 제작 시스템에 의해 생산된 것인가.

읽기 자료 3

초기 한류가 1990년대 후반 드라마를 통해 아시아 지역에서 형성되었다면, 최근에는 K-Pop을 통해 아시아를 넘어 전 세계 다양한 지역에서 형성되고 있다. 드라마는 비교적 유사한 문화 환경으로 연결되는 아시아 지역에서, 음악은 비교적 문화 할인율이 낮고 소셜 미디어 플랫폼을 통한 이용이 훨씬 용이하다는 점에서 그 차이를 확인할 수 있다. K-Pop을 논할 때 유튜브 등의 소셜 미디어 플랫폼의 역할이 항상 같이 얘기되는 것도 이와 같은 맥락이다. 싸이의 〈강남스타일〉이 유튜브에서 큰 인기를 끌었던 것이 대표적인 사례이다. 특히 싸이의 미국 시장 진출은 국민들에게 한국 문화에 대한 자긍심을 갖게 할 뿐 아니라, 글로벌 문화로서의 가능성을 상징하는 대표적 사례로 인식되기에 이른다. 이를 계기로 한류는 국가 브랜드로서의 가치를 넘어 건축 한류, 의료 한류, 웨딩 한류 등 다른 산업 영역과의 연계 움직임도 활발하게 이루어지고 있으며 높은 수익을 창출하는 문화 산업으로 인식되었다. 물론 한국 대중문화를 소비하는 과정에서 느낄 수 있는 즐거움이 국내의 수용자뿐만 아니라 전 세계의 수용자들과 함께 공감할 수 있다는 것은 정말 고무적인 일이다. 한국이 과거 문화 수입국에서 현재의 능동적 문화 생산국으로 변화했다는 것도 역시 반갑다.

그럼에도 불구하고 현재 우리의 대중문화가 다른 국가들과 상호적 문화 교류를 통한 결과물로서 형성되고 있는 것인지, 문화 산업 중심의 정책의 결과물로서 생산된 것인지 살펴봐야 한다. 한류가 과거 미국 중심의 서구 문화가 일방적으로 확산되면서 나타났던 문화 제국주의적 모습과 유사한 형태를 띠고 있는 것은 아닐까 우려되기 때문이다. 한류가 동아시아에서 형성될 시기에 한류 생산 주체들은 표면적으로는 동아시아를 친밀한 관계를 형성하는 문화 교류국으로 인정했지만, 실제로는 상업적 이익과 민족적 자긍심을 고취하기 위한 효과적인 수단으로 간주하거나 일방적인 관점에서 상호 이해가 확장되는 공간으로 바라보았다. 즉, 동아시아 지역에서의 한류는 국민들에게 문화 수출국으로서의 자긍심을 느끼는 계기를 제공하거나, 서구 선진국(미국, 유럽) 시장 진출을 위해 거쳐 가야 하는 곳이라는 인식을 갖게 만든 것이다. 이러한 담론은 한류 초기 형성기부터 현재까지 지속되고 있는데, 이는 동아시아 내에서의 한국의 경제 성장, 대중문화의 우월감을 국가적 차원에서 드러내는 방식이라고 볼 수 있다.

이 같은 담론이 형성될 수 있었던 이유는 동아시아 문화에 대한 고려가 없었기 때문이다. 왜 한국의 문화가 아시아에서 주목받는가에 대한 이해보다는 한류 문화의 소비 방식과 팬덤의 문화 소비를 통한 효과에 더 집중했기 때문이다. 이러한 모습 속에서 과거 미국 중심의 서구 문화가 일방적으로 확산됨에 따라 로컬 문화의 특징을 소멸시키거나 획일화시키려는 전략을 답습하는 모습도 엿보인다. 또한 동아시아 국가 간의 정치적 갈등이 맞물리면서 일본과 중국의 '혐한류'와 같은 시위가 나타나기도 한다. 더 나아가 유럽과 미국의 한류 팬덤을 과잉 해석하는 방식도 지양해야 할 것이다.

한 세대의 독특한 문화는 그 시대를 살아가는 구성원들의 집단적인 경험과 가치 및 정서들의 총합체라는 '감정의 구조'에 기인한다는 레이먼드 윌리엄스의 말을 빌린다면, 한류 문화는 서구 중심의 문화적 특징과 팝 컬처, 수용자들의 적극적인 참여, 국내 한류 문화 생산 주체들의 역할이 어우러지면서 만들어지는 결과물이라고 봐야 한다. 한류를 초국적 문화 수용으로서의 텍스트이자 글로벌 문화와 로컬 문화의 결합 과정에서 유발되는 대중문화 현상으로 바라보려는 노력이 꾸준히 이루어져야 할 것이다. 지금의 입장이 변화되지 않는다면 유럽에서도, 미국에서도 '혐한류' 붐이 일어나지 않는다는 보장이 없기 때문이다.

이종임, 〈초국적 문화 수용의 텍스트가 필요하다〉, 《씨네 21》, 2014.2.11.

보조 자료

한류 드라마는 한국어, 한국 체제, 한국 이데올로기, 한국 전통, 한국 소비 문화를 외국 시청자의 의식 속으로 투여하고 동화되도록 한다. 한류 드라마는 본질적으로 기존 전통 의식 체계로의 '침투'와 한국 스타일로의 '대체'를 지향한다. 한국적인 것이 더 선진적인 것이라는 가치 체계의 변형, 한국적인 것에 대한 익숙함이라는 문화 체계의 변형을 시도하게 된다. 이는 한류 스타의 언행에 의해, 멋있는 영상에 의해, 잘 짜인 스토리에 의해 수행된다.

한류 드라마가 갖고 있는 가장 큰 속성은 한국 자본주의 체제에 대한 '판타지'를 제시하는 점이다. 세계의 중심은 상류 자산가이고 주인공은 궁극적으로는 그 체제와 화해하고 순응한다. 사회의 모순, 구조적 갈등은 인간 감성에 의해 은폐된다. 한류 드라마처럼 비현실에 리얼리티를 불어넣는 콘텐츠도 드물다. 심지어 한류 드라마의 이야기 구조는 미국 드라마의 그것보다 더 보수적이고 체제 순응적이다.

또한 대부분의 한류 드라마는 '애국애족' 이념을 스토리의 근저에 두고 있다. 모든 장면, 모든 이야기는 국가 체제, 전통 문화, 가족, 사회적 관습에 닫혀 있다. 중화권이 이미 한류 드라마의 문화 제국주의를 의심하고 있다는 점은 시사하는 바가 있다고 본다.

허만섭, 〈한류 드라마의 문화 제국주의〉, 《신동아》, 2009. 10.

기본 과제

1. 윗글에서 이야기하고 있는 '문화 제국주의'라는 용어에 대해 사전이나 책을 찾아 그 개념을 정리해 보자.

2. 읽기 자료 전반부에 나오는 용어, '문화 할인율'의 의미를 조사해 보자. 그리고 이 개념으로 설명할 수 있는 한류 현상에 대해 이야기해 보자.

3. 이 글의 필자는 한류가 문화 제국주의적인 특징을 갖고 있다고 주장하고 있다. 이러한 주장의 근거는 무엇인지 찾아보자. 그리고 이 주장의 타당성에 대해 이야기해 보자.

4. 보조 자료에서 제시하고 있는 한류 드라마의 속성을 정리하고 이것들이 문화 제국주의와 어떠한 관련이 있는지 논의해 보자.

심화 과제

1. 한류가 문화 제국주의를 넘어서기 위해서는 동아시아 국가와 상호 문화 교류가 활발해져야 한다. 현재 국가 정책적으로 실시하고 있는 동아시아 국가와의 문화 교류는 어떤 것이 있는지 조사해 보자.

2. 한류 문화를 즐기는 중국, 필리핀, 말레이시아, 태국 등에서 유행하는 노래나 영화를 찾아보고 감상해 보자.

3. 최근 들어 한류에 대한 혐오감을 표출하는 혐한류(嫌韓流) 현상이 종종 언론에 보도되고 있다. 혐한류의 실체와 원인에 대해 조사해 보자.

4. 윗글에서 거론하고 있는 싸이의 〈강남 스타일〉에 대해서 "23년 전 변진섭의 〈희망사항〉 이래 가장 재미난 남녀 짝짓기 가사"라는 의견이 있다. 〈강남 스타일〉과 〈희망사항〉의 가사를 비교해 보자.

5. 한류 드라마 중 "한국 자본주의 체제에 대한 '판타지'를 제시하는" 작품을 하나 고르고 그 이유에 대해 설명해 보자.

6. 통일의 이상과 현실

남북 분단의 현실은 이 시대 한반도에서 살아가는 이들이 해결해야 할 중요한 문제다. 전쟁을 직접 체험한 기성세대들에 비해 젊은 세대들은 남북 분단에 대해 관심이 덜할 수밖에 없다. 그러나 곰곰 따져 보면 분단 상황은 우리 삶에 많은 영향을 미치고 있다. 우선 젊은 남성들은 이 년여의 기간 동안 군 복무를 해야 한다. 몸과 마음을 구속하는 군 복무는 젊음이 감당하기에 쉽지 않은 의무다. 그리고 세금의 많은 부분이 국방비로 지출된다. 또한 지척에 있는 북한 땅을 자유롭게 밟을 수 없다. 그만큼 생각의 자유도 위축될 수밖에 없다. 무엇보다 분단이 우리 삶에 미치는 큰 영향은 전쟁 위험에 따른 불안한 안보 상황이다.

젊은 세대들은 한반도의 미래를 책임지고 담당해야 하는 주역이라는 점에서 분단 상황에 관심을 기울여야 한다. 분단 문제를 해소하는 방안으로는 우선 통일이 있다. 통일은 협상 통일, 흡수 통일, 전쟁에 의한 통일 등 여러 가지 방식이 있을 수 있다. 또한 분단 체제를 평화적으로 운영하는 것도 분단 문제의 해소 방안이 될 수 있다. 남북 분단 문제는 주변 국가와의 관계도 고려해야 한다. 미국, 러시아, 중국, 일본 등 주변 열강도 한반도 상황에 깊숙이 개입해 있기 때문이다.

따라서 분단 문제를 해결하기 위해서는 주도면밀한 계획과 지혜가 요구된다.

분단의 세월이 60여 년 지속되어 온 만큼 분단 문제를 해소하는 데에도 적지 않은 시간이 걸릴 것이다. 상황이 어렵다고 모른 체하거나 체념하지 말고 차근차근 쉬운 문제부터 해결해 나가야 한다. 분단 상황이 이 땅을 사는 젊은 세대들에게 중요한 문제인 만큼 분단 체제의 극복 노력은 충분히 가치 있는 일이다.

읽기 자료 1

분단된 지 반세기가 넘기도 했고 또 현실 생활에 쫓기다 보니, 그리고 분단 과정과 동족상잔인 6 · 25전쟁을 직접 겪은 세대가 점점 줄어들다 보니, 민족 구성원 일반, 특히 젊은이들의 분단 고통에 대한 인식과 통일 문제에 대한 관심이 줄어들고, 심지어는 구태여 통일할 것 있느냐, 지금같이 남녘은 남녘대로 북녘은 북녘대로 살면 되지 않은가 하고 생각하는 사람들이 많아져 간다는 우려가 있는 것 또한 사실입니다.

그러나 1945년 해방 후부터의 불행한 우리 분단 시대 역사를 되돌아보면 2000년의 6 · 15남북공동선언과 2007년의 10 · 4남북공동선언이 나온 10년 동안을 제외하고는, 남북 관계가 항상 원수처럼 서로 대립해 왔고, 또 남북 사이에 크고 작은 분쟁들이 일어나 긴장이 계속되는 상황이었습니다. 창피하게도 '극동의 화약고'로 인정되고 있기도 하고요.

수천 년을 함께 살아온 동족 사회가 한 때의 실수로 외적에게 강점되었다가 남북으로 분단되어 처절한 동족상잔을 겪고도 세기가 넘도록 세계 유일의 분단 민족 사회로 남아 대립과 분쟁과 증오를 계속함으로써 세상 사람들의 조소 거리가 되어 있는 겁니다. 흔히 유구한 반만년의 역사를 가진 문화민족으로 자부하면서 말입니다.

이 같은 분단과 대립과 증오가 계속되는 한, 세계사적으로는 냉전 체제가 해소되었는데도 우리 땅 남북 관계가 냉전 주의적 상황에 머물러 있는 한, 21세기에도 우리 땅은 계속 '극동의 화약고'로 남게 될 겁니다. 그리고 남북이 모두 힘에 겨운 군사력을 유지해야 할 것이며, 젊은이들에게 들씌워진 어쩔 수 없는 괴로운 의무 병역제는 언제까지나 계속될 수밖에 없을 겁니다.

지금으로부터 60여 년 전에 대학생이었던 필자는 1학년을 마치고 군대에 가야 할지, 아니면 2학년을 마치고 입대해야 할지, 그도 아니면 졸업을 하고 병역 의무를 다해야 할지 고민했던 기억이 지금도 생생합니다. 결국 졸업을 한 학기 남겨두고 입대했지만, 그때로부터 반백 년이 더 지난 지금에도 손자 뻘인 우리 젊은이들이 꼭 같은 고민과 희생을 강요당하고 있는 것이 현실이지 않습니까.

60여 년 전에 필자가 겪었던 분단 민족 사회의 일원으로서의 고뇌가 손자 세대까지 그대로 계속되고 있는 겁니다. 이 얼마나 안타깝고도 불행한 일입니까. 의무 병역 문제는 앞으로 또 얼마나 많은 이 땅의 젊은이들이 어쩔 수 없이 겪어야 할 고민거리가 되어야 할까요, 어리석고도 한심한 일이 아닐 수 없습니다.

흔히 경쟁 상대국으로 치는 이웃 나라 일본이나 중국의 젊은이들은 병역이 의무제가 아니고 지원제입니다. 가고 싶은 사람만 상당한 보수를 받고 직업 삼아 가는 것이지요. 오랫동안 같은 문화권 안에서 살아온 '동양 3국' 중에서 우리 땅 남북의 젊은이들만이 21세기가 된 시점에서까지 반드시 병역 의무를 다해야 하는 처지에서 '언제쯤 입대해야 할까'를 고민하고 있는 겁니다.

한시가 귀중한 인생의 꽃이라 할 꿈 많고 할 일 많은 20대 초반의 모든 젊은이들이 남녘은 2년 가량, 북녘은 더 길게 제 능력을 제대로 발휘할 수 없고, 어제까지의 일은 모두 '백지(白紙)'인지 '백치(白痴)'인지로 돌리기를 강요받는 괴로운 병영 생활을 의무적으로 해야 하는 것은 안타까운 일이 아닐 수 없습니다.

…(중략)…

일반적으로 기성세대는 젊은 세대가 자기와 같은 역사의식 및 민족의식을 가지기를 바라기 마련입니다. 그러나 그것은 대단히 잘못된 생각입니다. 기성세대와 젊은 세대가 사는 시대가 다르기 때문입니다. 남북 분단 및 남북 대결과 동족상잔 시대의 주역이었던 기성세대의 역사관과 민족관이 그대로 평화 통일 달성의 주역이 돼야 할 젊은 세대에게 교육되고 전승되는 것은 대단히 잘못된 일입니다.

기성세대와 젊은 세대의 역사관이나 민족관이 같아질 수 없지만, 만약 독재 정권 등에 의해 같아져야 한다고 강요하는 상황이 되면 기득권을 가진 기성세대 쪽으로 같아질 가능성이 높기 마련입니다. 그러나 그것은 분명 역사를 퇴보시키는 일입니다.

20세기적 인간형인 기성세대가 가졌던 남북 대결과 동족상잔 과정에서 체득된 대결 의식과 원한은 새로운 시대 21세기를 살아야 하는 젊은 세대에게 전해지지 말아야 합니다. 주로 20세기를 산 기성세대의 한 사람인 필자가 특별히 강조하고 싶은 일입니다.

– 강만길, 《분단 고통과 통일 전망의 역사》, 선인, 2013.

보조 자료

내 딸은 1991년 열한 살 때 나와 함께 미국으로 건너갔습니다. 그 아이는 또래의 한국 아이들이 대개 그렇듯이 영어를 많이 공부하지 못한 채로 갔습니다. 나는 미국의 중학교에 들어간 딸이 한동안 힘든 생활을 했을 것으로 짐작합니다. 동무들의 언어와 생김새가 달라 심한 소외감을 느꼈을 것이기 때문입니다. 그런데 미국의 중학교에 입학한 지 한 주일이 못 되어 내 딸은 밝은 얼굴을 하고 돌아와 나에게 베이징에서 온 중국 아이를 친구로 사귀게 되었노라고 했습니다.

대단히 반가웠지요. 상대가 중국 아이라면, 언어 소통은 여전히 자유롭지 않다고 하더라도 적어도 생김새만은 비슷해서 약간의 동질감은 느껴질 것으로 판단되었기 때문입니다. 영어를 익히고 있던 그 즈음은 내 딸에게나 중국 소녀에게나 참으로 어려운 시절이었을 것입니다. 집에서 중국 소녀 얘기를 자주 하던 딸아이는 하루는 나에게, 그 애의 할아버지가 한국전쟁 때 우리를 도와주다가 전사했다는데, 우리가 그때 중국군의 도움을 받았느냐고 물었습니다.

나는 웃는 것으로 대답을 대신했습니다. 한국 전사(戰史)를 잘 알 리 없는 딸에게 진상을 설명해 주기에는 때가 이른 것으로 판단되었기 때문입니다. 나는 한국전쟁 이야기 대신 우리 문화가 중국 문화와 얼마나 가까운지 설명해 주었습니다. 한국전의 실상을 알면 딸이 중국 소녀에게 편견을 가질까 두려웠기 때문입니다.

1년쯤 지났을 때 두 소녀는 아주 단짝 친구가 되어 있었습니다.

그 때에 이르러서야 나는 비로소 딸에게 물어보았지요.

"그 애의 할아버지가 우리 적이었어도 너와 그 애 사이는 변함없겠니?"

그러자 딸은 '이제 우리는 단짝 친구가 되었으므로 어떤 것도 나와 그 애를 갈라놓을 수 없다'라고 대답하더군요.

나는 그제야 딸에게 한국전쟁 이야기를 들려주었습니다.

"한국전이 우리와 미국, 북한과 중공의 편싸움이 되었다는 것은 너도 알게다. 그런데 중공은 지금의 중국이다. 베이징에서 왔다는 네 친구의 할아버지는 중공의 의용군이었을 것이므로 우리의 적이었던 셈이다. 내 숙부 한 분도 사실은 중공군과의 싸움에서 전사했는데 어쩌면 네 친구 할아버지들과 싸우다 전사했을 지도 모른다."

그런데 그 뒤 내가 보기에 참으로 반가운 일이 벌어졌습니다. 두 아이의 사이가 벌어지기는커녕 그 이전보다 더 가까워진 것입니다. 불행했던 두 나라의 역사가 한국 아이와 중국 아이의, 어렵던 시절의 가슴을 터놓은 만남을 조금도 방해하지 못했다는 사실이 나에게는 기분 좋은 놀라움을 안겨 주었습니다.

내가 4년째 머물고 있는 미국의 미시간 주립 대학 국제 대학에서 한국 통일 문제에 관한 심포지엄이 열리던 지난해 어느 날 만찬석장에서 나는 두 소녀 이야기를 했습니다. 내 결론은 소박합니다.

"딸아이는, 어째서 중공군의 손녀와 친구가 되면 난처해지는가를 따지기 전에 이미 그 소녀와 사랑에 빠지고 말았다. 내 딸은 무지했는가? 그럴지도 모르지만 나는 딸의 무지를 아름답게 여긴다. 어느 시인의 말마따나 '나비가 바다를 조금도 무서워하지 않는 것은 그 수심(水深)을 모르기 때문'일지도 모른다. 새는 제 몸무게를 모르기 때문에 어쩌면 하늘을 더 잘 나는지도 모른다. 사람은 어디를 향하고 어떻게 올라가고 있는지 모를 때 어쩌면 가장 높이 올라갈 수도 있다는 말도 있다. 남북은, 사랑에 빠지는 줄도 모르는 채 사랑에 빠질 수는 없는 것인가? 그렇게 만들 수는 없는 것일까? 사랑에 빠지는 줄도 모르는 사이에 사랑에 빠지게 하는 일, 나는 예술이 이것을 성취시키는 데 큰 몫을 할 수 있다고 믿는다."

그러나 그 이야기는 몇몇 학자들에 의해 순진한 발상이라는 비판을 받음으로써 부적절한 것으로 판명되는 듯했습니다.

나는 시인스러운 사람이므로, 따라서 학자가 아니므로, 통일 문제에 관한 여러 학자들의 이론적인 논쟁을 논리적으로 논박하고 싶다는 생각을 가지고 있지는 않습니다. 그러나 솔직하게 말해서, 통일의 문제를 이론적 필연성으로만 풀어내느라고 논리의 칼만을 휘두르는 학문적 방법론의 폭력이 오만하게 느껴졌던 것은 부정하지 않겠습니다. 이런 느낌은, 재회의 노력은, 갈라져 산 사람들의 마음을 여는 데서 시작되어야 할 것이라는 나의 소박한 믿음에서 시작됩니다. 나는 어느 한쪽이 다른 쪽을 논리적으로 승복시킴으로써, 갈라섰던 부부가 재결합하게 된 사례를 별로 알지 못합니다. 그래서 나는 내 딸에게 일어났던 일을 대뜸 조그만 변역(變易)의 반열에다 놓아 봅니다.

– 이윤기, 〈서문: 변역을 찾아서〉, 《하늘의 문》, 열린책들, 2012.

기본 과제

1. 두 글의 필자들은 6 · 25전쟁을 직접 겪은 기성세대들에 비해 젊은 세대들은 북한에 대해 대결 의식과 원한이 없다고 말한다. 따라서 그들은 젊은 세대들에게서 통일의 희망을 찾고 있다. 자신과 친구들의 북한관을 돌아보고, 젊은 세대들에 대한 필자들의 생각이 맞는지 검토해 보자.

2. 윗글에서 독재 정권 등은 젊은 세대에게 기성세대의 역사관과 민족관을 강요한다고 말하고 있다. 독재 정권이 남북 대결과 동족 상잔 과정에서 기성세대가 체득한 대결 의식과 원한을 젊은 세대에게 전하려는 이유는 무엇인가?

3. 1990년대 후반에 태어난 요즈음 대학생들이 1933년생인 필자와 비슷한 고민을 하고 있다는 사실은 놀라우면서도 안타깝다. 이러한 상황에 대해 어떻게 생각하는가? 그리고 여러분도 필자처럼 의무 병역 문제를 분단 문제와 연관하여 생각하는가?

4. 보조 자료의 필자는 '두 소녀 이야기'와 '부부의 재결합' 이야기를 근거로 갈라선 남북 관계는 논리적 승복이 아닌, 마음을 여는 데서 시작해야 한다고 말한다. 여기서 필자가 든 근거는 '순진한 발상'인가, 아니면 인정할 부분이 있다고 생각하는가?

심화 과제

1. 6 · 25 전쟁의 휴전일을 아는가? 대부분의 사람들이 6 · 25 전쟁의 발발일은 명확히 기억하지만 휴전일은 알지 못한다. 이러한 현상은 어떻게 설명해야 하는지 이야기해 보자. 덧붙여 6 · 25 전쟁의 명칭으로는 무엇이 좋은지 논의하자.

2. "시인스러운 사람"은 정치학자나 경제학자와는 다르게 통일을 바라본다. 그들의 관점은 "순진한 발상"이라고 비판받지만 중요한 통찰이 담겨 있을 수도 있다. 문학 작품이나 영화 중에서 분단 상황이나 통일을 다룬 작품을 찾아보고 그 중에 통일에 대한 중요한 통찰이 담겨 있다고 생각하는 작품에 대해 발표해 보자.

3. 군 의무 복무제는 오늘날 젊은 세대들이 가장 크게 치르고 있는 분단 비용이다. 그 외에 우리가 치르고 있는 분단 비용에는 어떤 것이 있는지 그리고 그것이 초래하고 있는 결과는 무엇인지 조사해 보자.

4. 초등학교 때 반공 포스터를 그리거나 반공 표어를 만들어 본 적이 있는가? 부모님 세대는 어떠했는지 부모님께 여쭤 보자. 그리고 당시 반공 표어에는 어떤 것이 있었는지 조사해 보자.

"우리의 소원은 통일, 꿈에도 소원은 통일……." 우리가 살아오면서 그토록 간절하게 불러 왔던 노래의 한 소절이다. 같은 민족이기에 그리고 원래부터 한 나라였기에 통일은 지상 과제로, 이에 반하는 사고는 용납되지 않는 분위기 속에서 우리는 살아왔다. 강한 민족주의 전통은 모든 것에 앞서서 통일에 최우선의 가치를 부여하게 했다. 그러나 독일 통일을 바라보면서 우리가 지금까지 아무런 의심 없이 받아들였던, 남한과 북한이 한 민족이라는 사실을 다시 생각하게 되는 것이다. 의심할 여지 없이 남한과 북한은 과거 통일 신라 시대 이후 단일 민족으로서, 그리고 한 국가의 국민으로서 과거의 역사와 경험을 공유해 왔다. 그러나 이제 우리는 분단 이후에 남한과 북한이 전혀 다른 길을 걸어왔다는 것을 진지하게 고려해야 할 때가 된 것이다. 흔히 남북한의 이질화를 이야기하지만 우리는 이것이 장차 통일 마당에서 어떤 영향을 미칠지 진지하게 고려하지 못하고 있다. 아니 통일에 방해가 된다는 이유로 논의하는 것 자체를 금기시해 온 경향이 있다.

"같은 것은 같이 살아야 합니다."

동방 정책을 통해서 독일 통일의 기초를 다졌던 빌리 브란트의 말이다. 그가 이런 말을 했을 때는 이 말의 진위에 대해 한 점의 의심도 없었을 것이다. 그러나 그는 당시 동독이 전형적인 사회주의 국가였다는 것을 간과하고 있었다. 그들은 '체제'와 '이념'보다 '동족'이 앞선다고 생각했다. 마찬가지로 통일 당시의 서독 정치인들은 동독인들도 자신들과 같은 사람들이기에 서독에서 했던 대로만 하면 동독도 서독과 같아질 것이라는 무의식적인 착각 속에 있었던 것이다. 그러나 이제 그것은 치명적인 착각이었다는 것이 증명되었다. 이를 통해서 체제와 이념 앞에 막연한 동족 개념이 얼마나 허망한 것인가를 알게 되었다.

…(중략)…

여기서 도대체 북한과 남한 사람들이 공유하는 가치와 문화가 몇 가지나

될까? 남북한 사람들의 정신을 해부해 보면 서로 완전히 다르다는 것을 알 것이다. 대체 무슨 근거로 우리를 같은 문화와 사상을 공유한 동족이라고 말할 수 있는가? 결국 우리는 다음과 같은 결론에 다다르게 된다.

남한과 북한이 과거에 한 국가를 이루었던 한 민족이었던 것은 확실하다. 그러나 지금까지도 같은 가치와 문화를 공유하는 한민족 공동체인가를 묻는다면 그 대답은 명백히 달라져 있다.

"남한과 북한은 같은 민족이라고 보기에는 전혀 다른 가치와 문화, 사상을 갖고 있다. 우리는 언어와 외모를 빼고 나면, 나머지에선 같은 점이 거의 없다. 서로 다른 정체성을 갖고 있음에도, 같은 민족이라는 명분만이 우리를 묶고 있을 뿐이다."

결국 브란트의 말처럼 통일이 '같은 것을 같이 살게 하는 것'이라면, 우리가 이제 이토록 달라져 있는데 통일이 도대체 왜 필요한 것인가를 되묻게 된다.

– 서울대학교 행정대학원 통일정책연구팀, 《남과 북 뭉치면 죽는다》, 랜덤하우스 중앙, 2005.

보조 자료

인간적인 동독, 평등했던 동독

통일이 되고 나서 동독 지역의 정치와 경제가 완전히 변했어요. 그런데 그 변화가 동독 사람들이 이해하기에는 너무 복잡하고 낯설었어요. 예를 들자면 의료 보험 제도 같은 것 말이에요. 동독 시절에는 누구나 차별없이 의료 혜택을 받을 수 있었고 필요한 행정 절차는 기관에서 알아서 다 해줬거든요. 대개 고만고만한 금액의 건강 보험료를 내면 모든 의료 혜택을 받을 수 있었는데, 통일이 되고 나서는 갑자기 보험료가 껑충 뛴 거예요. 사실 동독은 사회보장제도 하나는 잘된 나라였거든요. 자녀가 있는 여성들도 국가에서 운영하는 어린이집이나 유치원에 아이를 맡겨 놓고 별 문제 없이 직장을 다닐 수 있었어요. 근데 지금은 그렇게 하려면 모두 자기 돈으로 해야 돼요. 그러니 여성들이 애를 낳고 직장을 다닌다는 게 엄청난 짐이 되어버렸죠. 의료보험료도, 어린이집이나 유치원 등록비도 완전히 개인이 부담해야만 하니까요. 게다가 쓸데없이 복잡한 규정들이 많아져서 어떤 서류가 필요한지, 어느 관청에 가야하는지 등등을 많이 알아야 해요. 이젠 병이 나면 아픈 것을 걱정하는 게 아니라 보험 혜택이 어디까지 적용되는지, 어떤 절차로 보험비를 타내야 하는지 걱정해야 하는 형편이 되었다니까요. 아니, 사람이 지금 아파서 죽어 가는데 무슨 그런 오만 가지 규정들을 살펴야 하느냐고요. 돈도 없고 아는 것도 없으면 아프지도 말라는 거예요? 이런 자본주의 사회에서는 돈 있는 사람만 치료도 받고 다른 혜택들도 받을 수 있는 거잖아요. 솔직히 돈이 없어 치료도 못 받는 실업자들이 어디 한둘인가요? 이런 점만 생각해 봐도 옛 동독 시절에는 누구나 평등했다고 하는 말이 틀린 게 아니죠.

저희 엄마 아빠는 늘 말씀하세요. 동독은 인간적인 사회였다고요. 어려운 일이 있을 때 서로 도와주는 그런 따뜻한 사회 말이에요. 그런데 요즘은 안 그렇잖아요. 공동체 의식? 그건 이제 옛말이죠. 그래도 서독 지역에 비하면 아직까지 동독 지역에 그런 따스함과 인정이 좀 더 남아 있기는 해요. 우리 엄마는요, 외할머니께서 직장에 다니셔서 태어나자마자 영아를 위한 어린이집에 보내졌대요. 그래서 낮에는 어린이집에서 보냈고, 저녁이 되면 외할머니께서 엄마를 데리러 오셨대요. 그러니 엄마는 당연히 또래 친구들과 더 많은 시간을 보냈고, 그래서 공동체를 중시하는 가치관을 갖게 되신 거죠. 반면 서독은 전업 주부로 있는 엄마들이 많아서 아이들이 친구들과 같이 보내는 시간보다 엄마와 보내는 시간이 더 많잖아요. 그래서 자연스럽게 개인주의적인 정서를 습득하게 되는 것 같아요. 어렸을 때부터 어린이집과 유치원, 다른 많은 활동 조직에서 생활했던 동독의 어린이들과 청소년들은 아무래도 좀 더 자연스럽게 공동체 문화를 익히지 않겠어요? 그게 제 생각이에요.

물론 동독 시절에도 불편한 점들이 많았겠죠. 전자 제품을 하나 장만하려 해도 몇 달을 기다려야 했고, 자동차를 사려 해도 수년을 기다려야 했고요. 그런 물질적인 면에서 보면 동독이 서독보다 풍요롭지는 못했지만 그래도 생활의 질적인 면에서는 우수했대요. 그것은 사회 복지 제도만 보더라도 알 수 있는 거죠.

– 김누리 · 노영돈 · 박희경 · 도기숙 · 이영란 지음, 《나의 통일 이야기》, 한울아카데미, 2006.

기본 과제

1. 윗글의 필자는 남한과 북한을 현재 한민족으로 보기는 어렵다고 말한다. 우선 민족을 어떻게 정의 내리면 좋을지 논의해 보자. 그리고 남한과 북한을 한민족으로 보기 어렵다고 주장하는 필자의 근거를 검토해 보고 각자의 생각을 이야기해 보자.

2. 남한과 북한의 이질성을 극복하기 위한 방안으로는 무엇이 있을지 이야기해 보자.

3. 보조 자료는 우리나라 인문계 고등학교 2학년에 해당하는 김나지움 11학년에 재학 중인 동독 출신 독일 청소년의 이야기다. 그는 동독 출신으로서 통일 후의 달라진 문화에 대해 말하고 있다. 통일 당시, 그는 네 살 된 아이였기에 그의 동독에 대한 기억은 대부분 부모로부터 물려받은 것이다. 그는 부모의 인식을 받아들여 동독을 인간적인 사회, 통일 독일을 돈만 아는 사회로 구분하여 바라본다. 이러한 인식에 대한 자신의 생각을 말해 보자.

4. "우리의 소원은?"이라고 물으면 우리는 "통일!"이라고 무의식적으로 답한다. 〈우리의 소원〉이란 노래가 그만큼 우리의 머릿속에 각인되어 있기 때문이다. 이 노래에는 남한과 북한은 한민족이기 때문에 통일해야 한다는 생각이 담겨 있다. "남한과 북한은 통일해야 한다"의 주장의 이유로서 "남한과 북한은 한민족이기 때문이다"는 타당한가? 이에 대해 논의해 보자.

심화 과제

1. 영화 〈굿바이 레닌〉(볼프강 베커, 2003)은 통일 독일이 상실한 동독 사회의 가

치를 동독인의 시각에서 보여 주는 영화이다. 그리고 〈타인의 삶〉(플로리안 헨켈 폰 도너스마르크, 2007)은 비밀경찰을 동원하여 지식인들의 사생활을 감시했던 동독 정부의 치부를 드러낸 영화이다. 이 두 영화를 감상하고 상이하게 표현된 동독의 이미지를 검토해 보자.

2. 재일 교포 양영희 감독이 만든 영화, 〈디어 평양〉(2006)과 〈굿바이 평양〉(2009)을 감상해 보자. 이들 영화에는 사회주의 이념의 가치를 구현하는 사회로서 북한과 감시 사회로서 북한의 이미지가 공존한다. 영화에 표현된 두 이미지를 통해 북한 사회에 대해 이야기해 보자.

3. 과거 북한의 삶과 현재 남한의 삶에 관한 탈북자의 증언 자료를 찾아 읽어 보고, 보조 자료의 독일 청소년의 증언과 비교해 보자.

4. 윗글은 독일 통일은 실패였다는 전제 아래 논의를 펼치고 있다. 독일 통일의 결과에 대해 조사해 보고 이 글의 전제에 대해 이야기해 보자.

읽기 자료 3

통일을 해야 하는 이유와 문제점을 보기 위해서는 분단 비용, 통일 비용, 통일 편익 등의 개념들이 도움이 된다. 분단 비용이라 함은 우리 민족이 두 개의 국가로 분단되어 있음으로 인해 지불해 왔고, 현재 지불하고 있는 모든 비용을 말한다. 이것은 분단에 따른 정신적 · 물질적인 비용은 물론, 분단을 관리하기 위한 직접 · 간접 비용을 모두 포함한다.

통일 비용이란 통일을 하고 정치적으로 하나의 안정된 공동체를 만들고 유지해 나가기 위해 지불해야 할 유형 · 무형의, 그리고 직접 · 간접의 모든 비용을 말한다.

통일 편익이란 분단 체제하에서는 가능하지는 않았으나 통일을 함으로써 얻을 수 있는 통일의 이익 배당금이다. 이것은 다르게 표현하면 분단으로 인해 할 수 없었던 것, 즉 분단의 기회비용이기도 하다.

…(중략)…

경제적인 문제 이외에도 통일을 할 경우 해결해야 할 문제가 많다. 첫째로 북한 지역의 민주화 문제이다. 북한 주민들은 역사적으로 한 번도 민주주의를 경험해 본 적이 없다. 더구나 김일성 · 김정일 부자에 의한 철저한 통제의 경험은 개인을 원자화시켜 놓았고, 이것은 남한 주민들이 일제로부터 해방되던 상황보다 오히려 더 민주주의의 발전에 어려운 상황을 만들어 놓았다. 이에 더하여 이러한 정치 체제가 낳은 정치 · 문화적 차이로 남북한 주민 간의 차별성은 더욱 부각될 것이고, 이로 인해 그 어려움은 증폭될 것이다.

둘째, 남북한의 무력 기관 통합 문제와 과거 청산 문제이다. 특히, 동족끼리 전쟁이 없었던 독일의 통일 과정과 달리 동족 간의 전쟁과 장기간의 적대 관계를 겪었던 우리에게 북한의 군인, 국가안전보위부와 인민보안부 요원들의 처리 문제, 과거사 문제 등은 심각한 정치 · 사회 문제화될 수 있다. 이 중 어느 하나도 자칫 잘못하면 엄청난 부정적 파급 효과를 초래할 수 있는 문제들이다. 1990년 5월 평화적 타협으로 통일한 예멘이 4년 후인 1994년 5월 분리를 선언하였고, 곧 내전으로 치달을 수밖에 없었던 것은 이 문제가 얼마나 중요한가를 웅변해 주고 있다. 이 내전으로 예멘은 7,000여 명의 사상자가 발생하였고 130억 달러 이상의 물적 피해를 입었다. 또한 베트남이 무력으로 통일한 후 사회 통합 과정에서 약 90만 명이 '보트 피플'(boat people)이 되어 해외로 탈출한 것도 주목할 일이다. 특히, 현재 북한이 100만이 넘는 정규군을 가지고 있는 점은 만일 남북한이 독일과 같은 방법으로 군대를 통일한다면, 그 문제가 얼마나 심각할지 짐작해 볼 수 있다.

독일의 경우 통일 이전 동독의 인민군은 17만 3,000명, 국경 수비대는 4만 7,000명, 국가 보위부인 슈타시(Stasi)가 정규 요원 8만 5,000명을 가지고 있었다. 이 중에서 국경 수비대와 슈타시는 통일 과정에서 조직 자체가 해체되었고, 인민군 중 장성급은 전원 권고 방식으로 전역되었으며, 통일 전야에 약 절반의 인민군이 근무 해제되었다. 통일 당시 약 9만 명이었던 동독 군인 중 최종적으로 통일 독일의 군인으로 남게 된 수는 1만 1,000명에 불과하였다. 이로써 과거 동독의 군인 중 단지 6.3%만 통일 독일의 군인으로 남게 된 것이다. 우리의 경우가 독일과 같을 수는 없겠지만, 군대를 그대로 통합한 예멘이 내전을 겪었던 전철을 밟지 않기 위해 독일과 유사한 방법을 사용할 수밖에 없을 것이며, 이렇게 될 때 남북한의 군대 통합 문제가 얼마나 힘든 과제인지 알 수 있다. 뿐만 아니라 북한의 고급 당원, 국가안전보위부와 인민보안부 요원 등에 대한 문제들도 어느 하나 군대의 통합 문제보다 결코 쉽지 않은 문제이다.

셋째, 남북 간의 사회 통합 문제 또한 중요한 문제가 될 것이다. 독일의 경우에도 구동독 주민들이 서독 주민들로부터 받은 '이등 시민'적 취급은 동독 주민들로 하여금 통일된 것을 후회하도록 만드는 가장 큰 요소가 되었다.

발생 가능한 사회 통합 문제들을 개괄해 보면, 남북 주민들이 그간의 제도적 차이에 의해 발생한 의식 차이가 낳을 문제, 언어의 차이에 의해 일어날 수 있는 문제, 북한 주민들의 생산성이 우리와 비교할 수 없을 정도로 낮기 때문에 그들에게 생산성에 입각한 임금이 지급되었을 경우 일어날 수 있는 자존심 및 상대적 박탈감 문제, 탈북자들의 경우에서 이미 드러난 바와 같이 남한 주민들의 북한 출신 주민들에 대한 차별에 따른 문제, 사유 재산 제도를 가져보지 못하였던 것에서 발생할 수 있는 혼란과 범죄 문제, 그리고 현재 북한의 경제난으로 인해 발생할 수밖에 없었던 도덕심의 붕괴에 따른 문제 등이다.

넷째, 법과 제도의 차이에 의한 갈등도 만만치 않다. 아직까지 북한 지역의 땅 문서를 보관 중인 실향민들이 북한 내 과거 자기 땅의 소유권을 주장하면, 현재 거주자들과 분쟁이 생길 것은 필지의 사실이다. 또한 탈북자들이 한국에 정착한 뒤 가장 크게 불만으로 여기는 문제 중 하나인 북한에서의 학습 경력 및 능력 인정 문제도 쉽지 않은 문제이다. 우리가 무작정 북한의 학제를 외면하는 것은 사회 통합 과정에서 바람직하지 않을 것이다. 그렇다고 북한에서의 교육 내용을 고스란히 인정하는 것도 현실적으로 무리가 따를 수밖에 없다.

다섯째, 학문과 예술의 통합 문제도 적지 않을 것이다. 통일이 되었을 경우 북한의 역사, 문학, 음악, 미술 등의 분야에서 존재하는 이데올로기적 편향성을 어떻게 통합할 수 있을지는 심각하게 제기될 문제이다.

이들을 모두 통일 비용으로 계산하면, 우리는 통일이 부담스러울 수밖에 없다. 실제로 독일이 통일을 이루어 나가는 과정을 지켜보면서 우리는 한편으로 부러워하면서 다른 한편으로 그 비용을 우려하기도 하였다. 그러나 비록 적지 않은 통일 비용이 소요된다고 하더라도 분단 비용은 우리가 통일을 이룩하지 않는 한 지속적으로 지불해야 할 금액이지만, 통일 비용은 시간이 지남에 따라 점차적으로 줄어들 수 있는 비용이다.

특히, 위의 논의에서 보았듯이 통일 비용의 문제란 남북한 간 소득 격차를 어떻게 그리고 얼마나 빨리 해소하느냐의 문제이고, 이것은 정치 지도자의 정치력의 문제이기도 하고, 남북 간 주민들의 신뢰 문제이기도 하다. 따라서 통일 비용이 너무 커서 우리 경제가 몰락할 수밖에 없기 때문에 통일할 수 없다는 주장도, 통일 비용이 무시할 수준이기 때문에 바로 북한을 흡수할 수 있다는 주장도 옳지 않다. 이것은 우리가 서로 믿고 지혜롭게 해결해 나간다면 통일의 편익이 비용보다 훨씬 더 크다는 것이다. 그래서 아직도 '우리의 소원은 통일'이 유효하다.

하상식, 《남북한의 통일 딜레마》, 해남, 2012.

기본 과제

1. 윗글에서 제시한 "경제적인 문제 이외에도 통일을 할 경우 해결해야 할 문제" 중, 가장 해결하기 어려운 문제는 무엇인지 꼽아 보자. 그렇게 생각한 이유는 무엇인가?

2. 이 글에서 제시한 '문제' 는 남한 주민의 입장에서 생각한 것이다. 북한 주민의 입장에서 가장 해결하기 어려운 '문제'는 무엇이라고 생각하는가?

3. "우리가 서로 믿고 지혜롭게 해결해 나간다면 통일의 편익이 비용보다 훨씬 더 크다"는 이 글 필자의 주장에 동의하는가. 만약 통일의 편익이 분단과 통일 비용보다 적다면 통일 노력은 철회되어야 하는가?

심화 과제

1. 윗글에서 제시한 '문제' 중에서 지금부터 해결해 나갈 수 있는 사항이 있다면 어떤 것인가. 구체적으로 어떻게 해결할 수 있는지 이야기해 보자.

2. 남한과 북한이 각각 내세우고 있는 통일 방안에 대해 조사해 보자.

3. 남한의 각 정당 혹은 정파에서 제기하고 있는 통일 방안에 대해 조사해 보자.

4. 〈활동자료〉로 주어진 설문에 응답하고 반 전체의 결과를 분석해 보자. 그리고 주요 문항에 대한 의견에 대해 토론해 보자. 그리고 설문 결과를 분석하는 글을 써 보자.

2011 대학생 통일 의식 조사

1. 귀하는 60여 년 동안 분단된 한반도가 통일이 되어야 한다고 생각하십니까?

① 반드시 통일이 되어야 한다 ② 통일이 되었으면 좋겠다
③ 통일이 안 되었으면 좋겠다 ④ 통일이 되면 절대로 안 된다
⑤ 통일 문제에 관심 없다

1-1. (1번 문항에서 ①, ②번을 택한 분만 답해 주세요)
통일이 되어야 한다면 그 이유는 무엇이라고 생각하십니까?

① 민족의 동질성 회복 ② 긴장 완화와 동아시아 평화 증진
③ 경제 성장 ④ 국가 위상 제고
⑤ 기타 (_______)

1-2. (1번 문항에서 ③, ④ 번을 택한 분만 답해 주세요)
통일이 되지 않아야 한다면 그 이유는 무엇이라고 생각하십니까?

① 경제 부담(통일 비용, 세금 등) ② 체제 이질성으로 인한 사회 혼란 야기
③ 문화 · 정서적 이질성 ④ 지금 이대로가 좋다고 생각한다
⑤ 기타 (_______)

2. 귀하는 북한이 우리에게 어떠한 대상이라고 생각하십니까?

① 매우 협력해야 할 대상 ② 협력해야 할 대상
③ 경계해야 할 대상 ④ 매우 경계해야 할 대상
⑤ 잘 모르겠다

3. 귀하는 다음 중 남북 관계 개선을 위한 최우선 과제가 무엇이라고 생각하십니까?

① 남북 간 경제 협력　　② 남북 간 군사적 긴장 완화
③ 남북 간 정치적 신뢰 구축　　④ 남북 간 사회 문화 교류 확대
⑤ 국제 사회의 협력　　⑥ 기타(______)

4. 귀하는 다음 중 남북한이 통일을 하는 데 가장 저해가 되는 나라는 어디라고 생각하십니까?

① 남한　② 북한　③ 미국　④ 중국　⑤ 일본　⑥ 러시아

5. 귀하는 다음 중 통일 후 예상되는 가장 큰 문제점은 무엇이라고 생각하십니까?

① 사상의 차이로 인한 갈등　　② 경제적 혼란　　③ 생활 문화 차이
④ 언어 이질성　⑤ 주변국과의 이해 관계 상충　　⑥ 기타(______)

6. 최근 한반도 정세 속에서 한-미 간, 북-중 간 동맹이 강화되고 있습니다. 귀하는 향후 한반도 통일 과정에 있어서 이러한 전개가 도움이 된다고 생각하십니까?

① 매우 도움이 됨　　② 약간 도움이 됨　　③ 별로 도움이 안 됨
④ 전혀 도움이 안 됨　　⑤ 잘 모르겠다

7. 귀하는 한반도 평화 체제 정착을 위해 남북 및 주변 국가들이 우선적으로 해결해야 할 사안이 무엇이라 생각하십니까?

① 북핵 폐기　② 종전 선언을 통한 평화 협정 체결　③ 북미 관계 정상화
④ 6자회담 제도화　⑤ 기타 (______)

8. 귀하는 총선 및 대통령 선거 투표 시 대북 정책을 어느 정도 고려하십니까?

① 매우 고려한다 ② 약간 고려한다 ③ 별로 고려하지 않는다
④ 전혀 고려하지 않는다 ⑤ 잘 모르겠다

8-1 (8번 문항에서 ①, ②번을 택한 분만 답해 주세요)
귀하는 선거 시에 어떤 대북 정책을 펼칠 후보를 지지하실 생각이십니까?

① 매우 강경한 대북 정책 ② 다소 강경한 대북 정책
③ 다소 유화적인 대북 포용 정책 ④ 매우 유화적인 대북 포용 정책

9. 귀하는 현 남북 관계 상황에서 정부의 인도적 대북 지원이 필요하다고 보십니까?

① 매우 필요하다 ② 다소 필요하다 ③ 그저 그렇다
④ 별로 필요하지 않다 ⑤ 전혀 필요치 않다

10. 북한의 김정은 체제로의 이행에 대해서 어떻게 생각하십니까?

① 긍정적이며, 비판해서는 안 된다
② 북한이라는 국가의 특성으로서 이해해 줘야 하며, 비판해서는 안 된다
③ 부정적이고 비판받아 마땅하지만, 남북 관계 악화를 고려하여 강력한 비판은 자제해야 한다
④ 부정적이며, 강력히 비판해야 한다 ⑤ 잘 모르겠다

11. 귀하가 바라는 남북 관계의 최종 형태는 무엇입니까?

① 완전한 통일 국가 형태 ② 과도적 국가 연합 형태(1국가 2정부 형태)
③ 평화적 분단 형태(자유로운 왕래 가능) ④ 대립적 분단 상태(현 상태)
⑤ 잘 모르겠다

12. 남북 교류 협력 시 민간 분야의 참여가 어느 정도 필요하다고 생각하십니까?

① 매우 필요하다고 생각한다 ② 약간 필요하다고 생각한다
③ 보통이다 ④ 별로 필요하지 않다고 생각한다
⑤ 전혀 필요하지 않다고 생각한다

13. 최근 북한학의 인기가 식어 가면서 대학교 북한학과가 없어져 가고 있습니다. 대학교의 북한학과 존립을 어떻게 생각하고 있습니까?

① 매우 필요하다 ② 약간 필요하다 ③ 그저 그렇다
④ 별로 필요 없다 ⑤ 매우 필요 없다

14. 귀하는 현재 한반도 통일을 위하여 하고 있는 일이 있습니까?

① 통일 운동에 관련된 활동에 참여하고 있다(단체 회원 가입, 동아리 활동, 강연회 참가 등)
② 현재 통일을 위해서 하고 있는 일은 없지만, 기회가 되면 참여해 볼 의향이 있다
③ 통일을 찬성하는 입장이지만 특별히 할 수 있는 일이 없다고 생각한다
④ 통일에 대한 생각이 부정적이며, 통일 관련 활동에 참여하지 않는다
⑤ 통일에 대해 깊이 생각해 본 적이 없기에 활동에 참여하지도 않는다

15. 귀하는 통일 관련 활동에 참가하신다면 가장 우선적으로 어떤 프로그램에 참가하고 싶습니까?

① 관련 강연회, 토론회 참가 등 ② 관련 대학생 동아리 활동
③ 관련 시민 단체 회비 후원 ④ 새터민과의 교류 활동
⑤ 기타 (_______)

16. 평소 귀하가 통일 · 북한에 대한 정보를 접하게 되는 주요 통로는 무엇입니까? (우선순위 2개 선택)

① 학교 수업 ② 인터넷 ③ TV · 종이 신문
④ 사회 · 시민 단체 ⑤ 가족 · 친구 · 선배 ⑥ 트위터 · 페이스북 등 SNS
⑦ 도서 · 논문 ⑧ 기타(_______)

17. 귀하는 평소 통일 · 북한에 대한 정보를 어떠한 자세로 접하십니까?

① 남북 문제에 관심이 많으며, 매우 적극적으로 찾아본다
② 남북 문제에 관심이 있으며, 가끔 찾아본다
③ 자주는 아니지만 주요 뉴스로 나왔을 때 보는 편이다
④ 관심이 별로 없으며, 거의 찾아보지 않는다
⑤ 관심이 전혀 없으며, 전혀 찾아보지 않는다

18. 귀하는 통일이 언제쯤 되기를 바라십니까?

① 2020년 이내 ② 2030년 이내 ③ 2040년 이내
④ 2050년 이내 ⑤ 그 이후 ⑥ 통일 반대

19. 다음 중 귀하의 성향은 어디에 속한다고 생각하십니까?

① 진보 ② 중도 진보 ③ 중도 ④ 중도 보수 ⑤ 보수

– 흥사단 민족통일운동본부, 〈2011 대학생 통일 의식 조사 보고서〉 중 '설문지'.

7. 인권에 대한 생각

인권(人權)은 인간의 가장 기본적 권리이다. 인종과 민족, 성, 종교, 언어, 재산, 지위 등과 관계없이 사람이라면 누구나, 언제 어디서나 인권을 보장받을 수 있어야 한다. 그러나 인간의 가장 기본적 권리임에도 불구하고 자신과 타인의 인권을 보호하기 위해서는 적극적인 노력을 해야 한다. 현실에서는 인권을 포함한 다양한 권리들이 서로 충돌하는 상황이 빈번하게 발생하기 때문이다. 실제로 오늘날의 인권 개념은 권리들 간의 충돌을 해결하는 역사적 과정을 거치면서 형성된 것이다. 그러므로 인권의 개념은 각종 선언문이나 규약을 읽는 데 그치지 않고 일상에서 인권을 지키고 실천하려는 노력을 통해 온전히 그리고 새롭게 이해될 수 있다. 특히 다수보다는 소수, 강자보다는 약자의 권리를 더 보호하기 위해 최선의 노력을 기울이지 않는다면 우리 모두의 인권이 위협받는 시대가 올 수 있다는 사실을 명심해야 한다. 과거는 물론 오늘날 특정 인종에 대한 차별이 불러온 끔찍한 결과들 — 노예 제도, 유대인 학살, 인종 청소(ethic cleansing) 등 — 이 이를 증명해 준다. 인권의 개념과 인권의 과거 및 현재 그리고 가장 기본이 되는 문서인 '세계인권선언'을 살펴보는 것은 지금, 이곳에서 벌어지는 차별과 억압을 제거함으로써 보다 나은 사회를 만들기 위해서이다.

최근 살인이나 아동 성폭력 같은 잔인한 범죄를 저지른 범죄자의 얼굴을 공개할 것인지에 대한 문제가 사회적 논란이 되고 있습니다. 그때마다 나오는 이야기 가운데 하나가 '범죄자에게도 인권이 있다'라는 말이었습니다.

'범죄자에게도 인권이 있다'라는 이야기를 뜯어보면, 두 가지 명제가 결합되어 있다는 것을 알 수 있습니다. '범죄자도 인간이다'와 '인간이라면 누구에게나 인권이 있다'라는 것입니다.

범죄자도 인간인 것은 분명하니까, 앞부분의 명제는 당연한 이야기일 수 있습니다. 그리고 뒷부분의 명제, 즉 '인간이라면 누구에게나 인권이 있다'라는 것도 지금은 당연한 이야기로 여겨집니다. 그렇지만 겨우 200여 년 전만 하더라도 '인간이라면 누구에게나 인권이 있다'라는 말은 당연하지 않았습니다.

인권(人權)은 '인간의 권리' 또는 '인간이 인간으로서 당연히 누리는 권리'라고 할 수 있습니다. 인권이라는 말이 나오면 보편성, 천부성, 항구성, 불가침성 같은 딱딱한 단어들이 붙기도 합니다. '인간이라면 누구에게나 인권이 있다'라는 명제를 생각할 때 당연히 연관되어 나오는 것들입니다.

먼저 인권은 인종 · 성별 · 신앙 · 사회적 신분 등에 구애받지 않고 모든 인간이 보편적으로 누리는 권리입니다. 이것을 인권의 보편성(普遍性)이라고 부릅니다.

인권은 사람이면 누구나 처음부터 가지고 태어나는 것입니다. 사람이 태어나서 인권을 가지게 되기까지 다른 절차가 필요한 것은 아닙니다. 그냥 태어나기만 하면 됩니다. 이것을 인권의 천부성(天賦性)이라고 합니다.

그리고 인권은 박탈당하지 않고 영구히 보장되는 권리입니다. 따라서 범죄자라고 해도 그 사람의 인권 전체를 박탈할 수는 없습니다. 이것을 인권의 항구성(恒久性)이라고 합니다.

또한 인권은 인간이 그것을 향유하는 것을 침범받지 않는 권리입니다. 이것을 인권의 불가침성(不可侵性)이라고 합니다.

이런 식의 개념은 인권과 관련된 여러 유명한 문서들에 표현되어 있습니다. 예를 들어 1948년에 유엔총회에서 제정한 〈세계인권선언〉 전문(前文)에서는 "우리는 인류 가족 모두가(보편성) 원래부터(천부성) 존엄성과 남들과 똑같은 권리와 남에게 빼앗길 수 없는(항구성, 불가침성) 권리를 가지고 있다는 사실을 인정하는 것이, 자유롭고 정의로우며 평화로운 세상을 이루는 밑바탕이 된다는 점을 인정한다."라고 밝히고 있습니다.

나중에 살펴보겠지만, 이러한 인권 개념이 처음부터 존재한 것은 아닙니다. 지금은 교과서에서 딱딱하게 설명되는 이런 개념들이 본래 역사 속에서는 살아 움직이면서 만들어져 왔습니다.

- 하승수, 〈인권의 뿌리를 찾아서〉, 《젊은 지성을 위한 세계 인권사》, 두리미디어, 2012.

기본 과제

1. 인권의 보편성, 천부성, 항구성, 불가침성을 구체적 예를 들어 설명해 보자.

2. 범죄자의 인권은 어디까지 보장되어야 하는지 이야기해 보자.

심화 과제

1. 아래의 글을 읽어 보고 인권의 의미를 설명하는 짧은 글을 써 보자.

인간의 품위와 위엄을 잃지 않고 사람답게 살아가는 삶, 그 목적에 이의를 제기하는 사람은 아무도 없을 것이니, 모든 사람의 공통된 목표에 이르는 수단이 바로 인권이라 할 수 있다. 즉, 인권은 인간이 인간으로서의 존엄성을 지니고 인간답게 산다는 궁극적 목적에 이르는 수단이라는 점에서 그 의미가 살아난다. 그러므로 인권은 사회적 인간에게 필요한 생존 조건의 하나다. 그런 차원에서 인권은 또한 삶이 지향하는 가치 체계의 하나다.

- 차병직, 〈인권에 관한 생각〉, 《인권》, 살림, 2006.

2. 인권 보장의 측면에서 '장애인의 이동권', '조력 자살(안락사)' 등에 대한 자신의 생각을 써 보자.

3. 언론 보도가 인권(사생활, 초상권 등)을 침해했던 사례를 찾아보고 그 문제점을 함께 이야기해 보자.

읽기 자료 2

얼마 전《한겨레신문》에 "사생활 보호와 알 권리, 무엇이 우선일까요"라는 기사가 실렸다. 권리 간 충돌 문제를 다룬 내용이었다. 집회의 권리와 통행의 권리가 부딪친다면, 학생 인권과 교권이 맞선다면, 죄수의 권리와 간수의 권리가 대립한다면, 노동자의 권리와 기업의 경영권이 갈등한다면 등등, 권리들끼리 싸우는 사례는 많다. 필자가 이런 질문을 받을 때마다 동전을 모았더라면 지금쯤 돼지 저금통이 하나 가득 차 있었을 것이다. 그만큼 많은 사람들이 궁금해 하는 이슈다. 권리 간 충돌 문제는 인권에서 이론적으로나 현실적으로나 민감하고 골치 아픈 난제다.

권리 간 충돌은 21세기 들어 전 세계적으로도 커다란 쟁점이 되었다. 9 · 11 사태 이후 대테러 전쟁에서 논란이 되었던 핵심 쟁점이 국가 안보냐 개인 자유권이냐 하는 질문이었다. 중국의 한 자녀 정책으로 비롯된 논란 역시 비슷한 구도였다. 부부가 자녀를 가질 수 있는 재생산권과 사회 전체의 지속 가능성을 우선시하는 공리주의적 요구가 대결했던 것이다. 프랑스 무슬림들의 히잡 착용 권리와 모든 공공 교육 시설에서 종교적 상징물을 금지하는 정부의 입장 대립, 이 역시 권리 간 충돌 사례였다. 일단 결론부터 말하자면, 권리 간 충돌 문제에 관해선 확실한 정답이 없다가 정답이다. 사례별로 따져봐야 한다. 하지만 이상하지 않은가. 인권은 무조건 우선시되어야 할 절대적 규범이라고 배웠는데 어째서 이렇게 어중간한 답이 나온단 말인가.

우선 권리의 충돌에도 여러 유형이 있음을 지적해야 하겠다. 다른 종류의 권리들이 충돌하는 경우가 있다. 대중의 알 권리와 공인의 사생활 권리를 생각하면 된다. 동일한 권리의 행사 방식과 한계 설정을 놓고 갈등하는 경우도 있다. 표현의 자유가 소중하지만 '일베'들의 행태에 어떤 제한을 가해야 할지 고심하는 경우가 이에 해당된다. 한 사람의 내면에서 서로 다른 권리들이 충돌하기도 한다. 내가 믿는 종교의 가르침과 시민으로서의 의식이 갈등하는 게 좋은 예다. 법적 권리와 사람들의 가치가 충돌하는 경우도 있다. 그리고 '권리'라는 말에 여러 차원이 있음을 이해할 필요가 있다. 아무 데나 '권' 자를 붙인다고 해서 무조건 인권이 되는 건 아니다. 인권의 관점에서 보자면 제일 중요한 권리는 국제적으로 공인된 인권 규범에 부합하는 권리다. 국제인권 규범은 대개 국내법으로도 인정되지만 꼭 그런 건 아니다. 인권은 아니지만 법적 효력을 지닌 권리도 있다. 그 다음 단계로, 중요한 이익 또는 권익이 있을 수 있다. 이 역시 현실에서나 법정에서 중요하게 취급된다. 또한 법에 명시되진 않았지만 어떤 집단에서 극히 소중하게 여기는 가치가 있다면 그것의 문화적 영향력을 감안해 권리 비슷하게 인정해 주기도 한다.

특히 신앙이나 정체성, 섹슈얼리티와 관련된 권리는 정서적 인화성이 강해 민감한 충돌과 파열음을 일으키기 쉽다. 그렇다면 권리 간 갈등 문제를 해소할 방안이 있는가. 몇 가지 기본 원칙이 있다. 첫째, 대다수 권리는 절대적 권리가 아니다. 가장 오해가 많은 부분이다. 자연법 전통의 천부인권론이 오늘날까지 큰 영향을 끼치면서 인권은 신성불가침이고 절대적이라는 믿음이 정설처럼 자리 잡았다. 권리 간 충돌의 근원을 따져 보면 이런 오해에서 비롯된 바가 크다. 하지만 남을 해치면서까지 내 권리를 주장할 순 없다. 표현의 자유가 아무리 중요해도 아동 음란물을 제작할 자유는 인정되지 않는다. 아무리 확실한 권리라 하더라도 타인과의 관계 속에서, 일정한 한도 내에서 행사되어야 한다. 오늘날 인권이 대단히 매력적인 담론으로 떠오르면서 이런 초보적인 사실조차 헷갈리는 경우가 많아졌다. 스테판 에셀이 《분노하라》에서 명쾌하게 정의했던 유명한 구절을 기억해 보라. 세계인권선언에서 말하는 자유란 "닭장 속의 여우가 제멋대로 누리는 무제한의 자유가 아니다."

둘째, 권리들 간에 서열을 매길 수 없다. 정책적으로 어떤 권리를 먼저 시행할 수는 있겠지만 원칙적으로 모든 인권의 가치가 중요하다. 권리들이 충돌할 때 어떤 권리를 배제할 것이 아니라 모든 권리를 반영할 수 있는 최선의 방도를 찾아야 한다. 최선이 어려우면 차선책이라도 모색해야 한다. 즉 인권에서도 균형과 타협이 필요하다는 말이다.

셋째, 어떤 것에 대한 청구권이 있다 하더라도 그 권리를 모두 누릴 수 있는 건 아니다. 예를 들어 "무엇이든 물어보세요"라고 했다 해서 다산콜센터의 상담사에게 모든 맛집 정보를 요구하거나 어떤 속옷을 입고 있느냐고 묻는 따위의 성희롱을 할 권리는 세상에 없다.

넷째, 권리들끼리 충돌할 때엔 각 권리의 범위를 정해야 하고 사안의 맥락을 살펴야 한다. 예를 들어 누구나 공개적으로 말할 자유가 있지만 어떤 맥락에서 그것이 표출되는지를 따져야 한다. 사람이 가득 찬 소방서에서 "극장이야"라고 소리치는 건 별문제가 아닐 수 있지만, 사람이 가득 찬 극장에서 "불이야"라고 소리칠 자유는 인정되지 않는다. 전혀 다른 맥락의 행동이고, 전혀 다른 결과를 초래할 수 있는 행동이기 때문이다. 또한 그 사회의 법적, 문화적 규범도 중요한 판단 기준이 된다. 예컨대 '동방예의지국'에서 자식이 부모에게 욕설을 퍼붓는 행위를 표현의 자유라는 식으로 옹호하기는 어렵다.

다섯째, 본질적 권리와 부차적 권리 사이의 무게를 달아 경중을 판단해야 한다. 이것을 핵심적 권리와 주변적 권리로 구분하기도 한다. 자기가 중요하다고 여기는 어떤 가치에다 '권'자를 붙여 절대적 권리로 내세울 때 제로섬 게임 같은 갈등이 발생할 가능성이 높아진다. 하지만 모든 '권리'의 무게가 동일하지 않다는 점을 분별할 수 있어야 한다. 사안별로 권리들의 무게가 다르고, 같은 권리라 해도 경우에 따라 무게가 달라진다. 서구에서 간혹 인용되는 사례가 있다. 소수자 정체성을 가진 어떤 사람이 자기 정체성과 관련된 업무로 관공서를 찾았다. 공교롭게도 종교적 이유로 그런 정체성에 반대하는 공무원이 창구를 지키고 있었다. 그 직원은 자신의 신앙 때문에 그 업무를 볼 수 없다고 하면서 다른 직원을 불러 주겠다고 했지만 차별적 행동을 했다는 이유로 고소를 당했다. 하지만 법원은 종교적 신념에 따른 업무 거부가 본질적 권리에 해당한다고 공무원의 손을 들어줬다. 비슷한 사례가 또 있었다. 특정 종교적 신념을 가진 인쇄업자가 소수자 단체에서 요청한 책자 제작을 거부했다 제소당했다. 이번에는 법원이 인쇄업자의 행동을 차별이라고 판결했다. 종교적 신념 때문이라 해도 영업 거부는 주변적 권리에 불과하다고 본 것이다.

이처럼 권리 간 충돌 문제는 일률적인 잣대로 판단하기 어렵다. 원칙, 상식, 균형 감각을 발휘해서 황금비를 찾는 수밖에 없다. 하지만 어떤 원칙인지, 어떤 상식인지를 면밀히 따질 필요는 있다. 인권의 원래 취지가 인간의 본질적 이익을 보호하려는 것이다. 따라서 민주적 다수결 원칙으로도 인권을 침해하진 못한다. 그렇다면 권리 충돌이 발생할 때 되도록이면 약한 사람과 소수자의 눈높이에 인권의 눈금을 맞춘다는 원칙과 상식을 지켜야 한다. 이 점에서 법률가들의 역할이 특히 중요하다. 권리 간 충돌은 앞으로도 계속 발생할 문제다. 인권의 목록이 늘어나고, 신념과 이념에 근거하여 인권이 제기되는 경우가 많아지고 있기 때문이다. 인권의 불확실성 때문에 권리 간 충돌이 인권의 가장 중요한 특징이라고 지적하는 학자도 있다. 또한 권리들이 서로 충돌해 온 과정이 인권의 역사 그 자체라고 할 수 있다. 인권이 발전한다는 말은 인간 사회가 진보한다는 말과 마찬가지다.

인간 사회가 전진할 때 갈등과 긴장이 없을 수 없다. 권리 간 충돌은 인류 진보의 성장통인 셈이다. "권리들의 충돌은 사법부도, 입법부도 어떤 일관된 원칙으로 해결하기 어려운 독특한 문제"라는 말이 있다. 새로운 권리 충돌 문제가 나타난다는 것은 그 사회가 정체되지 않고 진화하고 있다는 증거다. '잊혀 질 권리', '존엄하게 죽을 권리' 혹은 '자기 몸에 대한 결정권'과 같은 논란을 보라. 단시간에 인권 목록에 오르는 권리 요구도 있지만 오랜 논쟁을 거쳐도 풀리지 않는 문제가 적지 않다. 권리 간 충돌이 우리에게 주는 교훈은 명백하다. 인권은 그 시대에 특유한 억압 권력에 맞서는 투쟁 속에서 끊임없이 새롭게 규정된다는 사실.

– 조효제, 〈권리들끼리 싸우면 누가 이기나〉, 《한겨레신문》, 2014. 4. 2.

기본 과제

1. 권리들 간의 충돌이 발생했을 때 문제를 해결할 수 있는 기본 원칙 다섯 가지를 찾아 밑줄을 긋고 그 의미가 무엇인지 또 다른 예를 들어 설명해 보자.

2. 윗글에 소개된 권리들 간의 충돌 사례 중 두 개를 선택하고 다섯 가지 기본 원칙에 의거해 어떤 권리가 우선하는지 판단해 보자.

3. '민주주의의 다수결 원칙'에도 불구하고 '인간의 본질적 이익'을 보호한다는 인권의 본래 취지에 따라 "권리 충돌이 발생할 때 되도록이면 약한 사람과 소수자의 눈높이에 인권의 눈금을 맞춘다는 원칙과 상식을 지켜야 한다"는 필자의 견해에 대한 여러분의 생각을 이야기해 보자.

4. "인권은 그 시대에 특유한 억압 권력에 맞서는 투쟁 속에서 끊임없이 새롭게 규정된다는 사실"을 보여 주는 사례를 찾아보자.

심화 과제

1. 최근 권리들 간의 충돌이 발생했던 사례를 찾아보고 그에 대한 여러분의 생각을 이야기해 보자.

2. '위키리크스(WikiLeaks)'는 국가나 기업이 감추고 싶어하는 기밀문서를 공개하는 국제적 비영리 기관이다. 이 기관의 역할을 '국가 안보'와 '알 권리'의 충돌이라는 측면에서 이야기해 보자.

3. '내부 고발자(Whistleblower, Deep Throat)'는 공익을 위해 자신이 일하고 있는 조직의 내부나 외부에서 발생한 불법 행위를 신고하는 사람이다. 이들은 보복성 인사, 집단 따돌림, 고소 등과 같은 조직의 반발에 의해 심각한 인권 침해를 당하게 된다. 한국 사회에 큰 반향을 일으킨 내부 고발자의 사례를 찾아보고 이들의 인권이 어떻게 침해를 당했는지, 이를 지키기 위해 어떻게 해야 하는지 이야기해 보자.

4. 최근 개인 정보 보호의 차원에서 '잊혀질 권리'에 대한 논의가 활발하게 이루어지고 있다. '잊혀질 권리'는 '인터넷상에서 잠재적으로 나타나 있는 자신과 관련된 정보를 포함하는 각종 자료의 삭제를 요구하여 해당 자료로부터 자유로워질 수 있는 권리'를 말한다. '잊혀질 권리'가 법적으로 보장될 때 발생할 수 있는 긍정적 효과와 부정적 효과가 무엇인지 이야기해 보자.

읽기 자료 3

인류 가족 모든 구성원의 고유한 존엄성과 평등하고 양도할 수 없는 권리를 인정하는 것이 세계의 자유, 정의, 평화의 기초가 됨을 인정하며,

인권에 대한 무시와 경멸은 인류의 양심을 짓밟는 야만적 행위를 결과하였으며, 인류가 언론의 자유, 신념의 자유, 공포와 궁핍으로부터의 자유를 향유하는 세계의 도래가 일반인의 지고한 열망으로 천명되었으며,

사람들이 폭정과 억압에 대항하는 마지막 수단으로서 반란에 호소하도록 강요받지 않으려면, 인권이 법에 의한 지배에 의하여 보호되어야 함이 필수적이며,

국가 간의 친선 관계의 발전을 촉진시키는 것이 긴요하며,

국제연합의 여러 국민들은 그 헌장에서 기본적 인권과, 인간의 존엄과 가치, 남녀의 동등한 권리에 대한 신념을 재확인하였으며, 더욱 폭넓은 자유 속에서 사회적 진보와 생활수준의 개선을 촉진할 것을 다짐하였으며,

회원국들은 국제연합과 협력하여 인권과 기본적 자유에 대한 보편적 존중과 준수의 증진을 달성할 것을 서약하였으며,

이들 권리와 자유에 대한 공통의 이해가 이러한 서약의 이행을 위하여 가장 중요하므로,

따라서 이제 국제연합 총회는 모든 개인과 사회의 각 기관은 세계인권선언을 항상 마음속에 간직한 채, 교육과 학업을 통하여 이러한 권리와 자유에 대한 존중을 신장시키기 위하여 노력하고, 점진적인 국내적 및 국제적 조치를 통하여 회원국 국민 및 회원국 관할하의 영토의 국민들 양자 모두에게 권

리와 자유의 보편적이고 효과적인 인정과 준수를 보장하기 위하여 힘쓰도록, 모든 국민들과 국가에 대한 공통의 기준으로서 본 세계인권선언을 선포한다.

제1조 모든 사람은 태어날 때부터 자유롭고, 존엄성과 권리에 있어서 평등하다. 사람은 이성과 양심을 부여받았으며 서로에게 형제의 정신으로 대하여야 한다.

제2조 모든 사람은 인종, 피부색, 성, 언어, 종교, 정치적 또는 그 밖의 견해, 민족적 또는 사회적 출신, 재산, 출생, 기타의 지위 등에 따른 어떠한 종류의 구별도 없이, 이 선언에 제시된 모든 권리와 자유를 누릴 자격이 있다. 나아가 개인이 속한 나라나 영역이 독립국이든 신탁통치 지역이든, 비자치 지역이든 또는 그 밖의 다른 주권상의 제한을 받고 있는 지역이든, 그 나라나 영역의 정치적, 사법적, 국제적 지위를 근거로 차별이 행하여져서는 아니 된다.

제3조 모든 사람은 생명권과 신체의 자유와 안전을 누릴 권리가 있다.

제4조 어느 누구도 노예나 예속 상태에 놓이지 아니한다. 모든 형태의 노예제도 및 노예 매매는 금지된다.

제5조 어느 누구도 고문이나, 잔혹하거나, 비인도적이거나, 모욕적인 취급 또는 형벌을 받지 아니한다.

제6조 모든 사람은 어디에서나 법 앞에 인간으로서 인정받을 권리를 가진다.

제7조 모든 사람은 법 앞에 평등하고, 어떠한 차별도 없이 법의 평등한 보호를 받을 권리를 가진다. 모든 사람은 이 선언을 위반하는 어떠한 차별에 대하여도, 또한 어떠한 차별의 선동에 대하여도 평등한 보호를 받을 권리를 가진다.

제8조 모든 사람은 헌법 또는 법률이 부여하는 기본권을 침해하는 행위에 대하여 담당 국가 법원에 의하여 효과적인 구제를 받을 권리를 가진다.

제9조 어느 누구도 자의적인 체포, 구금 또는 추방을 당하지 아니한다.

제10조 모든 사람은 자신의 권리와 의무, 그리고 자신에 대한 형사상의 혐

의를 결정함에 있어서, 독립적이고 편견 없는 법정에서 공정하고도 공개적인 심문을 전적으로 평등하게 받을 권리를 가진다.

제11조 1. 형사 범죄로 소추당한 모든 사람은 자신의 변호를 위하여 필요한 모든 장치를 갖춘 공개된 재판에서 법률에 따라 유죄로 입증될 때까지 무죄로 추정받을 권리를 가진다.

2. 어느 누구도 행위 시의 국내법 또는 국제법상으로 범죄를 구성하지 아니하는 작위 또는 부작위를 이유로 유죄로 되지 아니한다. 또한 범죄가 행하여진 때에 적용될 수 있는 형벌보다 무거운 형벌이 부과되지 아니한다.

제12조 어느 누구도 자신의 사생활, 가정, 주거 또는 통신에 대하여 자의적인 간섭을 받지 않으며, 자신의 명예와 신용에 대하여 공격을 받지 아니한다. 모든 사람은 그러한 간섭과 공격에 대하여 법률의 보호를 받을 권리를 가진다.

제13조 1. 모든 사람은 각국의 영역 내에서 이전과 거주의 자유에 관한 권리를 가진다.

2. 모든 사람은 자국을 포함한 어떤 나라로부터도 출국할 권리가 있으며, 또한 자국으로 돌아올 권리를 가진다.

제14조 1. 모든 사람은 박해를 피하여 타국에서 피난처를 구하고 비호를 향유할 권리를 가진다.

2. 이 권리는 비정치적인 범죄 또는 국제연합의 목적과 원칙에 반하는 행위만으로 인하여 제기된 소추의 경우에는 활용될 수 없다.

제15조 1. 모든 사람은 국적을 가질 권리를 가진다.

2. 어느 누구도 자의적으로 자신의 국적을 박탈당하거나 그의 국적을 바꿀 권리를 부인당하지 아니한다.

제16조 1. 성년에 이른 남녀는 인종, 국적 또는 종교에 따른 어떠한 제한도 받지 않고 혼인하여 가정을 이룰 권리를 가진다. 이들은 혼인 기간 중 및 그 해소 시 혼인에 관하여 동등한 권리를 가진다.

2. 결혼은 양당사자의 자유롭고도 완전한 합의에 의하여만 성립된다.

3. 가정은 사회의 자연적이며 기초적인 구성단위이며, 사회와 국가의 보호를 받을 권리를 가진다.

제17조 1. 모든 사람은 단독으로는 물론 타인과 공동으로 자신의 재산을 소유할 권리를 가진다.

2. 어느 누구도 자신의 재산을 자의적으로 박탈당하지 아니한다.

제18조 모든 사람은 사상, 양심 및 종교의 자유에 대한 권리를 가진다. 이러한 권리는 자신의 종교 또는 신념을 바꿀 자유와 선교, 행사, 예배, 의식에 있어서 단독으로 또는 다른 사람과 공동으로, 공적으로 또는 사적으로 자신의 종교나 신념을 표명하는 자유를 포함한다.

제19조 모든 사람은 의견과 표현의 자유에 관한 권리를 가진다. 이 권리는 간섭받지 않고 의견을 가질 자유와 모든 매체를 통하여 국경에 관계없이 정보와 사상을 추구하고, 접수하고, 전달하는 자유를 포함한다.

제20조 1. 모든 사람은 평화적 집회와 결사의 자유에 관한 권리를 가진다.

2. 어느 누구도 어떤 결사에 소속될 것을 강요받지 아니한다.

제21조 1. 모든 사람은 직접 또는 자유롭게 선출된 대표를 통하여 자국의 통치에 참여할 권리를 가진다.

2. 모든 사람은 자국의 공무에 취임할 동등한 권리를 가진다.

3. 국민의 의사는 정부의 권위의 기초가 된다. 이 의사는 보통 및 평등 선거권에 의거하며, 또한 비밀투표 또는 이와 동등한 자유로운 투표 절차에 따라 실시되는 정기적이고 진정한 선거를 통하여 표현된다.

제22조 모든 사람은 사회의 일원으로서 사회보장제도에 관한 권리를 가지며, 국가적 노력과 국제적 협력을 통하여 그리고 각국의 조직과 자원에 따라 자신의 존엄성과 인격의 자유로운 발전을 위하여 불가결한 경제적, 사회적 및 문화적 권리의 실현에 관한 권리를 가진다.

제23조 1. 모든 사람은 근로의 권리, 자유로운 직업 선택권, 공정하고 유리한 근로조건에 관한 권리 및 실업으로부터 보호받을 권리를 가진다.

2. 모든 사람은 어떠한 차별도 받지 않고 동등한 노동에 대하여 동등한 보수를 받을 권리를 가진다.

3. 모든 근로자는 자신과 가족에게 인간적 존엄에 합당한 생활을 보장하여 주며, 필요할 경우 다른 사회적 보호의 수단에 의하여 보완되는, 정당하고

유리한 보수를 받을 권리를 가진다.

4. 모든 사람은 자신의 이익을 보호하기 위하여 노동조합을 결성하고, 가입할 권리를 가진다.

제24조 모든 사람은 근로시간의 합리적 제한과 정기적인 유급 휴일을 포함한 휴식과 여가에 관한 권리를 가진다.

제25조 1. 모든 사람은 식량, 의복, 주택, 의료, 필수적인 사회역무를 포함하여 자신과 가족의 건강과 안녕에 적합한 생활수준을 누릴 권리를 가지며, 실업, 질병, 불구, 배우자와의 사별, 노령, 그 밖의 자신이 통제할 수 없는 상황에서의 다른 생계 결핍의 경우 사회보장을 누릴 권리를 가진다.

2. 모자는 특별한 보살핌과 도움을 받을 권리를 가진다. 모든 어린이는 부모의 혼인 여부에 관계없이 동등한 사회적 보호를 향유한다.

제26조 1. 모든 사람은 교육을 받을 권리를 가진다. 교육은 최소한 초등 기초 단계에서는 무상이어야 한다. 초등교육은 의무적이어야 한다. 기술 교육과 직업교육은 일반적으로 이용할 수 있어야 하며, 고등교육도 능력에 따라 모든 사람에게 평등하게 개방되어야 한다.

2. 교육은 인격의 완전한 발전과 인권 및 기본적 자유에 대한 존중의 강화를 목표로 하여야 한다. 교육은 모든 국가들과 인종적 또는 종교적 집단 간에 있어서 이해, 관용 및 친선을 증진시키고 평화를 유지하기 위한 국제연합의 활동을 촉진시켜야 한다.

3. 부모는 자녀에게 제공되는 교육의 종류를 선택함에 있어서 우선권을 가진다.

제27조 1. 모든 사람은 공동체의 문화생활에 자유롭게 참여하고, 예술을 감상하며, 과학의 진보와 그 혜택을 향유할 권리를 가진다.

2. 모든 사람은 자신이 창조한 모든 과학적, 문학적, 예술적 창작물에서 생기는 정신적, 물질적 이익을 보호받을 권리를 가진다.

제28조 모든 사람은 이 선언에 제시된 권리와 자유가 완전히 실현될 수 있는 사회적 및 국제적 질서에 대한 권리를 가진다.

제29조 1. 모든 사람은 그 안에서만 자신의 인격을 자유롭고 완전하게 발전시킬 수 있는 공동체에 대하여 의무를 부담한다.

2. 모든 사람은 자신의 권리와 자유를 행사함에 있어서, 타인의 권리와 자유에 대한 적절한 인정과 존중을 보장하고, 민주 사회에서의 도덕심, 공공질서, 일반의 복지를 위하여 정당한 필요를 충족시키기 위한 목적에서만 법률에 규정된 제한을 받는다.
3. 이러한 권리와 자유는 어떤 경우에도 국제연합의 목적과 원칙에 반하여 행사될 수 없다.

제30조 이 선언의 그 어떠한 조항도 특정 국가, 집단 또는 개인이 이 선언에 규정된 어떠한 권리와 자유를 파괴할 목적의 활동에 종사하거나, 또는 그와 같은 행위를 행할 어떠한 권리도 가지는 것으로 해석되지 아니한다.

– 〈세계인권선언〉(1948. 12. 10. UN 총회)

보조 자료

인권은 인간이 인간이라는 종에 속한다는 이유만으로 가지는 권리를 뜻한다. 인권은 성, 인종, 국적, 경제적 배경을 가리지 않고 누구나가 평등하게 가지는 권리다. 인권은 그 내용에 있어 보편적이다. 장구한 역사 속에서 서로 경합하는 정치적 전통들이 각기 다른 인권의 요소를 고안해 내었거나, 각기 다른 요소를 중요하게 부각시킨 바 있다. 오늘날의 인권은 여러 겹의 의미를 지니고 있는데, 이는 현재의 인권 실태를 형성한 역사적 연속성과 변화의 과정을 반영한다. 또한 1948년 국제연합(UN) 총회에서 채택한 〈세계인권선언〉을 탄생시킨 역사적 연속성과 변화의 과정을 나타내기도 한다. 〈세계인권선언〉의 주요 성안자 중의 한 사람이었던 카생(René Cassin)은 〈세계인권선언〉을 사원 입구의 주랑으로 이루어진 현관에 비유하여 인권의 중심 사상을 설명했다.

카생은 〈세계인권선언〉이 프랑스 혁명 당시에 외쳤던 구호처럼 "존엄성, 자유, 평등, 박애"의 네 기둥으로 이루어져 있다고 했다. 그에 따르면 〈세계인권선언〉의 전체 30개 조항 중 27개 조항이 4개의 기둥으로 각각 나뉘어 있으며, 이들 4개 기둥이 모여 주랑 현관의 천장에 해당되는 28-30조를 함께 떠받치고 있다고 한다. 이들 28-30조는 사람들의 권리가 사회와 국가 안에서 실현될 수 있는 조건을 규정하고 있다. 그런데 카생의 개념적 분류를 일부 조정하면 각각의 기둥이 인권 발전의 주요한 역사적 계기를 상징한다는 식으로 해석할 수도 있다. 이러한 수정 해석에 따르면 첫째 기둥은 〈세계인권선언〉의 제1-2조를 나타내는데 이는 인종, 종교, 교의, 국적, 사회적 기원, 또는 성차를 떠나 모든 사람이 향유하는 인간의 존엄성을 의미한다. 둘째 기둥은 선언의 제3-19조를 나타내며 계몽주의 시대에 쟁취했던 시민적 자유 및 기타 자유권 등 제1세대 권리를 나타낸다. 셋째 기둥은 선언의 제20-26조를 다루며, 산업혁명 시기에 쟁취했던 제2세대 권리 즉 정치적 · 사회적 · 경제적 평등을 상징한다. 넷째 기둥은 선언의 제27-28조를 의미하며, 19세기 말과 20세기 초 그리고 식민지 이후(postcolonial) 시대 들어 고취했던 제3세대 권리 즉 공동체적 유대 또는 민족적 연대를 뜻한다. 이렇게 봤을 때 〈세계인권선언〉에 등장하는 권리들은 변화를 거듭했던 보편적 인권의 역사적 출현 순서와 밀접하게 대응되는 식으로 구성되어 있다고 말할 수 있다.

- 미셸린 이샤이 저, 조효제 역, 《세계인권사상사》, 길, 2005.

기본 과제

1. '세계인권선언'의 전문(前文: 법령의 조문 앞에 있는 글)을 다 함께 큰 소리로 읽어 보고 그 의미에 대해 이야기해 보자.

2. 보조 자료에서 카생이 말하는 인권의 네 기둥과 이를 수정하여 해석한 이샤이의 네 개의 기둥을 비교하고 차이점과 공통점을 찾아보자.

3. '세계인권선언'의 30개 조항 중에서 가장 중요하다고 생각되는 3개를 선택하고 그 의미와 선택의 이유를 이야기해 보자.

심화 과제

1. 이샤이에 따르면 '계몽주의 시대(1세대) → 산업혁명 시기(2세대) → 식민지 이후 시대(3세대)'를 거치며 다양한 권리들이 인권의 내용에 포함되었다. 그렇다면 현대 사회를 어떤 시대로 규정할 수 있으며, 그에 대응하는 제4세대 권리로는 무엇이 있는지 이야기해 보자.

2. 친구들과 함께 '대학생인권선언'의 기둥 네 개를 마련하고 전문(前文)과 조항 10개를 작성해 보자.

3. '국가인권위원회' 홈페이지(http://www.humanrights.go.kr)를 방문해 설립 목적과 연혁, 활동 등에 대해 알아보자.

8. 감시와 권력

한국에서 CCTV(Closed Circuit Television, 폐쇄회로 TV)는 1970년대 처음으로 개발된 이후 1980년대에 본격적으로 생산되기 시작했다. 1990년대 들어 아파트와 업무용 빌딩의 건설이 활기를 띠었고 주차장에 CCTV를 설치하는 것이 의무화되면서 CCTV 산업은 크게 성장한다. 2001년 '9 · 11 테러' 발생 이후 전 세계 대부분의 국가들은 '보안'과 '안전'을 위해 공공장소에 CCTV를 설치했다. '사생활 침해'를 이유로 설치를 반대하는 주장이 오래전부터 제기되어 왔지만 어느덧 우리의 일상생활은 하루 100회 이상 CCTV에 노출된 채 이루어지고 있다. 행동과 움직임이 CCTV를 통해 감시된다면 포털의 각종 게시판과 트위터나 페이스북 같은 사회관계망서비스(SNS)에 표현된 취향과 의견을 비롯한 다양한 개인정보는 디지털화되어 데이터베이스에 축적된다. 기업은 대규모로 수집되고 축적된 개인정보 데이터베이스를 상업적 목적으로, 국가 기관은 상시적 감시의 목적으로 이용한다. 즉 우리가 '개인 정보 수집 및 활용 동의서'에 서명하는 순간 우리는 제러미 벤담과 미셸 푸코가 말하는 감시 체제인 '파놉티콘(Panopticon)'의 세계로 들어가게 되는 것이다. 그리스어 '모두(pan)'와 '보다(opticon)'를 합성한 'Panopticon'은 제러미 벤담이 제안한 감시 시설(감옥)로 소수의 감시자(간수)가 자신의 모습을 드러내지 않은 채 다수의 수용자(죄수)를 감시할 수 있도록 설계되어 있다. 미셸 푸코는 벤담의 '파놉티콘'을 '소수가 다수를 주시'하는 근대 사회의 감시 원리를 구현한 건축적 형태로 해석했다. 오늘날 푸코가 말하는 감시 원리의 유효성이 의심을 받고 있기는 하지만 감시 시설이 첨단화되었다는 차이점만 있을 뿐 우리는 여전히 파놉티콘적 사회에 살고 있다. 그렇다면 우리는 스스로에게 다음과 같은 질문을 던져 보아야 한다. 우리를 감시하는 주체는 누구인가? 권력인가, 아니면 우리 자신인가?

읽기 자료 1

벤담(Bentham)의 '일망(一望) 감시 시설'(Panopticon)은 이러한 조합의 건축적 형태이다. 그 원리는 잘 알려져 있다. 주위는 원형의 건물이 에워싸고 있고, 그 중심에는 탑이 하나 있다. 탑에는 원형 건물의 안쪽으로 향해 있는 여러 개의 큰 창문들이 뚫려 있다. 주위의 건물은 독방들로 나누어져 있고, 독방 하나하나는 건물의 앞면에서부터 뒷면까지 내부의 공간을 모두 차지한다. 독방에는 두 개의 창문이 있는데, 하나는 안쪽을 향하여 탑의 창문에 대응하는 위치에 나 있고, 다른 하나는 바깥쪽에 면해 있어서 이를 통하여 빛이 독방에 구석구석 스며들어 갈 수 있다. 따라서 중앙의 탑 속에는 감시인을 한 명 배치하고, 각 독방 안에는 광인이나 병자, 죄수, 노동자, 학생 등 누구든지 한 사람씩 감금할 수 있게 되어 있다. 역광선의 효과를 이용하여 주위 건물의 독방 안에 있는 수감자의 윤곽이 정확하게 빛 속에 떠오르는 모습을 탑에서 파악할 수 있는 것이다. 그것은 바로 완전히 개체화되고, 항상 밖의 시선에 노출되어 있는 한 사람의 배우가 연기하고 있는 수많은 작은 무대들이자 수많은 감방이다. 일망 감시의 이 장치는 끊임없이 대상을 바라볼 수 있고, 즉각적으로 판별할 수 있는, 그러한 공간적 단위들을 구획 정리한다. 요컨대 이곳에서는 지하 감옥의 원리가 전도되어 있다. 아니 오히려 지하 감옥의 세 가지 기능 — 감금하고, 빛을 차단하고, 숨겨 두는 — 중에서 첫 번째 것만 남겨 놓고 뒤의 두 가지를 없애 버린 형태이다. 충분한 빛과 감시자의 시선이, 결국 보호의 구실을 하던 어둠의 상태보다 훨씬 수월하게 상대를 포착할 수 있다. 가시성의 상태가 바로 함정인 것이다.

…(중략)…

이로부터 일망 감시 시설의 주요한 효과가 생겨난다. 수감자는 권력의 자동적인 기능을 보장해 주는 가시성의 지속적이고 의식적 상태로 이끌려 들어간다. 감시 작용에 중단이 있더라도 그 효과는 계속되도록 하며, 또한 권력의 완성이 그 행사의 현실성을 점차 약화시켜 가도록 한다. 이러한 건축적 장치는 권력을 행사하는 사람과 상관없는 어떤 권력 관계를 창출하고, 유지하는 기계 장치가 되도록 해 준다. 요컨대 수감된 자가 스스로 권력의 전달자가 되는 어떤 권력적 상황 속으로 편입되는 것이다. 그러기 위해서는, 죄수가 간수에 의해 끊임없이 감시되는 방법은 매우 충분한 것이면서 동시에 불충분한 것이기도 하다. 매우 불충분하다는 것은 중요한 점이 죄수가 감시당하고 있다는 것을 자각해야 하는 사실 때문이고, 매우 충분하다는 것은, 죄수가 실제로 감시될 필요가 없기 때문이다. 그 때문에 벤담은 권력이 가시적이고 확인할 수 없는 것이 되어야 한다는 원칙을 내세웠다. 가시적이란, 감금된 자의 눈앞에 자신을 살펴보고 있는 중앙 탑의 높은 형체가 항상 어른거린다는 뜻이다. 또한 확인할 수 없다는 것은 감금된 자기 자신이 현재 주시되고 있는지 어떤지를 결코 알아서는 안 되지만, 자신이 항상 주목될 수 있다는 것을 확신하고 있어야 한다는 뜻이다. 벤담은 감시자가 탑에 있는지 어떤지를 판단할 수 없도록 하기 위해서, 또한 감금자들이 독방에서 어떤 사람의 그림자를 인지하거나, 어떤 역광이라도 포착할 수 없도록 다음과 같은 시설을 설계했다. 즉, 감시하는 중앙 홀의 창문에 덧문을 씌울 뿐만 아니라, 내부에는 직각으로 구획되는 몇 개의 칸막이벽을 설치하고, 한 구역에서 다른 구역으로 통과하는 데에는 출입문이 아니라, 지그재그형 통로를 설치하는 것이다. 왜냐하면 아무리 사소한 소리거나, 어렴풋한 불빛이라도, 혹은 조금 열린 문들에 스며드는 빛이라도 간수의 존재를 드러낼 수 있기 때문이다. '일망 감시 장치'는 '봄-보임'의 결합을 분리시키는 장치이다. 즉, 주위를 둘러싼 원형의 건물 안에서는 아무 것도 보지 못한 채 완전히 보이기만 하고 중앙부의 탑 속에서는 모든 것을 볼 수 있지만 결코 보이지는 않는다.

– 미셸 푸코 저, 오생근 역, 〈일망 감시 방법〉, 《감시와 처벌 — 감옥의 역사》, 나남, 2003.

보조 자료

여러분에게 제안하는 감옥(maison de pénitence)은 원형 건물이다. 어쩌면 이것은 한 건물 안에 다른 하나를 넣은 두 채의 건물이라고 말하는 것이 나을지도 모르겠다. 감옥 둘레에는 둥근 모양의 6층짜리 바깥 건물이 있다. 이곳에 죄수들의 수용실이 배치된다. 수용실 내부는 두껍지 않은 쇠창살로 되어 있어 한눈에 안을 볼 수 있으며, 수용실은 문이 안쪽으로 열린다. 각 층에는 좁은 복도가 있으며, 이 복도는 하나로 통해 있다. 각 수용실의 문은 이 복도로 나 있다.

중아에는 탑이 하나 있다. 그곳에 감독관들이 머문다. 이 탑은 3층으로 나뉘어 있다. 각 층은 수감자 수용실들을 2층씩 내려다보도록 구성되어 있다. 또한 감시탑은 바깥을 환히 내다볼 수 있는 발로 가려진 복도로 둘러싸여 있다. 이 장치(발)로 인해 감독관들은 수감자들에게 잘 보이지 않으면서 수용실 전체를 구석구석 감시할 수 있다. 결과적으로 좁은 공간에서 3분의 1의 수감자를 한눈에 볼 수 있어 쉽게 전체를 살필 수 있다. 이러한 경우 감독관이 자리에 없더라도 이를 확인할 수 없는 수감자들은 감독관이 있다고 여겨 실제로 자리에 있는 것 같은 효과를 낸다.

각 수용실과 감시탑은 흰색 철관으로 연결되어 있어서 감독관은 큰 소리를 내거나 직접 가지 않더라도 수감자들에게 공지를 하거나 작업을 지시하며 그들 스스로 감시받는다는 것을 느끼게 할 수 있다. 그리고 수감자들이 감독관들에게 대항할 가능성을 제거하기 위해 탑과 수용실 사이에는 반지 모양의 우물 즉 빈 공간이 있어야 한다.

이 건물은 중앙의 한 점에서 각 수용실을 볼 수 있는 형태로 된 하나의 벌집과 같다. 자신을 드러내지 않는 감독관은 마치 유령처럼 군림한다. 이 유령은 필요할 때는 곧바로 자신이 존재한다는 증거를 드러낼 수 있다.

이 감옥의 본질적인 장점을 한 단어로 표현하기 위해, 진행되는 모든 것을 한눈에 파악할 수 있는 능력을 의미하는 파놉티콘(panoptique/panopticon)이라고 부를 것이다.

– 제러미 벤담 저, 신건수 역,

《파놉티콘—감시 시설, 특히 감옥에 대한 새로운 원리에 관한 논문》, 책세상, 2007.

기본 과제

1. 벤담이 말하는 '파놉티콘'과 푸코가 재해석한 '파놉티콘'의 유사성과 차이에 대해 이야기해 보자.

2. '파놉티콘'의 건축적 형태와 감시 방법을 다른 사람들에게 설명해 보자.

3. 푸코에 따르면 '파놉티콘' 체제에서 감시를 당하는 사람은 자기 자신을 권력의 전달자로 만들어 권력관계 속으로 편입시킨다고 한다. 여러분은 사회 혹은 타인(부모님, 선생님, 친구 등)의 요구에 부응하기 위해 자신을 스스로 감시의 시선에 예속시켰던 경험이 있는가?

심화 과제

1. 벤담의 '일망 감시 시설'(파놉티콘)을 윗글의 설명에 따라 그림으로 그려 보자.

2. 감독관(간수)과 수감자(죄수)의 입장에서 '파놉티콘'의 장점과 문제점에 대해 써 보자.

3. 범죄 예방 및 범인 검거를 목적으로 설치된 CCTV가 개인의 사생활을 침해하거

나 사용자가 노동자를 감시하는 도구로 이용되는 경우가 있다. 하루에 몇 번이나 CCTV에 노출되는지, CCTV를 의식함으로써 발생하는 파놉티콘적 효과는 무엇인지 이야기하고 CCTV 설치에 대한 찬반 입장을 써 보자.

읽기 자료 2

근대 사회의 권력자가 파놉티콘의 간수와 다른 점은 이들이 점점 대중에게 노출되는 것을 선호했다는 것이다. 예를 들어 프랑스 국왕 루이 14세는 《가제트 드 프랑스(*Gazette de France*)》나 《메르퀴르 갈랑(*Mercure Galant*)》 같은 잡지를 통해 자신의 이미지를 대중에게 선전하기 시작했다. 물론 이러한 시도는 자신의 이미지를 대중에게 더욱 분명하게 각인시킴으로써 효과적으로 통치하기 위해서였다. 그렇지만 19세기에 대중화된 신문은 역감시를 체계적으로 구현했다. 종이 값의 하락과 인쇄술의 기계화, 문맹률의 감소는 신문이 대중화되는 데 중요한 역할을 담당했다. 1840년대에 전신이 등장하면서 뉴스의 보도는 비할 수 없이 신속해졌으며, 전 세계 곳곳에서 일어나는 사건을 각국에 보도하는 로이터(Reuter), 볼프(Wolff)와 같은 뉴스 에이전시들이 속속 만들어졌다. 20세기 초엽에는 라디오 방송이 확산되면서 권력자가 미디어에 노출되는 것(media visibility)이 일상화되었다. 언론은 권력자가 자신이 원하는 이미지를 가공하여 선전하고 심지어 여론을 조작하기 위한 도구로도 쓰였지만, 동시에 정치인들의 일거수일투족을 대중에게 드러냄으로써 권력의 투명성을 확보하는 중요한 역할을 수행했다. 역감시는 언론의 권력 감시에서 출발했다.

노르웨이의 범죄학자 매티슨(Thomas Mathiesen)은 소수가 다수를 감시하는 파놉티콘이 근대 사회의 감시 원리로 자리 잡았던 19세기 동안 다수가 소수의 권력자를 감시할 수 있는 언론과 통신 기술이 발달했다고 주장하면서, 이렇게 다수가 소수의 권력자를 감시하는 언론의 발달을 시놉티콘(Synopticon)이라고 명명했다. 파놉티콘과 달리 시놉티콘은 권력자와 대중이 동시에(syn) 서로를 보는 메커니즘이었다. 19세기 이후에 사회의 파놉티콘화가 진행되었지만, 이와 동시에 대중과 권력이 서로를 감시하는 시놉티콘도 발달했다는 것이다. 매티슨은 파놉티콘만으로는 현대 사회의 또 다른 특징인 역감시의 존재를 충분히 설명할 수 없으며, 바로 여기에 푸코의 역사 해석의 문제가 있다고 주장했다.

민주주의 국가에서 의회와 언론은 권력을 감시하는 중요한 기제임이 분명하지만 이에는 한계가 있다. 의회와 언론이 비대해지면서 이것들이 원래 취지와는 다른 그 자체의 독자적인 논리를 획득하기 시작하고, 그러면서 스스로가 권력화했다는 점이 그렇다. 권력을 행사하여 축재(蓄財)를 일삼는 의원들, 국민의 뜻이 무엇인가를 생각하기 이전에 당략에 의해 좌우되는 입법 과정은 국회가 선거철에만 국민의 얘기에 귀 기울이는 척할 뿐이라는 사실을 잘 드러낸다. 말초신경을 자극함으로써 시청률 경쟁에 여념이 없는 텔레비전 프로그램들, 특정 정당과 이념을 무비판적으로 지지하는 신문들에 대해 보통 사람들이 할 수 있는 일은 텔레비전을 끄거나 신문 구독을 중단하는 일 밖에 없다. 게다가 정치인이나 사회의 권력자들은 언론을 장악하거나 이를 잘 이용하여 자신들의 이미지를 구축하는 데 이미 충분히 익숙해져 있다. 물론 의회와 언론이 아직 역감시를 수행하는 중요한 주체임을 부인할 수는 없지만, 이런 기관들은 이제 그 자체가 역감시의 대상이 된 것이다.

– 홍성욱, 《파놉티콘 — 정보사회 정보감옥》, 책세상, 2002.

기본 과제

1. 푸코의 '파놉티콘'과 매티슨의 '시놉티콘'의 공통점과 차이점에 대해 생각해 보자.

2. "권력자가 자신이 원하는 이미지를 가공하고 선전하고 심지어 여론을 조작하기 위한 도구"로 언론을 이용하는 사례를 찾아 이야기해 보자.

3. 인터넷의 발달이 소수 권력자에 의한 감시(파놉티콘 체제)를 용이하게 하는지, 소수 시민들에 의한 역감시(시놉티콘)를 용이하게 하는지 이야기해 보자.

심화 과제

1. 트위터, 페이스북 등의 사회관계망서비스(SNS)의 발달을 '시놉티콘'과 관련시켜 글을 써 보자.

2. 언론은 정치 및 경제 권력으로부터 자유로울 때 본연의 기능을 제대로 발휘할 수 있다. 그러나 오늘날 한국의 언론은 권력 감시 기능을 제대로 수행하지 못한다는 비판을 받고 있다. 언론의 감시 기능을 강화시키기 위해 우리 사회가 어떻게 해야 하는지 이야기해 보자.

3. 권력에 의한 감시가 일상화된 미래의 이야기 〈빅 브라더가 지배하는 어느 하루〉를 읽은 후 여러분이 경험하게 될 미래의 어느 하루의 이야기를 써 보자.

* '빅 브라더'는 조지 오웰의 소설《1984》에서 전체주의 국가 '오세아니아'의 통치자로 등장하지만 사실은 '당'이 대중을 효과적으로 지배하기 위해 만들어 낸 가상의 인물이다.

햇살 좋은 어느 늦은 오후 프랭크가 집을 나선다. 딸 애비게일과 딸아이의 친구를 축구장에 태워다 주어야 하기 때문이다. 이웃집 아이가 창가에 서서 프랭크를 뚫어져라 바라본다. 자주 있는 일이다. 인사 한 번 하지 않는 이상한 이웃집 소년의 매서운 눈초리에 프랭크는 순간 왠지 모를 불안을 느낀다. 그러나 언젠가 신문에서 읽었던 것처럼 '반사회적 행위 금지 명령'을 요청할 정도로 심각한 수준은 아니라고 생각하고 대수롭지 않게 넘긴다. 프랭크는 습관처럼 뒤를 돌아보다가 새로 단장한 이웃집 현관 지붕에 매달린 폐쇄 회로 텔레비전(Closed Circuit Television, 이하 CCTV) 카메라를 발견한다. 아마 소년을 응시한 자신의 모습이 테이프에 담겼으리라. 어쩌면 그 화면 때문에 프랭크 자신이 반사회적 행동을 하는 인물로 간주되어 경찰이 집으로 갑작스레 들이닥칠지도 모를 일이다.

프랭크는 오늘이 재활용 쓰레기를 버리는 날이라는 점을 되새기면서 재활용 봉투를 쓰레기통에 넣는다. 한 달 전 재활용 쓰레기 버리는 날을 착각하는 바람에 의회로부터 경고 이메일을 받았기 때문이다. 다시 한 번 무단으로 쓰레기를 버리면 벌금과 벌점을 부과하겠다는 내용이었다. 프랭크는 이웃집 소년이 의회가 선정한 '청소년 감시단(Junior Streetwatcher)'의 일원이라는 점도, 이웃집 소년이 자신의 위반 행위가 찍힌 현관 CCTV 테이프를 의회에 보내 제보한 장본인이라는 점도 까맣게 모른다. 그러나 존경하는 의회는 그 제보 덕분에 소년의 집에 현관이 새로 설치되었다는 사실을 파악하게 되었고 구글 어스(Google Earth)로 확인해 무허가 증축에 대한 증거를 확보했다. 곧 소년의 집에 적용되는 세금 등급이 상향 조정될 것이다.

…(중략)…

애비게일은 평소처럼 친구 재닌의 아빠 앨런이 데리러 오지 않은 이유를 묻는다. 프랭크는 앨런이 공항 반대 시위 단체를 지지하는 내용을 트위터에 남기는 바람에 공항에서 반경 약 5킬로미터 이내로는 접근하지 못하는 접근 금지 명령을 받았다고 설명한다. 앨런은 앞으로 6개월 동안 공항 근처에 얼씬도 못할 것이다. 앨런은 경찰이 최신식 차량 번호 식별 시스템을 활용해 공항에서 반경 5킬로미터 이내에 주차된 차를 견인해 간 뒤에야 자기에게 공항 접근 금지 명령이 내려진 사실을 알게 되었다. 심지어 지하철을 타고 가다가도 공항에서 반경 5킬로미터 이내에 들어서면 지하철에서 내려야 하는 불상사도 벌어졌다. 지하철 사령부에서 앨런의 신분증에 내장된 무선 주파수 식별기(Radio Frequency Identifier, 이하 RFID)를 '감지'해서 벌어진 일이었다. 공항 접근 금지 명령 때문에 프리랜서인 앨런은 일하는 데 상당한 지장을 받고 있지만 그 사실을 증명할 수는 없었다. 각국 정부들은 폭력적 무정부주의자나 섹스 관광객의 명단을 작성하듯 저항 단체 회원의 명단을 작성해 입국 거부자로 분류한다. 그렇기 때문에 앞으로는 어느 나라에서도 앨런에게 비자를 발급해 주지 않을 것이다. 따라서 앨런에게 내려진 공항 접근 금지 명령은 사실상 기간이 무한정인 것이나 다름없다. 앨런만 그런 사실을 모를 뿐이다. 덕분에 앨런은 아동과 관련된 자원봉사 활동을 할 자격을 잃었다. 마우스 클릭 몇 번만 하면 앨런은 전 직장 동료가 자신의 신용 정보에 슬쩍 끼워 넣은 음해성 거짓말도 알게 되고 말 것이다. 프랭크는 앨런과의 우정 때문에 자기까지 '유죄' 판결을 받지 않기를 바란다. 오늘날에는 의심이 인간관계를 망치는 지름길이다.

…(중략)…

프랭크는 감시 관련 법안이 처음 제출되었을 당시 감시 행위에 반대했던 사람들을 피해망상 환자라고 생각했다. 그들은 감시가 가져다주는 이익을 제대로 이해하지 못하는 것 같았다. 그러나 문득 그들의 목소리가 최근에는 거의 들리지 않는다는 사실에 의아해 한다. 숨길 것이 없다면 두려울 것도 없다는 것은 분명하다. 그러나 다른 사람들과 마찬가지로 프랭크도 교통 카드 겸용 신용카드나 신분증을 들고 슈퍼마켓이나 우체국에 들렀다가 유효하지 않은 카드로 판정받아 골머리를 썩을 가능성을 안고 산다. 그런 일이 일어나면 누구든 행정 당국을 찾아가 짧게는 몇 날 며칠 길게는 몇 주씩 문제 해결에 매달려야 하는데, 공무원들은 신분증이 없으면 누가 누군지 도무지 믿어 주려 하지 않기 때문에 여간 골치 아픈 일이 아닐 수 없다.

사실 그날 아침, 바로 그런 일이 벌어졌다. 프랭크의 업무용 컴퓨터에 설치된 생체 인식 기계가 프랭크의 생체 정보를 인식하지 못한 것이다. 회사의 컴퓨터 관리 담당자가 즉시 〈바이오트랙(BioTrack)〉에 연락을 취했고 프랭크의 생체 정보가 태국에서 도용된 사실이 드러났다. 몇 주 전 프랭크의 신용카드가 복제되었다는 사실도 함께 밝혀졌다. 진료 기록이 의심스러운 사내와 그보다 더 의심스러운 공범이 복제 혐의로 방콕 경찰에 구금되어 있었다. (〈바이오트랙〉이 이런 사실을 어떻게 입수했는지는 알 수 없었다.) 그러나 프랭크가 들어 둔 보험은 생체 복제 범죄에 대해서는 보장해 주지 않는다. 이 사건과 자기 이름이 기록된 데이터베이스가 존재하는 한, 프랭크는 다음 번 휴가를 해외에서 보내기 힘들 수도 있다. 프랭크도 그런 사정을 익히 알고 있다.

책상머리에 앉아서 일을 하고 있지만 프랭크의 머릿속은 이런 생각들로 복잡하기 그지없다. 때마침 프랭크의 얼굴이 일그러졌고 그 순간 컴퓨터에 부착된 웹캠이 프랭크의 찡그린 표정을 포착해 회사의 스트레스 감독기에 전송했다. 회사의 음성 스트레스 감독기가 지난달부터 이미 프랭크의 비관적인 심리 상태를 반영하는 억양을 포착해 왔기 때문에 스트레스 조기 경보 발령 팀에서 프랭크의 상관에게 경보를 발령해 둔 상태였다. 음성 스트레스 감독기가 기록한 프랭크의 스트레스 수치가 프랭크 부친의 고혈압 정보나 프랭크 삼촌이 앓고 있는 심장병 정보와 연계되면서 프랭크의 건강에 적신호가

켜진 것으로 해석되면 프랭크가 가입한 의료 보험료가 올라가거나 승진에 불이익을 받을 수도 있고 그로 인해 발생하는 추가적인 스트레스 때문에 아예 회사에서 쫓겨날 가능성도 없지 않다.

답답해진 프랭크는 담배 생각이 간절하지만 차라리 운동을 하는 것이 낫지 않을까 생각한다. 운동을 하면 의료보험료를 조금 낮출 수 있기 때문이다. 프랭크는 이미 의료보험 회사에 담배를 피우지 않는다고 말해 둔 상태다. 그런 상황에서 담배를 구입한다면 보험료가 훌쩍 올라가는 것은 물론 상습적인 보험 사기꾼으로 찍힐지도 모른다. 몰래 담배를 피우다가 안면 인식 및 움직임 포착이 가능한 CCTV 카메라에 찍히기라도 하는 날에는 의료보험 기록에 흡연 기록이 남을 것이다. 담배 피우기를 포기한 프랭크의 차가 운동장과 공원으로 들어선다. 애비게일과 재닌이 차에서 뛰어내리는 모습을 보면서 프랭크는 이렇게 생각한다. '내가 어릴 적에는 이렇지 않았는데…….'

- 로빈 터지 저, 추선영 역, 《감시 사회, 안전장치인가, 통제 도구인가?》, 이후, 2013.

읽기 자료 3

병원, 정신병자 수용소, 감옥, 병영, 공장으로 이루어진 푸코의 규율 사회(Disziplinargesellschaft)는 더 이상 오늘의 사회가 아니다. 규율 사회는 이미 오래 전에 사라졌고 그 자리에 완전히 다른 사회가 들어선 것이다. 그것은 피트니스 클럽, 오피스 빌딩, 은행, 공항, 쇼핑몰, 유전자 실험실로 이루어진 사회이다. 21세기 사회는 규율 사회에서 성과(成果) 사회(Leistungsgesellschaft)로 변모했다. 이 사회의 주민도 더 이상 "복종적 주체(Gehorsamssubjekt)"가 아니라 "성과 주체(Leistungssubjekt)"라고 불린다. 그들은 자기 자신을 경영하는 기업가이다. 정상적인 것과 비정상적인 것을 갈라놓는 규율 기관들의 장벽은 이제 거의 고대의 유물처럼 느껴질 지경이다. 권력에 대한 푸코의 분석은 규율 사회가 성과 사회로 변모하면서 일어나 심리적 · 공간 구조적 변화를 설명하지 못한다. 자주 사용되는 "통제 사회(Kontrollgesellschaft)"와 같은 개념 역시 이러한 변화를 이해하는 데 적절한 것이 못 된다. 그런 개념 속에는 지나치게 많은 부정성이 담겨 있기 때문이다.

규율 사회는 부정성의 사회이다. 이러한 사회를 규정하는 것은 금지의 부정성이다. '-해서는 안 된다'가 여기서는 지배적인 조동사가 된다. '-해야 한다'에도 어떤 부정성, 강제의 부정성이 깃들어 있다. 성과 사회는 점점 더 부정성에서 벗어난다. 점증하는 탈규제의 경향이 부정성을 폐기하고 있다. 무한정한 '할 수 있음'이 성과 사회의 긍정적 조동사이다. "예스 위 캔"이라는 복수형 긍정은 이러한 사회의 긍정적 성격을 정확하게 드러내 준다. 이제 금지, 명령, 법률의 자리를 프로젝트, 이니셔티브, 모티베이션이 대신한다. 규율 사회에서는 여전히 '노(No)'가 지배적이었다. 규율 사회의 부정성은 광인과 범죄자를 낳는다. 반면 성과 사회는 우울증 환자와 낙오자를 만들어 낸다.

규율 사회에서 성과 사회로의 패러다임 전환은 하나의 층위에서만큼은 연속성을 유지한다. 사회적 무의식 속에는 분명 생산을 최대화하고자 하는 열망이 숨어 있다. 생산성이 일정한 지점에 이르면 규율의 기술이나 금지라는 부정적 도식은 곧 그 한계를 드러낸다. 생산성의 향상을 위해서 규율의 패러다임은 '성과의 패러다임' 내지 '할 수 있음'이라는 긍정의 도식으로 대체된다. 생산성이 일정한 수준에 도달하면 금지의 부정성은 그 이상의 생산성 향상을 가로막는 걸림돌로 작용하기 때문이다. 능력(Können)의 긍정성은 당위(Sollen)의 부정성보다 훨씬 더 효율적이다. 따라서 사회적 무의식은 당위에서 능력으로 방향을 전환하게 된다. 성과 주체는 복종적 주체보다 더 빠르고 더 생산적이다. 그렇다고 능력이 당위를 지워 버리는 것은 아니다. 성과 주체는 규율에 단련된 상태를 유지한다. 그는 규율 단계를 졸업한 것이다. 능력은 규율의 기술과 당위의 명령을 통해 도달한 생산성의 수준을 더욱 상승시킨다. 생산성 향상이란 측면에서 당위와 능력 사이에는 단절이 아니라 연속적 관계가 성립한다.

- 한병철 저, 김태환 역, 《피로사회》, 문학과지성사, 2012.

보조 자료

활동 사회라고도 할 수 있는 성과 사회는 서서히 도핑 사회로 발전해 간다. 그 와중에 "브레인 도핑"처럼 부정적인 표현은 "신경 향상(neuro-enhancement)"으로 대체된다. 도핑은 말하자면 성능 없는 성과를 가능하게 한다. 최근에는 어엿한 과학자조차 그런 약물을 사용하지 않는 것이야말로 무책임한 태도라고 주장하기에 이르렀다. 외과 의사가 신경 향상제의 도움으로 좀 더 정신을 집중하면서 수술할 수 있다면 실수도 줄어들고 더 많은 사람들이 목숨을 구할 수 있으리라는 것이다. 일반인들이 신경 향상제를 복용하는 것도 별 문제가 아니다. 단 공정성만 보장하면 된다. 모두가 그런 약을 똑같이 구할 수 있기만 하면 된다는 것이다. 만일 스포츠에서도 도핑이 허용된다면 경기는 약학적 경쟁의 장으로 변질되고 말 것이다. 하지만 약물 금지만으로 몸뿐만 아니라 인간 전체가 하나의 성과 기계가 되어 원활한 작동으로 최대의 성과를 산출할 것을 요구하는 사회적 발전 경향에 제동을 걸 수 있는 것은 아니다. 도핑은 단지 사회적 발전 경향의 결과일 뿐이다. '생동성(Lebendigkeit)'이란 본래 매우 복합적인 현상이지만, 그런 사회적 변화 속에서 생명 기능과 생명 활동으로 환원되고 만다. 성과 사회, 활동 사회는 그 이면에서 극단적 피로와 탈진 상태를 야기한다. 이러한 심리 상태는 부정성의 결핍과 함께 과도한 긍정성이 지배하는 세계의 특징적 징후이다. 그것은 면역학적 타자의 부정성을 전제하는 면역학적 반응이 아니라, 오히려 긍정성의 '과잉'으로 인해 유발되기 때문이다. 과도한 성과의 향상은 영혼의 경색으로 귀결된다.

- 한병철 저, 김태환 역, 《피로사회》, 문학과지성사, 2012.

기본 과제 1. '복종적 주체'와 '성과 주체'를 '파놉티콘'과 관련시켜 이야기해 보자.

2. 과도한 긍정의 스트레스에 시달린 경험이 있다면 왜 그랬는지, 그래서 어떻게 했는지, 결과는 어떠했는지 이야기해 보고 '성과 주체' 개념을 활용해 글을 써 보자.

3. 성과를 위해 '레드○'이나 '핫○○'와 같은 '신경 향상제'의 도움을 받은 경험이 있는가?

심화 과제

1. '성과의 패러다임'을 긍정적으로 활용해 성공한 기업의 예를 찾아 함께 이야기해 보자.

2. '활동 자료'로 주어진 설문에 응답하고 반 전체의 결과를 분석해 보자.

3. 설문 결과를 분석하는 글을 써 보자.

안녕하십니까? 본 설문지는 최근 이슈가 되고 있는 소위 에너지 음료로 불리는 고카페인 음료의 복용 실태 및 고카페인 음료의 부작용, 질병에 따른 고카페인 음료의 위험성을 알아보기 위한 설문입니다. 본 설문지는 무기명으로 작성되며, 연구 이외의 목적에는 사용되지 않음을 약속드립니다. 수고스럽지만 성의껏 답해 주시면 감사하겠습니다.

1. 성별: ① 남 ② 여 2. 나이: 만____세 3. 학부(과): ____________

4. 에너지 음료(예: 레드○, 핫○○, 번인○○, 박○○D/F, 몬스터○○○ 등)를 복용한 적이 있습니까?

① 있다(5번으로 진행하십시오) ② 없다(설문을 마쳐 주십시오)

---

5. 귀하는 현재 담배를 피우십니까?

① 안 피움 ② 과거에 피웠으나 현재 피우지 않음
③ 가끔 피움 ④ 매일 피움

6. 평상시 음주를 얼마나 하십니까?

① 전혀 안함 ② 한 달에 1회 이하 ③ 주 1회 이하
④ 주 2~3회 ⑤ 주 4회 이상

7. 에너지 음료를 처음 마셔 본 시기는 언제입니까?

① 초등학교 ② 중학교 ③ 고등학교
④ 대학교 ⑤ 기타 ________

8. 최근 일주일 간, 에너지 음료를 얼마나 마셨습니까? ____캔/일주일

9. 가장 많이 마셨을 때, 하루에 몇 캔까지 마셨습니까? ____캔/하루

10. 에너지 음료 외에 카페인이 들은 음료를 하루 평균 얼마나 마십니까?

a. 커피류(아메리카노, 에스프레소, 라떼, 카푸치노, 자판기 커피 등) _____잔

b. 캔커피(레쓰○, 조지○ 등) ______캔

c. 녹차 혹은 홍차 ______잔(캔)

11. 에너지 음료를 마시는 이유는 무엇입니까? (복수 응답 가능)

□ 맛이 좋아서

□ 운동할 때 더 잘하기 위해서

□ 공부할 때 잠을 깨기 위해서

□ 피로 회복을 위해서

□ 술자리에서 술과 섞어 마심

□ 숙취 해소를 위해서

□ 별 이유 없이 그냥 마심

□ 기타 ________________

12. 에너지 음료를 주로 마시는 장소는 어디입니까? (복수 응답 가능)

□ 도서관

□ 강의실

□ 기숙사

□ 술집

□ 집

□ 운동장(피트니스)

□ 기타 _______________

13. 에너지 음료의 섭취가 일시적으로 집중적인 공부(예: 시험 기간)에 도움이 된다고 생각하십니까?

① 그렇다(14번으로 진행) ② 아니다(16번으로 진행)

14. 위 13번에서 '그렇다'라고 대답했을 경우, 에너지 음료수를 마셨을 때 학습에 어떤 효과를 느꼈습니까? (복수 응답 가능)

- □ 졸리지 않아 공부 시간을 늘릴 수 있었다
- □ 집중력이 향상되었다
- □ 기억력이 좋아졌다
- □ 중도에 포기하지 않게 되었다
- □ 공부가 즐거워졌다
- □ 기타 ______________

15. 에너지 음료의 섭취가 학습에 주는 효과를 얘기하며 타인에게도 권해 본 적이 있습니까?

① 있다 ② 없다

16. 에너지 음료를 마신 후 부작용 경험이 있었습니까?

① 있다 ② 없다

항목(16번 항목 ①번 응답자만)	그런 적 없다	그렇다	매우 그렇다
17. 가슴이 두근거리거나 심장 박동이 빨라졌다	1	2	3
18. 호흡이 가쁘고 숨쉬기가 힘들었다	1	2	3
19. 가슴 부위에서 통증을 느꼈다	1	2	3
20. 불면증 증상을 겪었다	1	2	3

21. 어지러움 증상을 느꼈다	1	2	3
22. 우울하고 힘이 없다	1	2	3
23. 두통을 겪었다	1	2	3
24. 원인 모를 스트레스나 불안감을 느꼈다	1	2	3
25. 악몽을 꾸었다	1	2	3
26. 손이나 안면 등의 떨림 증상을 겪었다	1	2	3
27. 입이 마르는 증상을 겪었다	1	2	3
28. 속이 메슥거리거나 구토를 하였다	1	2	3
29. 배가 아프고 반복되는 복통을 겪었다	1	2	3
30. 설사를 하였다	1	2	3
31. 변비를 겪었다	1	2	3

- 이지은 · 허완 · 최은주, 〈대학생들의 고카페인 에너지음료 소비실태 및 부작용 분석〉, 《약학회지》 57-2, 대한약학회, 2013. 4.

9. 자연과학의 인문학적 이해

자연과학은 주로 자연 현상을 연구 대상으로 삼는 반면 인문과학은 주로 인간 세계를 다룬다는 점에서 두 분야는 일정한 거리를 가지고 있는 것으로 보인다. 그러나 인간도 자연계의 일부이고 인간 세계도 넓은 의미의 자연 현상에 포함된다고 가정한다면 자연과학과 인문과학은 모두 인간을 포함한 세계를 연구 대상으로 하여 그 속에 내재한 보편적 진리를 탐구하는 학문으로 규정할 수 있다. 이렇게 볼 때 자연과학과 인문과학은 상호 배타적인 학문이라기보다는 특정한 접점을 공유하면서 서로 소통하고 교차하는 학문이라고 보아야 할 것이다. 특히 최근에는 자연과학의 연구 방법에 인문학적 방법론이, 혹은 인문학 연구에 자연과학적 접근 방법이 도입되기도 하는 등 자연과학과 인문학은 어느 때보다 그 거리가 가까워졌다고 할 수 있다. 이 절에서는 천문학, 언어학, 나노 과학과 미시사(微視史) 등과 관련된 글들을 통해서 자연과학의 인문학적 이해의 폭을 넓혀 보도록 한다.

우주의 대폭발과 은하의 후퇴 운동을 발견할 수 있었던 것은 도플러 효과라고 알려진 자연의 간단한 원리 덕분이었다. 도플러 효과는 우리에게 익숙한 현상이다. 택시 기사가 우리 곁을 지나며 경적을 울린다고 하자. 택시 안에 있는 사람에게는 그 경적이 일정한 높이의 소리로 들릴 것이다. 그러나 택시가 지나는 길가에 서 있는 사람은 음높이가 변함을 느끼게 된다. 택시가 다가올 때에는 경적이 고음으로 들리다가 택시가 자기 앞을 지나서 멀어지기 시작하면 점점 저음으로 변한다. 경주용 차들은 보통 시속 200킬로미터의 속력으로 달리는데 이 속력은 음속의 5분의 1에 해당한다. 소리는 공기 밀도의 변화에 따라 만들어지는 일련의 파동 현상이다. 이러한 파동 현상이 우리에게 소리로 들리는 것이다. 음파의 마루와 골 사이 간격이 가까울수록 우리에게 들리는 소리는 점점 고음이 되고 그 간격이 멀수록 저음이 된다. 달리는 차의 관점에서는 비록 일정한 음조의 경적을 울린다고 하더라도 우리에게서 멀어지면서 그 소리의 골과 마루의 간격은 넓어지게 마련이다. 그러므로 우리 곁을 지나는 차의 경적이 점점 저음으로 변하는 것같이 들리는 것이다. 경주용 차가 우리에게 접근할 때에는 음파의 골과 마루 사이 간격이 줄어든다. 그러므로 우리는 점점 높아지는 소리를 듣게 된다. 정지한 차에서 나는 경적 소리의 높낮이를 미리 알고 달리는 차에서 들려오는 소리의 높낮이를 측정하여 이 둘을 서로 비교하면 그 차의 접근 · 후퇴 여부와 속력까지도 바로 알아낼 수 있다. 높낮이의 변화 정도가 상대 속력과 음속의 비와 간단한 비례의 관계를 이루기 때문이다.

빛 또한 파동 현상이다. 소리와 다르게 빛은 진공에서도 전파된다. 그렇지만 도플러 효과는 빛에서도 나타난다. 달리는 자동차가 경적 대신에 전후사방으로 노란색의 빛을 방출한다고 하자. 차가 관측자에게 접근할 때에는 주파수(파장)가 증가(감소)하고 관측자에게서 후퇴할 때는 주파수(파장)가 감소(증가)한다. 우리가 일상생활에서 경험하게 되는 차의 속력으로는 빛의 주파수(파장) 변화량이 감지할 수 없을 정도로 작지만 빛의 속도에 비해서 무시할 수 없을 정도로 빠른 속력이라면 그 변화량 역시 무시할 수 없는 수준에 이른다. 따라서 빛의 색깔이 변한다. 차가 관측자에게 접근하는 경우에는 빛의 파장이 감소하여 색깔이 노란색에서 파란색 쪽으로 이동한다. 이것을 청색 편이 또는 청색 이동이 일어난다고 한다. 반대로 관측자에게서 멀어지면 노란색이 빨간색 쪽으로 변하여 적색 이동(편이)이 생긴다. 그런데 멀리 있는 은하들에서는 도플러 효과에 따른 빛의 적색 이동이 주로 관측됐다. 이 도플러 효과가 현대 관측 우주론의 출발점이 되었다.

…(중략)…

은하 하나에서 오는 빛은 그 은하를 이루는 수십억 개의 별들이 방출하는 빛의 총합이다. 별에서 비교적 온도가 낮은 외곽부의 대기는 별 내부에서 나오는 특정 파장들의 빛을 흡수하여 스펙트럼 사진에 여러 개의 흡수선을 만들어 놓는다. 이 스펙트럼의 파장을 측정하면 별의 대기를 구성하는 화학 조성을 알아낼 수 있다. 그 결과 우리는 멀리 떨어져 있는 별들도 우리 태양과 같은 성분의 물질로 이루어졌음을 확인할 수 있었다. 그런데 휴메이슨과 허블은 자신들도 깜짝 놀랄 발견을 했다. 먼 은하들의 스펙트럼이 모두 적색 이동을 보이며, 더욱 놀라운 것은 적색 이동의 정도가 은하까지의 거리에 비례하여 증가한다는 사실이었다.

적색 이동을 가장 쉽게 해석할 수 있는 방편은 이것이 도플러 효과의 결과라고 보는 것이다. 그렇다면 은하들이 모두 우리에게서 멀어진다는 결론이 나온다. 그리고 멀리 있는 은하일수록 더 빠른 속력으로 후퇴한다는 추론도 사실로 받아들여야 한다. 은하들이 도대체 왜 후퇴한단 말인가? 그리고 우리를 피해서 달아나야 할 특별한 이유라도 있단 말인가? 우리가 사는 동네가 우주에서 유독 특별한 곳이란 말인가? 은하들의 사회 활동에서 우리 은하수 은하가 무슨 큰 잘못이라도 저질렀거나, 아니면 이웃에게 모종의 행패라도 부렸단 말인가? 의문은 꼬리에 꼬리를 문다. 그렇지만 우주 자체가 팽창하는 듯하다는 생각은 지워 버릴 수가 없다. 우주가 팽창하기 때문에 그 안에 들어 있는 은하들은 서로 멀어지는 수밖에 없는 것이고, 과거에는 은하들 사이의 간격이 지금보다 훨씬 가까웠을 것이다. 휴메이슨과 허블의 발견은 우주의 기원이 대폭발임을 암시하고 있었다. 은하들의 적색 이동을 발견할 당시에는 이것이 우주의 기원과 관련되어 있으며 모든 것의 근본을 건드리는 문제라고 확신하는 사람은 아무도 없었다. 이제 돌이켜 보면 어울리지 않을 것 같은 이 두 사람이 은하의 스펙트럼에서 우리를 우주 기원의 순간으로 데려갈 이론적 터전을 찾아냈던 것이다.

– 칼 세이건 저, 홍승수 역, 《코스모스》, 사이언스 북스, 2004.

보조 자료

"밤하늘은 왜 어두운가?"

이런 싱거운(?) 질문 하나가 몇 세기 동안 천문학자들의 골머리를 싸매게 했다니, 얼른 믿어지지가 않지만 사실이다. 이 질문의 의미는 보기보다 심오하다. 어두운 밤하늘이 '무한하고 정적인 우주'라는 기존의 우주관에 모순된다는 것을 보여주기 때문이다. 우주가 무한하고 별들이 고르게 분포되어 있다면, 우리 눈앞에 펼쳐진 2차원의 밤하늘은 별들로 가득 메워져 밤에도 환하게 밝아야 한다. 왜냐하면, 우리 시선이 결국은 어떤 별엔가 가 닿을 것이기 때문이다. 그러나 현실은 그렇지 않다. 밤하늘은 여전히 캄캄하다! 이건 역설이다. 왜 그런가?

이 화두를 던진 사람은 독일의 천문학자이자 의사인 올베르스다. 그래서 이 역설을 '올베르스의 역설'이라 한다. 소행성 발견자인 올베르스는 '어두운 밤하늘의 역설'이라고도 하는 이 역설로 더욱 유명해졌다. 이 질문에 대한 올베르스 자신의 답은, 별빛을 차단하는 무엇, 예컨대 성간 가스나 먼지 같은 것들 때문이라고 보았다. 하지만 땡~. 먼지와 가스층이 우주공간을 메우고 있다면 수많은 세월 빛에 노출되어 발광성운이 되어 빛나게 되기 때문에 우주는 마찬가지로 밝아질 것이기 때문이다. 케플러도 이 문제로 고민하다가 결국 "우주가 유한해서 그렇다"라고 결론을 내렸다. 이 역시 정답은 아니다.

올베르스의 역설을 처음으로 해결한 사람은 뜻밖의 인물이었다. 미국의 작가이자 아마추어 천문가인 에드거 앨런 포우였다. 자신이 천체관측을 한 것에 대해 쓴 산문시 〈유레카〉(1848)에서 포우는 "광활한 우주공간에 별이 존재할 수 없는 공간이 따로 있을 수는 없으므로, 우주공간의 대부분이 비어 있는 것처럼 보이는 것은 천체로부터 방출된 빛이 우리에게 도달하지 않았기 때문이다"라고 주장했다. 그는 또 "이 아이디어는 너무나 아름다워서 진실이 아닐 수 없다"고 자신했다. 예술가다운 직관이라 하지 않을 수 없다.

포우의 말마따나 밤하늘이 어두운 이유는 빛의 속도가 유한하고, 대부분의 별이나 은하의 빛이 아직 지구에 도달하지 않았기 때문이다. 그것은 또 우주가 태어난 지 충분히 오래지 않았기 때문이기도 하다.

그러나 포우가 미처 몰랐던 중요한 사실이 하나 더 있다. 그것은 우주가 지금 이 시간에도 계속 엄청난 속도로 팽창하고 있다는 사실이다. 그러므로 지금 도달하지 못한 빛들은 당분간, 영원히 도달하지 못할 것이고, 밤하늘이 점차 밝아지는 일도 일어나지 않을 것이라는 게 정답이다.

- 이광식, 《천문학콘서트》, 더숲, 2011.

기본 과제

1. 청색 이동과 적색 이동을 도플러 효과로 다시 설명해 보자.

2. 소리의 파동을 설명하는 데 주로 활용된 '도플러 효과'가 현대 관측 우주론의 출발점이 되었다는 필자의 견해를 요약해서 설명해 보자.

심화 과제

1. 천문학은 발견된 사실보다 밝혀져야 할 사실들이 압도적으로 많은 분야라는 점은 부인할 수 없다. 우리가 경험적으로 관찰할 수 있는 한계는 어디까지이며, 관

찰적인 사실들의 총합이 설명할 수 있는 영역은 어디까지인가? 천문학의 최근 성과를 관측 기술의 발달과 관련하여 조사해 보자.

2. 오랫동안 천문학자들도 설명하지 못했던 문제를 천문학자가 아닌 소설가가 풀어냈다는 점에서 보조 자료의 글은 흥미롭다. 우리는 이와 같이 특정 분야의 전문가들도 풀지 못하는 문제들을 비전공자나 일반인들이 쉽게 해결하는 경우를 주위에서 종종 발견한다. 그러한 사례가 있다면 발표해 보자.

3. 밤하늘이 어두운 이유에 대한 윗글의 설명도 어디까지나 가설의 차원에 머물러 있다. 밤하늘이 어두운 이유는 무엇인지 스스로 가설을 만들어 설명해 보자.

읽기 자료 2

"백화점의 하루 매상 중 80%는 그 백화점의 단골인 20%의 손님이 올린다." — 파레토의 80/20 법칙

우리나라 사람들이 가장 많이 사용하는 단어는 무엇일까? 이 흥미로운 질문의 해답을 찾는 과정은 여간 힘든 일이 아닐 것이다. 책이나 신문, 잡지 등에 실린 글들을 전부 컴퓨터로 데이터베이스화 한 후 각 단어의 출현 빈도수를 세야 하기 때문이다.

지난 2000년, 7년에 걸친 노력 끝에 이 지루하고 힘든 작업을 완수한 연구팀이 있다. 고려대 국문과 김흥규 교수와 언어학과 강범모 교수팀은 90년대 전반에 나온 신문기사 · 논설, 잡지, 소설, 수필, 인문 교양서적, 자연과학서적 등 127종을 토대로 우리말과 글 150만 어절을 정리, 이를 컴퓨터로 분석해 한국어 어휘의 사용 빈도를 조사했다.

그들이 낸 보고서《한국어 형태소 및 어휘 사용 빈도의 분석 1》(2000)에 따르면, 한국인이 가장 즐겨 사용하는 단어는 일반명사의 경우 '사람', 고유명사의 경우 '한국', 동사는 '하다', 형용사는 '없다', 접속사는 '그러나'라고

한다. 또 일반명사의 경우, '사람'에 이어 '때', '일', '말', '사회', '속', '문제', '문화', '집', '경우'가 10위 안에 들어 있고, 고유명사는 '한국'에 이어 '서울', '일본', '미국', '중국', '북한', '고려', '조선', '신라' 등이 뒤를 이었다. 감탄사는 '참', '아니', '글쎄'가 선두 그룹을 형성한 가운데, '어머', '제기랄' 등이 30위권 안에 들어 있었다.

재미있는 것은, 사용 빈도 상위 1,000개의 단어만 알면 누구든 한국어의 75%를 이해할 수 있다는 사실이다. 우리가 일상생활에서 주로 사용하는 단어는 대략 1,000개 안팎으로 한정돼 있다는 의미다. 국립국어원이 펴낸《표준국어대사전》(1999)에 실린 단어가 약 40만 개라고 하니, 우리가 주로 사용하는 단어는 한국어 전체 어휘 중 약 0.3%에도 못 미치는 셈이다.

미국에서도 이와 비슷한 연구가 있었다. 우리나라처럼 방대한 자료를 토대로 얻은 데이터는 아니지만 그 결과는 자못 흥미롭다. 미국 하버드 대학교 언어학자 조지 지프(George Kingsley Zipf, 1902-1950)는 영어로 된 책(《현대어 성경》이나《백경》 등)에 나오는 단어들을 모두 세어 그 빈도수를 조사했다. 그 결과, 미국 사람들이 가장 많이 사용하는 단어는 'the'였으며, 'of', 'and', 'to'가 그 뒤를 이었다. 의미를 가진 단어 대신 두 단어 사이를 연결해 주는 전치사나 단어 앞에 붙는 관사 등 기능어들(function words)이 상위권을 차지했다.

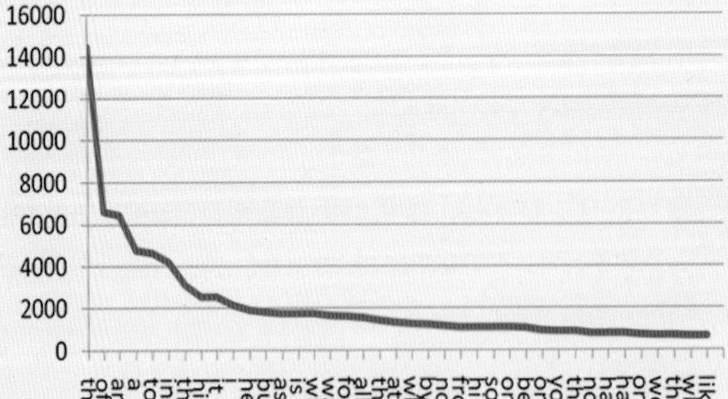

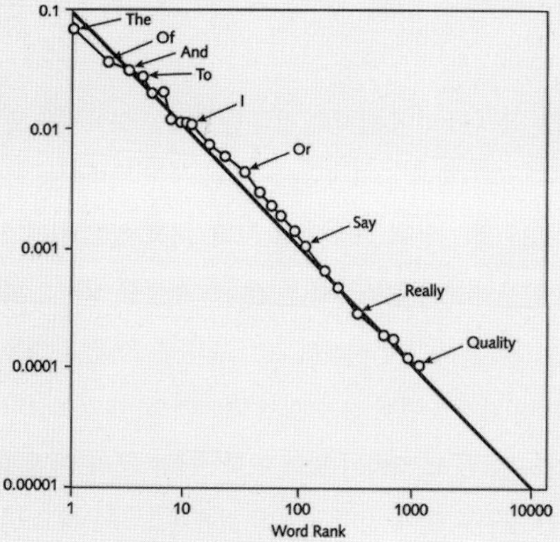

Zipf's Law for the English language.

그런데 흥미로운 것은 순위가 내려갈수록 사용 빈도수가 기하급수적으로 떨어진다는 사실이다. 예를 들어 한 책에 수록된 단어를 조사해 본 결과 가장 많이 사용된 단어인 'the'가 모두 1,000번 등장했다면, 두 번째로 많이 사용된 'of'는 'the'가 나온 빈도수의 1/2인 약 500번, 세 번째로 많이 나온 'and'는 'the'가 나온 빈도수의 1/3, 네 번째로 많이 나온 'to'는 'the'가 나온 빈도수의 1/4만큼 등장한다는 것이다. 이렇게 점점 줄어들어서 나머지 대부분의 단어들은 제한적인 횟수만큼만 사용되더라는 것이다. 즉 자주 사용하는 단어는 소수에 불과하고 다른 대부분의 단어들은 비슷하게 적은 횟수로만 쓰인다는 얘기다.

이것을 수식으로 표시하면 사용 빈도수를 Y라고 하고 순위를 X라 하면 이들 사이의 관계는 $Y=cX^{-a}$로 표현된다(이때 c와 a는 상수이며 a값은 1을 갖는다). 이것을 로그-로그 그래프(2차원 평면에 logX와 logY에 대해 그린 그래프)로 그려보면 a를 기울기로 갖는 직선 그래프를 얻게 된다. 두 변수의 관계가 위와 같은 그래프로 표현될 때 이것을 수학에서는 '베키의 법칙(Becky's law)'이라고 부르는데 일반적으로 'power law'라는 말을 더 많이 쓴다. 우리가 일상생활에서 무의식중에 사용하는 단어들 이면에 빈도수에 대해 이렇게 정교한 법칙이 있었다니 얼마나 놀라운 일인가! 한국어 분석에서도 상위 1,000

개의 단어로 75% 이상을 기술할 수 있다는 결과는 이 법칙과 일맥상통하는 내용이라 여겨진다.

더욱 놀라운 것은 이러한 특성이 영어 단어와 전혀 상관없는 곳에서도 발견된다는 사실이다. 예를 들어 세상에 돌고 도는 돈은 다 누구 주머니에 들어 있는지 생각해 보자. 얼마 전 신문에 난 기사를 보니, 미국 월드 빌리지 프로젝트가 지구촌 60억 인구의 소득을 조사해 본 결과 고소득층 상위 20%가 전체 자산의 75%를 소유하고 있으며 최하위 20%는 겨우 2%만을 소유하고 있다고 발표했다. 1960년에는 재산 보유 상위 20%가 하위 20%보다 약 30배의 재산을 가졌으나 점점 그 격차가 벌어져 작년에는 무려 74배가 됐다고 한다. 지난 30년간 꾸준한 경제 성장을 보여 왔음에도 불구하고 빈부간의 소득 격차는 더욱 벌어진 것이다.

…(중략)…

이처럼 언어학 분야에 지프의 법칙이 있듯이 경제학에서 상위 20% 부자들이 80% 이상의 소득을 독점하고 있는 특성을, 이 법칙을 발견한 프랑스 파리 출신 경제학자 빌프레도 파레토(Vilfredo Pareto, 1848-1923)의 이름을 따서 '파레토의 법칙(Pareto's law)'이라고 부른다. 파레토의 법칙은 경제학의 power law(멱함수 법칙)인 셈이다.

- 정재승, 《정재승의 과학콘서트》, 동아시아, 2003.

기본 과제

1. 단어 사용 빈도에 대한 한국과 미국의 연구 결과는 놀라운 유사성을 보여 준다. 그러나 위에서 보여 준 예들을 유심히 살펴보면 한국어에서는 명사, 동사 등의 어휘적인 단위들이 주로 포함된 반면 영어에서는 기능어들이 중심이 되어 있음을 알 수 있다. 이들을 같은 차원에서 비교하는 것은 적절한 것인지 논의해 보자.

2. 윗글의 조사 결과에 따르면 '한국', '서울', '일본', '미국', '중국', '북한', '고려', '조선', '신라' 등의 고유명사가 상당히 높은 빈도를 기록하였다. 이 결과가 의미하는 바가 무엇인지 논의해 보자.

심화 과제

1. 언어 현상에 대한 지프의 놀라운 법칙은 경제 현상에서도 유효한 것으로 밝혀졌다. 즉 지프의 법칙은 파레토의 법칙으로도 변환될 수 있다. 지프의 법칙이 다른 현상에도 적용될 수 있을지 생각해 보고, 있다면 그 사례를 발표해 보자.

2. '지프의 법칙'은 언어의 사용 양상이 극히 편중되어 있다는 사실을 토대로 단어와 단어 사용 빈도의 관계가 멱함수의 관계를 보인다는 점을 설명한 법칙이다. 이 법칙에 의하면 우리의 언어생활은 매우 편향된 단어 사용 양상을 보인다고 할 수 있다. 한국어의 조사 결과를 참조하여 실제 언어생활 양상과 비교해서 논의해 보자.

읽기 자료 3

거시 세계만을 주로 역사 연구의 대상으로만 삼던 종래의 역사학은 삶을 오리엔테이션한다는 역사학의 본래 임무를 충실히 수행하지 못했다. 왜 그러한가? 역사학이란 기본적으로 마르크 블로크(Mark Bloch, 1886-1944)의 말처럼 '시간 속의 인간에 관한 과학'이라고 할 수 있는데, 오히려 인간을 역사에서 소외시켜왔기 때문이다. 역사에서 인간이 소외되는 현상은 근대에 일어난 사회 변동과 관련되어 일어났다. 근대 산업사회에서 국가나 자본주의 같은 비인격적인 제도나 구조가 역사를 추동하는 동력으로 대두함으로써, 인간들은 그저 익명의 대중으로 전락했다. 마르크스는 그러한 대중에게 계급의식을 불어넣음으로써 역사의 주체인 프롤레타리아로 부활시키는 사회주의 혁명을 기대했지만, 현실로 나타난 사회주의는 자본주의보다 더 심각하게 대중을 체제와 구조의 감옥에 감금시킴으로써 자멸하고 말았다.

미시사는 근대 거대 담론이 주도한 거시사적 전망에 대한 반성으로부터 생겨났다. 자연과학이 '아주 작게 생각하기'를 통해 세계를 재창조하는 나노 혁명을 선도한다면, 미시사는 종래의 역사책에 나오지 않던 평범한 사람들이나 사건들에 대해 '아주 치밀한 묘사'를 함으로써 다른 역사의 가능성들에 대해 실험하고자 한다. 미시사가 작은 대상을 연구하기 때문에 보는 관점 역시도 작다고 말할 수는 없다. 한 알의 모래에서 세계를 보고 하나의 물방울에서 대양을 볼 수 있다고 믿는 미시 역사가들은 거시 세계에서 미시 세계로 인식론적 전환을 시도한다.

역사란 기본적으로 인간을 주인공으로 해서 전개하는 세상에 대한 이야기다. 이야기 조각들이 모여서 구성되는 것이 역사라면, 역사의 단위는 이야기다. 어떤 규모의 이야기를 해야 할 것인가에 따라 역사는 거시사와 미시사로 나뉜다. 개별적인 인간이 아니라 초개인적인 사회구조나 체제의 변화를 역사 서술의 중심 대상으로 설정하는 사회사나 구조사는 거시사를 지향했다.

하지만 사회와 역사 전체를 사회공학에 입각해서 바꾸려는 근대의 기획이 실패하면서, 우리는 큰 것이 변함으로써 작은 것이 자동적으로 변하는 것이 아니라, 작은 것이 변해야 큰 것이 변할 수 있음을 깨달았다. 가장 작은 것에서 촉발된 '아래로부터의 혁명'이 가장 근본적인 변화를 낳을 수 있다는 신념에서 역사 이야기의 규모를 미시 세계로 축소해야 한다는 미시사적 문제의식이 생겨났다.

나노 과학이 물질세계를 구성하는 분자의 기본 구조를 '나노'라는 단위로 파악하는 것처럼, 미시사는 인간세계를 이야기하는 역사의 기본 단위로 '나노 이야기'를 상정해 볼 수 있다. 역사가 궁극적으로 인간에 대한 이야기라면, 인류학자 말리노프스키(B. K. Malinowski)의 말대로 인간 삶의 영원한 주제인 "인간은 살며 사랑하다 그리고 죽는다"가 역사의 근본을 이루는 '나노 이야기'가 된다. 이러한 '나노 이야기'를 추적하는 역사가의 장인정신을 마르크 블로크는 "역사가란 인간의 살 냄새가 나는 곳은 어디든지 쫓아가는 전설 속에 나오는 흡혈귀"라고 표현했다. 오늘의 역사학이 인간 삶을 오리엔테이션한다는 본래 기능을 상실하고 위기에 빠진 근본 원인은, 역사가들이 "인간은 살며 사랑하다 그리고 죽는다"를 기본으로 해서 역사 이야기를 구성하지 않기 때문이다. 따라서 다시 살냄새 나는 인간을 역사 이야기의 중심주제로 재설정하고자 하는 미시사가 역사학의 미래를 여는 희망일 수 있다.

근대가 아주 큰 것을 성취하기 위해 커다란 행동을 요구하는 거대 담론의 시대였다면, 탈근대는 아주 작은 것에 대해 철저히 성찰함으로써 가장 근본적인 변화를 모색하는 나노 시대이다. '나노'는 그리스어로 본래 '난쟁이'를 의미한다고 한다. 거대 담론으로 세계를 변화시키고자 한 거인의 시대가 근대라면, 작은 것이 아름다울 뿐만 아니라 중요하다는 것을 깨닫고 근대라는 거인의 어깨 위에 올라탄 난쟁이의 시대가 탈근대이다.

탈근대의 미시 역사가는 역사에서 거대 담론에 입각한 혁명을 더는 꿈꾸지 않는다. 그 대신 자기가 다루는 시대를 살아간 인간들의 일상적 삶에서 가장 밑바닥을 이루는 나노구조를 발견하고자 한다. 그리하여 그것으로부터 시작된 변화를 기점으로 역사 전체가 바뀔 수 있었던, 과거의 잃어버린 가능성들을 발굴해서 이야기하고자 한다.

크기가 100나노미터 이하인 재료를 만드는 나노 기술에는 두 가지 접근 방식이 있다고 한다. 하나는 '작게 줄이기(top-down)' 방식이고, 다른 하나는 '크게 늘리기(bottom-up)' 방식이다. 전자가 큰 재료를 작게 나누는 방법이라면, 후자는 작은 것들을 조립해서 큰 것을 만드는 방법이다. 분쇄기로 갈아서 작은 입자를 만드는 '작게 줄이기' 방식은 오래 전부터 해온 전통적인 방법이다. 거대 담론을 해체해서 역사를 작은 이야기로 만드는 미시사는 바로 나노 기술의 '작게 줄이기' 방식에 해당한다.

그런데 기존 역사가들이 미시사에 대해 회의적인 시선을 보내고 있는 이유는, '전체는 부분의 총합 이상'이라는 말에서 알 수 있듯이 미시사로는 전체사적인 조망에 도달할 수 없다는 점이다. 해체 그 자체는 무의미하다. 해체의 의미는 결국 재조립을 통해 드러난다. 나노 공정의 '크게 늘리기' 방식이 나노미터 크기의 기본 구성 물질을 레고 블록처럼 쌓아올려서 큰 구조물을 만들어 내듯이, 미시사의 목표는 거시사에 의해 배제되고 망각된 작은 이야기들을 발굴하여 재구성함으로써 궁극적으로는 큰 이야기를 하는 것이 되어야 한다.

미시 역사가는 인간의 삶 총체에서 가장 근본적인 토대를 형성하는 '나노 이야기'를 발견하기 위해 거시사를 잘게 나누는 미분의 역사뿐 아니라, 미시사의 '나노 이야기들'을 다시 쌓아올려서 역사에 대한 새로운 전체상을 제시하는 적분의 역사도 써야 한다. 나노 과학자와 미시 역사가의 눈은 각각 물질과 역사를 바라보지만, '작은 것으로부터의 혁명'을 추구한다는 점에서 동일한 작업을 두 세계에서 하고 있는 셈이다.

– 김용석 외,《인문학의 창으로 본 역사》, 한겨레출판, 2006.

기본 과제

1. 근대에서 탈근대로 넘어가는 과정은 거시사에서 미시사로 전환하는 시기와 관련되어 있다. 윗글의 내용을 토대로 거시사에서 미시사로 전환하는 과정을 요약해 보자.

2. 거시사적 역사 이해가 가지는 장점과 단점은 무엇인지 미시사와 관련하여 논의해 보자.

심화 과제

1. 거시사에서 미시사로 역사학의 흐름이 변화한 배경을 토대로 나노 시대가 도래하게 된 배경을 과학사의 관점에서 어떻게 설명할 수 있을지 논의해 보자.

2. 나노 기술이 어디까지 발전하였는지 조사해 보고 나노 기술이 적용된 주위의 사례를 발표해 보자.

3. 지금까지 살아온 자신의 삶을 작게 분할(미분)해 보고 미분된 결과를 재조립(적분)해 보자. 재조립의 과정에서 두드러지게 나타나는 특징을 중심으로 여러분의 삶을 조망해 보자. 이러한 과정은 3장의 3.1. '주제 선정'에서 상위 주제로부터 하위 주제를 이끌어 내는 과정과 관련이 있으므로 함께 참고하라.

10. 인간의 생물학적 특성

인간이 여러 면에서 동물과 다르다는 점은 자명하다. 그러나 인간과 침팬지는 유전자의 99%가 일치할 정도로 생물학적으로 유사하다. 그렇다면 인간이 가진 생물학적인 특성은 동물과 크게 다르지 않을 수도 있다. 인간이 가지는 종(種)으로서의 특별함은 생물학적 특성이 아닌 다른 분야에서 찾아야 할지도 모른다.

그럼에도 인간은 다른 어떤 생물에 비해 긴 수명을 가지고 있으며, 스스로의 진화 과정을 밝힐 수 있을 정도로 지적으로 우월하다. 이 절에서는 다윈의 진화론을 유전자의 차원에서 다시 해석한 도킨스의《이기적 유전자》, 인간의 수명과 노화를 다룬 신문 기사 한 편, 사랑의 본질이 스킨십과 밀접한 관계가 있음을 밝힌 심리학적 실험과 관련한 글을 접함으로써 인간이 가진 생물학적 특성을 다시 생각해 보도록 한다.

어떤 행성에서 지적 생물이 성숙했다고 말할 수 있는 것은 그 생물이 자기의 존재 이유를 처음으로 알아냈을 때이다. 만약 우주의 다른 곳에서 지적으로 뛰어난 생물이 지구를 방문했을 때, 그들이 우리의 문명 수준을 파악하기 위해 맨 처음 던지는 질문은 "당신들은 진화를 발견했는가?"라는 물음일 것이다. 지구의 생물체는 자신들 중의 하나가 진실을 밝혀내기 전까지 30억 년 동안 자기가 왜 존재하는가를 모르고 살았다. 진실을 밝힌 그의 이름은 찰스 다윈이었다. 정확히 말하면 몇몇 사람들도 어느 정도 진실을 느끼고 있었지만 우리가 왜 존재하는지에 대하여 일관성 있고 조리 있는 설명을 종합한 사람은 다윈이었다. 다윈은 "사람은 왜 존재하는가"와 같은 질문을 던지는 호기심 많은 어린아이에게 우리가 이치에 맞는 답을 가르쳐 줄 수 있도록 한 것이다. 생명에는 의미가 있는가? 우리는 무엇 때문에 존재하는가? 인간이란 무엇인가? 등과 같은 심오한 물음에 부딪칠지라도 우리는 이제 미신에 의지할 필요가 없다. 저명한 동물학자 심프슨(G. G. Simpson)은 이 세 가지 중에서 마지막 의문을 제시하면서 이렇게 말했다. "내가 강조하고 싶은 것은, 이 문제에 답하고자 하는 1859년 이전의 시도들은 모두 가치 없는 것이며, 오히려 그것들을 완전히 무시하는 편이 나을 것이라는 점이다."

오늘날 진화론은 지구가 태양의 둘레를 돌고 있다는 사실과 같이 의심의 여지가 없지만 다윈 혁명이 뜻하는 모든 것은 아직 충분히 이해되지 않고 있고 있다. 대학에서 동물학은 아직도 작은 연구 분야이며 동물학을 선택하는 사람들조차도 그 깊은 철학적 의미를 인식하지 않고 결정하는 경우가 종종 있다. 철학과 인문학 분야에서는 아직도 다윈이 존재조차 한 적이 없었던 것처럼 가르치고 있다. 이런 일이 언젠가는 고쳐질 것이라는 믿음에는 변함이 없다. 어쨌든 이 책의 의도는 다위니즘의 일반적 옹호에 있는 것이 아니라 특정 논점에 대하여 진화론의 중요성을 추구함에 있다. 나의 목적은 이기주의와 이타주의의 생물학을 탐구하는 것이다.

…(중략)…

논의에 들어가기에 앞서 우선 이 논의가 어떠한 성격을 지녔는가를 간단히 설명하겠다. 만약 어떤 남자가 시카고의 갱단에서 오랫동안 별 탈 없이 살아왔다고 했을 때, 그 사람이 어떤 종류의 사람인지 어느 정도 짐작이 가능하다. 우리는 그가 굉장히 빠른 총잡이이고 의리 있는 친구를 여러 명 거느린 능력 좋은 사나이라고 예상할 수 있다. 물론 이것은 절대적인 추론은 아닐지라도 그가 생존해 온 조건, 성공해 온 조건에 관해서 무엇인가를 알게 되면 그 사람의 성격에 관해서 어느 정도 추론이 가능하다는 것이다.

이 책이 주장하는 바는 사람을 비롯한 모든 동물이 유전자에 의해 창조된 기계에 불과하다는 것이다. 성공한 시카고의 갱단과 마찬가지로 우리의 유전자는 치열한 경쟁 체계에서 때로는 몇 백만 년이나 생을 계속해 왔다. 이 사실은 우리의 유전자에 특별한 성질이 있다는 것을 기대하게 한다. 이제부터 논의하려는 것은, 성공한 유전자의 기대되는 특질 중에 가장 중요한 것은 '비정한 이기주의'라는 것이다. 이러한 유전자의 이기주의는 보통 이기적인 개체 행동의 원인이 된다.

- 리처드 도킨스 저, 홍영남 역, 《이기적 유전자》, 을유문화사, 2006.

기본 과제

1. 진화론과 창조론에 대한 논쟁은 진부하다고 느껴진다. 그럼에도 불구하고 도킨스가 주장하는 것처럼 진화론이 '지구가 태양을 도는 것'만큼 의심의 여지없이 받아들여지고 있는가는 재고의 여지가 있다. 다음의 글을 읽고 교육 과정에서 진화론과 창조론에 대해 어떻게 다루어야 할지 논의해 보자.

창조론자와 진화론자 간의 공방 중 유명한 사건으로 미국에서 벌어졌던 '스콥스 재판'이 있다. 1925년 테네시 주 의회는 각급 학교에서 진화론에 관해 가르치는 것을 금지하는 '무식한' 법령을 통과시켰다. 이에 미국시민자유연합(American Civil Liverties Union)에서 즉각 이 법의 검토 작업에 착수했다. 이 법의 검토 작업에 참여한 사람 중에 스콥스(J.T. Scopes)라는 사람이 있었다.

그런데 그는 공립학교 교사였기 때문에 이 행위가 위법으로 간주되어 법원에서 유죄 판결을 받고 벌금을 물어야 했다. 이것이 사회적으로 파문을 일으키면서 사건이 확대되어 이후 전 세계의 이목이 집중된 가운데 법정 싸움이 계속되었다. 결국 1960년에 미국의 대법원이 진화론의 교육을 금지한 테네시 주 법은 위법이라고 판정함으로써 40년 가까이 끌었던 싸움이 막을 내렸다. 그러나 창조론자들의 공세는 이후에도 식을 줄 몰랐다.

- 이영기, 《상식 밖의 과학사》, 새길, 1995.

2. 도킨스는 다윈의 진화론을 개체 차원이 아닌 '유전자'의 차원으로 재해석하고 있다. 윗글의 내용을 토대로 유전자의 이기주의와 개체 차원의 이기주의를 구별해서 설명해 보자.

심화 과제

1. 다윈의 《종의 기원》이나 도킨스의 《이기적 유전자》는 읽기 쉬운 책이 아님에도 불구하고 엄청난 베스트셀러에 이름을 올렸다. 이 외에도 전공 서적 못지않은 책들이 종종 베스트셀러가 되는 경우를 국외에서는 종종 발견한다. 이에 비해 국내에서는 전공 관련 서적이 베스트셀러가 되는 경우는 극히 드물다. 그 이유를 규명하는 글을 쓴다고 가정하고 논증의 개요를 작성해 보자.

2. 유전자의 이기주의가 개체의 행동을 지배하는 원리가 된다는 주장을 부모와 자식 간의 사랑이나 이성 간의 사랑에도 적용할 수 있을지 논의해 보자.

읽기 자료 2

현재 나이는 10-15살. 일본 소녀일 가능성이 크다. 장수(長壽) 집안에서 밝게 자란 아이이다. 다 크면 키 150㎝ 안팎의 아담한 체구에 학력은 대졸 이상, 재산도 웬만큼 있고 사회적 지위도 높다. 튼튼한 체질이라 상당한 고령까지 병원 신세 지는 일이 거의 없을 것이다.

스티븐 오스태드(Austad) 텍사스대학 교수가 '서기 2150년 인류 최초로 150세에 도달할 인간'의 조건을 예측했다. "앞으로 20-30년 안에 인간 수명을 30% 정도 연장시키는 약이 개발돼 지금 살아 있는 사람 중 한 명이 첫 번째 '150세 기록'을 세운다"는 것이었다.

그는 미국 샌안토니오시(市) 텍사스대 바샵 노화연구재단에서 원숭이와 생쥐의 생명을 연장시키는 실험을 지휘하고 있다. 그는 과학 역사상 가장 흥미진진한 내기의 주인공이기도 하다. 내기의 발단은 논문이었다.

• '6000억원의 내기'

그는 2000년 한 학술지에 "2150년까지 인간의 최고수명이 150세에 도달한다."는 논문을 냈다. 그러자 스튜어트 올샨스키(Olshasnky) 일리노이대학 교수가 전화를 걸어와 "그런 일은 있을 수 없다"고 반박했다.

두 사람은 과학 사상 최대 판돈을 건 내기를 걸었다. 각자 150달러씩 내서 150년간 주식시장에 묻어두기로 했다. 20세기처럼 주가가 상승하면, 150년 뒤 이 돈은 5억 달러(6000억 원)로 불어난다. 2150년에 150세 인간이 출현하면 오스태드의 후손이, 그렇지 않으면 올샨스키의 후손이 그 돈을 차지하기로 했다.

오스태드는 "지난 10년간 동물 실험에서는 이미 인간으로 치면 150세에 해당되는 생쥐를 만들어 냈다"며 "미안하지만 내가 이길 게 확실하다"고 흐뭇해했다.

• '120세의 장벽'

인류 역사상 가장 장수한 사람은 122년 164일을 살고 간 프랑스의 잔 칼망(Calment, 1875-1997) 할머니였다. 칼망 할머니는 85세에 펜싱을 배우고 100세까지 자전거를 타다가 110세에 요양원에 들어갔다. 117세까지 하루 두 대씩 담배도 피웠다. 오스태드와 올샨스키가 승패를 가르는 선으로 '150세'를 택한 이유는 인간이 절주절식(節酒節食)해서 도달할 수 있는 한계가 120세 안팎이기 때문이다. 노화의 시곗바늘을 거꾸로 돌리지 않고선 결코 150세에 도달할 수 없다.

• 항노화 약품의 출현?

오스태드가 20-30년 안에 개발된다고 자신한 약이 바로 '시계를 거꾸로 돌리는' 약이다. 노화 관련 유전자 기능을 바꾸는 물질 3-4종류를 혼합한 약으로, '소염 기능 향상'이 핵심일 가능성이 크다고 했다. 생쥐 실험에서도 소염 기능 향상이 수명 연장의 비결인 경우가 많았다.

오스태드는 "최초의 150세 인간은 중년에 접어들 무렵 막 시판되기 시작한 여러 항(抗)노화 약품 가운데 하나를 복용하기 시작할 텐데, 실제로 그 약이 효험이 있다는 사실은 100-120세 무렵에 밝혀질 것"이라고 했다. 19세기 말 개발된 아스피린의 효능이 지금도 계속 추가로 밝혀지는 것과 마찬가지다.

• 노화는 막을 수 없다?

반면 오스태드의 적수 올샨스키는 "신(神)이 개입하지 않는 한 이 내기는 내가 이긴다."고 했다. 노화의 흐름을 돌리는 약은 최소한 지금 살아 있는 사람들이 살아 있는 동안에는 안 나오고, 백 번 양보해서 그 비슷한 약물이 나온다 해도 수명을 2-3년 연장하는 데 그칠 거라고 올샨스키는 말했다. 의학이 빠르게 발달한다지만, 노화의 흐름을 뒤트는 것은 SF 영화의 소재지 과학의 영역은 아니다. 가령 영화배우 데미 무어(Moore)처럼 의학과 미용의 힘으로 시간을 냉동시킨 듯한 사람도 남보다 천천히 늙을 뿐 어제보다 오늘 더 젊어지는 일은 없다는 것이다.

• 벌어지는 건강 격차

그러나 두 학자가 견고하게 동의하는 지점이 있었다. 세계 어디서나 '건강 격차'가 어마어마하게 벌어질 거라는 대목이다. 오스태드는 "'평균'이라는 말에 속지 말라"고 했다. 한국인의 평균수명이 늘어난다고 모든 한국인이 똑같이 장수하는 건 아니다. 젊은 날의 빈부 격차가 노년의 건강 격차를 증폭시킨다는 것이다. 올샨스키도 "바로 이런 부분을 해결하는 데 정부와 학계가 역량을 집중해야 한다."고 했다.

• 사각형 인구 구조

또 다른 공포가 '사회적 비용'이다. 인류는 어린이가 많고 노인이 적은 '피라미드'형 인구에서 어린이는 줄어드는데 노인은 줄지 않는 '사각형' 인구로 이행했다. 지구의 역사를 통틀어 어떤 종(種)에도 없던 일이다. 올샨스키는 "한국 정부가 아무리 출산을 장려해도 이 흐름은 못 막는다"고 했다. 이런 변화는 엄청난 충격을 수반한다. 미국 사회보장제도는 대공황 직후(1935년) '최대 수급자 2500만 명'을 전제로 설계됐지만 베이비붐 세대가 퇴직하면 장차 7000만 명까지 수급자가 불어난다. 재정 파탄, 노인 빈곤, 세대 갈등…. 한국도 같은 위험에서 안전할 수 없다.

• "장수는 축복"

그러나 지레 겁먹을 이유는 없다. 오스태드는 "장기적으로 볼 때 삶은 향상되고, 고통은 줄어든다."고 했다. 유럽의 평균수명이 50세에도 못 미쳤을 20세기 초에도 유럽 생의학자들은 "노인이 급증한다."고 걱정했었다. 올샨스키는 "우리가 저지를 수 있는 최악의 우행(愚行)은 노인들을 일터에서 몰아내는 것"이라고 했다. 노인을 사회적 자산(資産)으로 대접하고, 사회적 약자에게 다양한 교육기회를 주는 것이 해법의 핵심이라고 그는 말했다.

- 〈인간의 수명은 어디까지?〉, 《조선일보》, 2011. 1. 3.

기본 과제

1. 두 교수가 제안한 인간의 수명에 대한 내기의 승부를 결정하게 될 관건은 무엇인지 윗글의 내용을 토대로 정리해 보자.

2. 두 교수 중 누구의 더 타당한지 생각해 보고 그 이유를 발표해 보자.

심화 과제

1. 진시황의 불로초에 얽힌 일화를 들지 않더라도 건강하게 장수하고 싶은 인간의 욕망은 누구나 한번쯤 가져볼 만한 본능적 욕구이다. 그러나 단순히 오래 산다는 것이 곧 행복한 삶을 보장하지 못한다는 것은 최근의 고령화와 관련한 사회적 문제들을 보면 쉽게 이해할 수 있다. 오래 산다는 것, 고령화된 인구가 많아진다는 것과 관련한 긍정적, 부정적 효과들과 향후 전망에 대해 논의해 보자.

2. "고령화 문제의 해법"이라는 주제로 글을 쓴다고 가정하고 이에 해당하는 개요를 항목식으로 작성해 보자.

3. 두 교수의 내기 결과와는 별도로 인간의 평균 수명이 앞으로도 더욱 늘어날 것이라는 것은 의심의 여지가 없다. 평균 수명 100세 시대를 가정하고 앞으로 남은 인생을 어떻게 계획할 것인지 각자 발표해 보자.

읽기 자료 3

붉은털원숭이는 인간과 94퍼센트의 유전자를 공유하고 있다. 이것을 달리 표현하면, 인간의 94퍼센트는 붉은털원숭이, 나머지 6퍼센트는 인간이라는 의미이다. 계통 발생도에서 좀 더 올라가보면 인간의 약 98퍼센트는 오랑우탄, 99퍼센트는 침팬지이다. 그러니까 인체의 극소량만이 순수한 인간인 것이다. 심리학 연구자들이 오랫동안 유인원 실험에 강하게 이끌린 것도 바로 이러한 이유에서이다.

할로(Harlow)는 원숭이 실험을 하기 위해 철사 절단기와 마분지로 만든 원기둥, 뜨거운 코일, 강철못과 부드러운 천을 찾았다. 그는 철사 절단기를 이용하여 철사로 어미 모형을 만들고, 아무 데서나 구할 수 있는 작은 네모 상자로 몸통을 붙이고, 배 앞쪽에 딱딱한 유방을 하나 달아놓았다. 강철로 만든 젖꼭지 안에는 작은 구멍이 뚫려 있어 그 사이로 젖이 흘러나오게 했다. 그러고 나서 마분지로 만든 원기둥 위에 천 수건을 입혀 폭신한 가짜 어미를 하나 더 만들었다.

실험은 시작되었다. 연구자들은 갓 태어난 붉은털원숭이 새끼들을 골라 두 마리의 가짜 어미와 함께 우리 안에 집어넣었다. 하나는 먹이가 풍부한 철사 어미였고, 또 하나는 젖이 텅 비었지만 상냥한 미소를 지닌 천 어미였다. 조수들은 실험실에서 벌어지는 충격적인 사건들을 상세히 기록했다. 새끼를 잃은 친어미들은 새끼를 도난당한 사실을 알고 비명을 지르며 우리에 머리를 거세게 부딪쳤고, 격리된 우리 안에 내던져진 새끼 원숭이들은 증기 기관차 지나가는 소리를 냈다. 시간이 흐를수록 동물들의 두려움은 커져 갔고, 실험실은 악취로 가득했다. 근심에 쌓인 원숭이들이 똥을 쌌기 때문이다. 할로는 감정이 격해지면 부드러운 똥을 싸게 된다고 썼다. 우리 안은 비탄에 잠긴 새끼 원숭이들의 똥 무더기로 가득했다.

이때 할로는 놀라운 장면을 목격했다. 며칠 지나지 않아 새끼 원숭이들이 더 이상 존재하지 않는 친어미 대신 천을 두른 가짜 어미에게 애정을 느끼게 된 것이다. 새끼들은 천 어미에게 매달리고, 위로 기어 다니고, 작은 손으로 얼굴을 만지고, 살짝 깨물고, 배와 등 위에서 몇 시간씩 보냈다. 하지만 천 어미에게는 먹이가 없었기 때문에 배가 고플 때마다 젖이 달린 철사 어미에게 잽싸게 달려가 허기진 배를 채웠고, 그러고 나면 다시 말랑말랑한 천 어미에게 달려갔다. 할로는 새끼 원숭이들이 젖을 주는 어미와 안아 주는 어미 사이에서 보내는 시간을 그래프로 그렸다. 결과는 놀라웠다.

"우리는 감촉이 주는 편안함이 애정과 사랑의 중요한 기본 변수라는 사실에 놀라지 않았다. 하지만 그것이 영양이라는 변수를 완전히 뛰어넘을 정도로 강하리라고는 기대하지 못했다. …… 실제로 그 격차는 젖을 주는 일차적 기능이 어미와의 친밀하고 빈번한 몸의 접촉을 위한 것이라고 제시할 수 있을 정도로 컸다."

이 실험을 통해 할로는 사랑이 입맛이 아닌 스킨십으로부터 자란다는 것을 입증했다. 어미의 젖이 메말랐을 때도 새끼는 예전과 다름없이 어미를 사랑했으며, 그 사랑을 기억해 두었다가 겉으로 표현했다. 결국 모든 상호 작용은 초기에 형성되는 감촉의 재현이자 복습이었다. 할로는 "그러므로 인간이 우유만으로 살 수 없는 것은 당연하다."고 기록했다.

1930년대에서 1950년대까지는 자녀를 냉정하게 키우던 시대였다. 저명한 소아과 의사 벤저민 스폭 박사는 아이들에게 시간에 맞추어 음식을 주라고 충고했다. 스키너는 강화와 처벌이라는 기존의 패턴대로 아이들을 이해했다. 아이의 울음을 그치게 하려면 안아 주어 보상을 주어서는 안 된다는 것이었다. 존 왓슨은 자녀 양육서에 다음의 유명한 구절을 남겼다.

"아이의 욕구를 지나치게 충족시켜 주어서는 안 됩니다. 밤에 잘 자라는 키스도 해주지 마십시오. 대신 아이의 방에 불을 끄기 전에 간단한 인사와 함께 손을 흔들어 주십시오."

하지만 할로는 그 말도 안 되는 이야기들을 쓰레기통 속에 집어넣고 대신 진실을 전하고자 했다. 아이에게 손을 흔들어 주는 정도로 그쳐서는 안 되며, 주저하지 말고 아이를 안아 주라고 했다. 스킨십은 너무나 중요한 것이기 때문이다. 그것은 아이를 망치는 것이 아니라 오히려 살리는 길이라고 그는 주장했다. 하지만 다행히도 그것이 누구와의 접촉이냐는 중요하지 않았다.

"우리의 관찰에 따르면, 친어미에 대한 새끼 원숭이들의 사랑은 대단히 강했다. 하지만 천 어미에 대한 사랑도 그에 못지않았다."

– 로렌 슬레이트 저, 조증열 역, 《스키너의 심리상자 열기》, 에코의서재, 2005.

기본 과제

1. 윗글에서 소개한 할로의 실험을 실험 보고서 형식에 맞춰 작성해 보자.

2. 스키너의 '강화와 처벌'에 의한 양육 방식과 위의 실험 결과가 어떻게 비교될 수 있으며 그러한 비교는 정당한 것인지 토론해 보자.

3. 윗글의 실험 결과에 의하면 가정에서의 스킨십이 자녀와의 친밀감 형성에 미치는 영향은 매우 크다고 할 수 있다. 자신의 어린 시절을 회상해 보며 한국 사회에서 부모와 자녀 사이의 스킨십에 대해 간략히 발표해 보자.

심화 과제

1. 위의 내용을 토대로 인간의 사랑을 간략히 정의해 보자. 인간과 동물의 사랑은 본질적으로 동일한 것인가?

2. 윗글에서 제시된 할로의 실험은 동물을 잔인하게 다루었다는 점에서 윤리적 문제를 야기할 수 있다. 동물실험에 대해 찬반의 입장을 정하고 함께 토론해 보자.

3. 최근 프리 허그(free hug)가 사회적으로 유행한 적이 있다. 할로의 실험 결과와 관련하여 프리 허그의 효과에 대해 논의해 보자.

11. 인간과 자연의 공존

환경 문제는 전 지구적 관심사가 된 지 오래다. 그러나 인류가 현재의 생활 방식에 대한 획기적인 변화를 전제하지 않는다면 환경 보존을 위한 대부분의 논의는 탁상공론의 차원을 벗어나지 못한다. 특히 각 국가와 사회가 처한 경제적, 문화적 다양성을 고려할 때 일률적이고 획일적인 환경 보존 대책은 실효를 거두기 어렵다. 환경 문제보다 자국의 경제적 이익이 중시되는 세계정세 속에서 환경 문제는 심각성을 더해갈 뿐 좀처럼 해결의 실마리를 찾지 못하고 있다. 최근 들어 온난화 문제뿐 아니라 일본의 원자력 발전 문제가 불거지면서 환경 문제는 이제 더 이상 경제적 문제가 아니라 생존의 문제가 되었다. 이 절에서는 문명의 몰락 과정을 자연환경과 연관지어 폭넓게 다룬 글, 지속 가능한 발전을 위해 농업 문화로의 회귀 가능성을 제안하고 있는 원리적인 차원의 글, 그리고 마지막으로 50년 뒤의 미래를 전망한 유엔미래 보고서의 일부를 다루면서 인간과 자연의 공존 가능성을 살펴보도록 한다.

과거 사회가 직면했고, 현대 사회가 직면하고 있는 가장 중대한 환경 문제는 대략 12가지로 나누어지는 듯하다. 그중 8가지는 과거에 큰 의미가 있었지만 나머지 네 가지(에너지, 광합성의 한도, 유해 화학 물질, 대기의 변화)는 비교적 최근에야 심각한 문제로 제기되기 시작했다. 12가지 중 처음 네 가지는 천연자원의 파괴나 감소와 관계가 있고, 다음 세 가지는 천연자원의 고갈과 관계가 있다. 다음 세 가지는 인간이 생산한 해로운 것이며, 나머지 두 가지는 인구 문제이다. 우리가 파괴하거나 낭비하고 있는 천연자원들, 즉 자연의 서식처, 자연의 식량 자원, 생물학적 다양성, 그리고 토양부터 차근차근 살펴보자.

1

우리는 자연의 서식지를 급속한 속도로 파괴해 가고 있다. 또한 도시와 마을, 농토와 초지, 도로, 골프장 등과 같이 인간이 만든 서식지로 변형시키기도 한다. 이렇게 상실된 자연의 서식지 중에서 숲, 습지, 산호초, 해저가 특히 뜨거운 토론을 불러일으켜 왔다. 세계의 원시림 중 절반 이상이 이미 다른 용도로 전환되었다. 현재의 속도대로 원시림이 전환된다면, 남은 삼림의 25퍼센트가 반세기를 넘기지 못할 운명이다. 이런 삼림의 상실은 우리 인간에게도 큰 손실이다. 삼림은 우리에게 무엇보다 목재를 비롯한 많은 천연자원을 제공하기 때문이다. 또한 삼림은 수계(水系)를 보호하고, 토양의 침식을 예방하며, 강수량에서 많은 부분을 차지하는 '물의 순환'에서 중요한 단계를 이루고, 대부분의 육상 식물과 동물에게 서식지 역할을 하기 때문이다. 삼림 파괴는 과거 사회들이 붕괴된 주된 원인이었다. 어떤 의미에서 유일한 주된 원인이었다. 게다가 몬태나의 사례에서도 알 수 있듯이 우리가 우려하는 것은 삼림의 파괴와 전환만이 아니다. 남아 있는 삼림의 구조가 바뀌는 것도 큰 걱정거리이다. 특히 이런 구조의 변화는 자연발생적 화재의 패턴까지 바꿔버려, 과거처럼 산불이 빈번하지는 않지만 일단 시작된 산불을 걷잡을 수 없이 확산되어 재앙으로 발전하기도 한다.

삼림 이외에도 소중한 자연의 서식지들이 파괴되고 있다. 비율로 계산하면 원시림보다 습지가 더 많이 훼손되거나 다른 용도로 전환되었다. 수원(水源)의 질을 유지하고 경제적으로 가치를 지니는 민물고기의 어장을 유지하는 데 습지의 중요성이 밝혀졌고, 바다의 어장까지 많은 어종에게 어린 시절을 보낼 서식지를 제공하는 맹그로브 습지와 관계있다는 사실이 밝혀지면서 습지의 파괴는 우리에게 중대한 문제로 부각되었다. 세계에 분포한 산호초의 약 3분의 1도 심각하게 훼손되었다. 산호초는 수많은 어종에게 고향과도 같은 곳이기 때문에 바다의 열대우림이라 할 수 있다. 그런데도 현재와 같은 속도로 훼손이 계속된다면 남은 산호초의 절반가량이 2030년이면 사라지고 말 것이다. 이런 훼손과 파괴는 고기잡이에서 남용되는 다이너마이트, 조류(藻類)를 뜯어 먹는 초식성 어류들의 감소로 인한 조류의 확산, 바다에 인접한 땅이 개간되어 농지로 변하면서 시작된 퇴적물과 공해 물질의 유입, 해수 온도의 상승으로 인한 산호의 백화현상 등에서 비롯된 것이다. 게다가 저인망 어업도 얕은 바다의 바닥을 심각하게 훼손시키고, 해저에서 살아가는 어종들을 멸종 위기로 몰아넣는다고 여겨진다.

2

자연에서 얻는 식량, 특히 어류와 갑각류는 인간이 섭취하는 단백질 양에서 많은 부분을 차지한다. 어떤 의미에서 이 단백질은 우리가 포획해서 운반하는 비용을 제외한다면 거의 공짜로 얻는 단백질이며, 우리가 힘들여 사육한 가축에서 얻어야 하는 동물성 단백질의 양을 대체할 수 있는 단백질이기도 하다. 약 20억의 인구, 그 대부분이 가난한 사람들이 단백질을 바다에서 구하고 있다. 어장을 적절히 관리하면 물고기의 자원량은 충분히 유지될 수 있고 우리에게 영원한 식량 자원이 될 수도 있다. 그러나 안타깝게도 '공유의 비극'이 어장을 지속 가능하게 유지하려는 노력을 수포로 만들어 버린다. 이 때문에 소중한 어장들이 이미 붕괴되었거나 크게 훼손되었다. 물고기를 남획했던 과거 사회로는 이스터 섬, 망가레바 섬, 헨더슨 섬이 있었다.

양식되는 물고기와 새우가 점점 늘어나고 있다. 양식 어업은 싼값으로 동물성 단백질을 생산해 낼 수 있는 바람직한 방향이다. 적어도 원칙적으로 그렇다. 하지만 여러 가지 면에서, 요즘 흔히 행해지는 양식 어업은 자연산 물고기의 감소라는 문제를 개선하기보다는 악화시키고 있는 듯하다. 양식되는 물고기가 생산하는 고기의 양보다 먹어치우는 자연산 물고기의 양이 훨씬 더 많다. 심지어 20배에 이르기도 한다. 양식 물고기는 자연산 물고기에 비해 독성 농도가 더 높다. 게다가 양식 물고기가 양식장을 빠져나가 자연의 물고기와 교배해서 자연의 물고기를 유전적으로 불안하게 만들 수 있다. 양식 물고기는 자연에서의 생존력을 떨어뜨린 대신에 성장 속도를 빠르게 유전적으로 조작해 놓았기 때문이다. 예컨대 자연산 연어에 비해서 양식 연어는 생존력이 50배가 떨어진다. 또한 양식장의 폐수가 오염과 부영양화 현상을 유발한다. 게다가 양식 어업은 저렴한 비용으로 물고기 가격을 떨어뜨리는 효과를 낳았지만 소득을 일정하게 유지하려는 어부의 욕구가 남획으로 발전하는 부작용을 낳았다.

3

야생 생물종과 그 개체군, 유전적 다양성이 이미 크게 훼손되었다. 현재와 같은 속도라면, 지금 남아 있는 생물들도 반세기 안에 상당 부분 사라질 것이라 예상된다. 몸집이 크고 식용에 적합한 동물들, 먹을 수 있는 열매를 가진 식물들이나 좋은 목재로 선호되는 나무들은 우리에게 무척 소중한 천연자원이다. 이런 종들을 멸종시키면서 붕괴를 자초한 과거의 많은 사회들 중에는 이스터 섬과 헨더슨 섬이 있었다.

그러나 작아서 식용으로 부적합한 종의 상실에 우리는 "왜 그리 걱정이 많아! 아무 짝에도 쓸모없는 그런 작은 물고기나 잡초, 그러니까 시어(矢魚)나 송이풀을 걱정하지 말고 인간에게나 더 관심을 갖는 것이 백배는 낫겠다!"라는 반응을 주로 보인다. 이런 반응은 자연계가 아주 소중한 것, 많은 경우에서 다른 방법으로는 우리가 즐길 수 없는 것을 우리에게 공짜로 제공하는 생물들로 이루어졌다는 사실을 망각한 결과이다. 하찮고 작은 종들의 멸종이 인간에게 치명적인 결과를 미칠 수 있다. 비행기를 지탱해 주는 작고 하찮은 나사못들이 대거 빠졌다고 상상해 보라. 작고 하찮은 종들이 우리 삶에 기여하는 역할의 예는 얼마든지 나열할 수 있다. 지렁이는 토양을 재생시키고 토성(土性)을 유지시키는 역할을 한다. 토양 박테리아는 작물에 필수 영양소인 질소를 고정시키는 역할을 한다. 토양 박테리아가 없다면 비료 값으로 우리는 엄청난 돈을 써야 할 것이다. 벌을 비롯한 수분(受粉) 곤충들이 우리를 대신해서 식물들을 수분시킨다. 우리가 일일이 꽃들을 수분시켜야 한다고 상상해 보라. 얼마나 힘든 일이겠는가. 새들과 포유동물은 열매를 확산시키는 역할을 한다. 솔로몬 제도에서 경제적으로 가장 가치 있는 나무들이 한낱 씨에서 시작해서 그렇게 생장할 수 있었는지 임학자들은 아직 정확히 설명하지 못하고 있다. 하여간 열매를 주로 먹는 큰 박쥐가 자연스레 그런 숲을 만든 것으로 추정되지만 요즘 들어 그 박쥐들의 개체 수가 사냥으로 급격히 줄어들고 있다. 바다와 육지에 서식하는 고래, 상어, 곰, 늑대 등 먹이사슬의 위에 위치한 포식 동물들이 줄어든 것도 먹이사슬의 구조가 변한 탓이다. 야생의 식물과 동물은 쓰레기를 분해시키고 영양분을 재순환시켜 우리에게 맑은 물과 공기를 제공한다.

4

농지로 사용되는 땅의 토양이 물과 바람으로 인해 침식되는 속도가 토양의 형성 속도보다 10-40배나 빠르다. 벌채된 토양의 침식 속도는 더 빨라, 500~1만 배에 이른다. 이처럼 토양의 침식률이 토양의 형성률보다 훨씬 높기 때문에 토양의 순손실이 일어난다. 예컨대 농업 생산성이 미국에서 가장 높은 아이오와 주에서는 표토의 절반가량이 지난 150년 동안 침식되었다. 최근에 아이오와를 방문했을 때 나는 그곳 사람들의 안내로, 토양의 순손실을 극명하게 보여주는 한 교회를 볼 수 있었다. 그 교회는 19세기에 농장 한가운데 세워져서 그 이후로 줄곧 교회로 유지되고 관리되었지만, 주변의 땅은 농지로 개간되었다. 그 후 침식이 교회 주변보다 농지에서 급속히 진행되어 교회 마당이 농지보다 3미터나 높아, 교회가 바다에 떠 있는 섬처럼 보였다.

농업이 토양에 미치는 다른 유형의 피해로는 몬태나, 중국, 오스트레일리아에서 보았던 염화(鹽化), 지하 암석의 풍화로 영양분이 회복되는 속도보다 영농으로 인해 영양분이 상실되는 속도가 더 빨라 필연적으로 초래되는 토양 영양분의 순손실, 그리고 토양의 산성화나 알칼리화가 있다. 인간에서 비롯되는 이런 훼손으로 인해, 인구 증가로 더 많은 농지가 필요하게 된 때부터 세계 농지가 20퍼센트가량 심각하게 훼손되었다. 심지어 80퍼센트가 훼손되었다고 주장하는 학자까지 있을 정도이다. 삼림 파괴에 마찬가지로 토양 문제도 이 책에서 다룬 과거 사회들이 붕괴된 주된 원인으로 여겨진다.

다음에 다룰 세 가지 문제는 한계에 이른 에너지, 민물, 광합성과 관련된 것이다. 물론 세 경우 모두에서 한계는 고정되지 않고 탄력적이지만 더 많은 자원을 얻으려면 비용이 가파르게 증가하는 문제를 안고 있다.

…(후략)…

– 제레드 다이아몬드 저, 강주헌 역, 《문명의 붕괴》, 김영사, 2005.

기본 과제

1. '공유의 비극'은 무엇을 말하는가? 문맥을 참조해서 그 내용을 추측해 보자.

2. 이스터 섬, 망가레바 섬, 헨더슨 섬의 역사를 조사해 보고 이들이 몰락하게 된 원인을 발표해 보자.

심화 과제

1. 제한된 자원의 활용이라는 측면에서 제1세계와 제3세계, 부유층과 빈곤층은 매우 편향된 양상을 보인다. 이를 규제해야 하는가? 아니면 자연스러운 결과로 보아야 하는가? 각자의 입장을 발표해 보자.

2. 윗글에서는 4가지의 환경 문제만을 제시하였다. 생략된 나머지 8가지 환경 문제에는 어떠한 내용이 포함되어 있을지 윗글의 내용을 토대로 예측해 보자.

인간이 땅을 떠나서 살 수 있는가? 이제 우리가 물어야 할 것은 이러한 기초적인 질문이다. 지구의 자원이 고갈되거나 지구환경이 인간이 살 수 없을 정도로 황폐하게 되면 다른 행성으로 혹은 어떤 우주 식민지로 가면 된다는 생각에 혐오감을 느낄 만큼 최소한의 인간적 감수성을 지니고 있는 사람이라면, 우리가 이 지구상에서 살아남으려면 무엇보다 지속가능한 삶의 방식을 재건하지 않으면 안 된다는 생각에 동의하지 않을 수 없을 것이다. 지금까지 경험해온 산업적 생활방식은 그 테두리 안에서 아무리 절제를 하고, 기술적 보완을 한다 해도, 조만간 자연을 탕진하고 말 것이라는 것은 의문의 여지가 없다. 지금 국내에서는 쓰레기 처리 문제가 가장 다급한 환경문제의 하나로 부각되고 있지만, 이것을 지역이기주의나 무능한 행정의 문제로 본다는 것은 어리석은 일이다. 김포매립장이 다 차버리면 어떻게 할 것인가? 쓰레기 매립이 초래하는 온갖 환경 재난, 예컨대 지하수 오염을 포함하여 농토파괴, 인명과 각종 생물들에 대한 위해라는 문제는 일단 제쳐두고 생각하더라도, 우선 물리적으로 쓰레기를 더 받아들일 수 없는 날이 온다. 쓰레기를 장차 우주 공간으로 갖다 버릴 기술이 나올 것이라고 기대하는 사람들도 있지만, 이런 기술주의적 사고방식은 지구를 버리고 화성에 갈 생각이 있는 사람들의 사고방식이라고 해야 할 것이다. 무엇 때문에 자원을 탕진하고, 생명에 대한 끝없는 폭력을 구조적으로 강제하는 이런 식의 생활을 계속해야 하는가? 그 생활방식이 도대체 무엇이길래 그것은 움직일 수 없는 원칙이고, 그것을 온존시키는 테두리 안에서만 모든 수습책을 강구해야 한다는 것인가? 이제 본격적인 여름철을 맞이하여 전력 수급에 큰 차질이 예상된다고 한다. 화석연료를 대량으로 방출하여 악화 일로에 있는 지구온난화에 기여하건 말건 여러 개의 발전소를 신속히 세워야 하고, 원자력발전소도 빨리 건설해야 한다는 숨겨진 메시지가 에너지 위기를 운위하는 최근의 발언들에 들어있는 것을 우리는 알고 있다. 어찌하여 에너지 낭비를 부추기는 생활 구조의 근본적인 변경이라는, 지극히 합리적인 접근 방법은 철저히 외면되고 있는가? 산업 문화의 중독은 이렇게 무서운 것인가. 한번 그 속에 길들여지면 인간은 자살을 택할지언정 달리 생각해볼 능력도 책임감도 지성도 모두 잃어버리게 되는 것인가.

우리는 흔히 정치적으로 혹은 구조적으로 해결되어야 한다고 말할 뿐, 이 문제를 풀기 위해 어떤 근본적인 변화를 구체적으로 시도하는 경우를 거의 볼 수 없다. 산성비와 온갖 유해가스로 인해 숲이 죽어가고, 오존층 고갈로 토끼가 눈멀고 생물의 서식 가능성이 위태로워진다고 하는데도 자동차는 끝없이 증가하고 있다. 나나 내 자식들의 죽음을 택할지언정 자동차는 절대로 포기하지 못한다는 것이 오늘의 산업화의 인간이다. 병이 너무나 깊이 들어 있는 것 같다.

결국 지속가능한 경제와 문화로 전환하는 것이 관건이라고 할 때, 우선 이것이 기술주의적인 방식으로는 가능하지도 바람직하지도 않다는 사실을 분명하게 인식하는 것이 필요하다. 생태적으로 건강하고 인권유린이 없는 사회를 꾸려나가는 데 현재의 기술 수준이 미흡하다고 할 수는 없다. 정말 문제는 기술이 아니라 물건과 권력에 대한 끝없는 탐욕으로부터 해방될 수 있는 내면적 기초를 회복하는 일이다.

– 김종철, 〈녹색운동과 농업문화〉, 《간디의 물레》, 녹색평론사, 2010.

기본 과제

1. 윗글에서 필자가 제시한 '지속 가능한 삶의 방식'은 구체적으로 무엇인지 논의해 보자.

2. 여름이 매년 더워지고 있다. 그 결과 전력 수요량과 관련된 문제가 때마다 사회적 이슈로 부각되고 있다. 여름철 전력 사용을 줄이기 위한 구체적인 실천 방안을 개인적 차원과 사회적 차원으로 나누어 제시해 보자.

심화 과제

1. 최근 들어 '치유(힐링, healing)'이 많은 사람들의 관심을 받고 있다. 그러나 최근 유행하는 치유의 개념은 개인적인 차원에 머물러 있다. 윗글의 필자가 제기한 산업화에 의한 병을 치유하기 위해서는 어떠한 해결 방안이 있는지 모색해 보자.

2. 기술적인 차원에서 환경 문제를 해결하려는 최근의 시도에는 어떠한 것들이 있는지 조사해서 발표해 보자.

3. 국내에서 활동 중인 다양한 환경 단체들을 조사해 보고 그들의 활동 목표와 내용 등을 정리해 보자.

읽기 자료 3

세계 인구는 12년 안에 10억 명이 증가할 것으로 기대된다. 이와 함께 음식, 물, 에너지와 고용도 증가한다. 인구 성장은 49개의 극빈국에서 가장 급격하게 나타난다. 이들 극빈국에서는 현재 인구수 9억 명에서 2050년에는 인구수가 그 2배인 18억 명이 된다. 1804년 전 세계 인구는 10억 명에 불과했다. 1927년에는 20억 명, 1999년에는 60억 명으로 증가했다. 2013년 현재의 인구는 72억 명이다. 유엔은 2050년 인구가 83억-109억 명 사이로 증가할 것으로 예측한다.

인구 증가의 요인으로 과거 전 세계의 사망률과 출산율이 모두 높았던 데 비해 현재는 두 가지 모두가 낮아지고 있는 것을 꼽을 수 있다. 세계의 출산율은 1900년에 6명이었던 것이, 1950년에 5명, 오늘날에는 2.5명으로 변화했다. 출산율이 지속적으로 하락하면 2100년에는 세계 인구가 62억 명으로 줄어들 것이다. 또 기대수명은 81세로 연장되어, 부양을 받지 못하는 고령인구 비율이 늘어날 것이다.

2050년이 되면 세계 인구의 약 20%가 60세 이상이 되고, 그중 20%가 80

세 이상이다. 유럽인의 약 20%, 아시아인과 라틴아메리카인의 10%, 아프리카인의 5%가 60세 이상이 될 것이다. 현재 20여 개국 이상에서 인구가 감소하고 있으며, 2050년까지 인구 자연감소국이 44개로 늘어날 것으로 예측되는데, 그중 대부분이 유럽 국가다. 또한 2050년에는 15세 이하의 인구만큼 많아지는 65세 이상의 인구로 인해 은퇴의 정의가 바뀌어야 할 것이다. 은퇴 문제는 과학 · 의료 분야의 획기적인 발달로 고령 인구가 더 건강하게 오래 살면서 심화될 것이다.

1990~1992년과 2010~2012년 사이에 기아에 시달리는 인구는 1억 3,200만 명으로 감소했다. 하지만 오늘날 8억 7,000만 명 또는 전 세계의 8분의 1이 만성적 영양실조 상태다.

전통적인 농업은 기후변화에 약하다. 농업 생산성은 지구온난화의 결과로 2050년까지 개발도상국에서 9~21% 감소할 것으로 예상된다. 소규모 농사를 짓는 농부들은 생태학적인 방법을 사용해 10년 안에 식량 생산을 2배로 늘릴 수 있을 것이다. 농업과 환경에 관한 농업 프로젝트는 이미 57개국에서 곡물 생산량을 평균 80% 증대시켰으며, 아프리카의 경우 생산량을 116% 증대시켰다. 중국은 2007년에 해충 방지 유전자 조작 면화를 도입한 이후 면화 농사에서 살충제 사용량을 반으로 줄였다.

새로운 농업 방식에서는 동물을 키우지 않고 배양육을 생산하거나, 빗물에 더 잘 자라도록 농작물을 개량하고, 관개수로를 관리하며, 유전자 공법으로 품종을 개량해 수확량을 늘리고, 가뭄에 잘 견디도록 만드는 것이 중요하다.

미세 조류를 대량 생산하면 인간의 건강식품과 동물의 사료로 이용할 수 있다. 미세 조류 스피룰리나는 건강식품 원료로 쓰이며, 바이오 연료, 펄프 원료를 생산하면서 이산화탄소도 흡수해 일석이조의 효과를 볼 수 있다. 농업용수를 절약하면서 농작물을 생산하기 위한 방안으로 해안선에서 해수 농업을 통해 염생식물을 재배하는 방법이 있다. 감자, 쌀, 토마토 등 대부분의 곡물을 바닷물로 재배하는 기술이 이미 개발되었다. 이러한 새로운 산업으로 고용 증대를 일으킬 수 있다. 유기농 식품과 음료의 세계 시장은 160개 국가에서 37만㎢에 이르는 유기 농지와 함께 지난 10년간 3배 증가했다.

2025년에는 43억 명의 도시 주민들이 연간 22억 톤의 고체 폐기물을 만들어낼 것이다. 현재 고체 폐기물은 연간 13억 톤씩 쏟아지며 매년 증가하고 있다. 인간과 자연의 좀 더 지혜로운 공생이 없이는 이민자의 증가, 갈등, 질병이 불가피할 것이다.

– 박영숙 · 제롬 글렌 외, 《유엔미래보고서 2040》, 교보문고, 2013.

기본 과제

1. 윗글은 말 그대로 미래에 대한 예측이다. 예측의 내용을 긍정적인 것과 부정적인 것으로 구분하여 정리해 보자.

2. 2050년 가장 크게 변화할 모습에는 무엇이 있을지 예측하고 그 내용을 발표해 보자.

심화 과제

1. 미래에 대한 예측은 현재까지의 변화 추이를 토대로 이루어지는 경우가 많다. 그러나 스마트폰의 발명이 획기적인 사회 변화를 야기하였듯이, 돌발적인 사건이나 우연한 발명이 사회의 급격한 변화를 초래하기도 한다. 윗글에서 예측한 내용 가운데 실현 가능성이 높은 것과 그렇지 않은 것을 분류하고 그 근거를 제시해 보자.

2. 윗글에 의하면 기아 인구는 감소하는 추이를 보이긴 하지만 여전히 전 세계의 많은 인구가 기아 문제로 허덕이고 있다. 획기적인 농업 생산 기술의 발전이 세계적인 기아 문제를 해결할 수 있을 것인지 현재의 상황을 고려하여 논의해 보자.

12. 영역을 넘어서

최근 들어 학문의 제 분야는 학제 간의 소통과 통섭을 강조하는 한편 전문 분야의 세분화가 더욱 깊어지는 등 상반적인 발전 양상을 보이고 있다. 그러나 전문적인 세부 분야가 발전하는 것과는 별개로 학제 간의 넘나듦은 긴 학문의 역사를 볼 때 자연스러운 결과인 것으로 보인다. 근대적인 학문 분과가 정립되기 이전으로 거슬러 올라가면 이러한 학제 간의 소통은 더욱 당연한 것으로 이해된다. 통섭이라는 용어를 굳이 가져오지 않더라도 제2차 세계대전 당시 핵무기 개발에 참여했던 물리학자들의 고뇌는 과학과 윤리라는 두 영역이 결코 분리될 수 없음을 단적으로 보여 준다. 이 절에서는 과학과 윤리의 문제를 포함하여, 자연과학과 인문학이라는 두 학문의 소통, 미생물학과 화학의 접점, 문과와 이과의 선택 문제 등을 다룬다. 이를 통해 학문 영역 사이의 소통과 왕래는 자연스러운 현상이며 오히려 학문의 영역 구분이 작위적이라는 사실을 이해할 수 있을 것이다.

과학이 낳은 결과는 대개가 새로운 기술을 끌어냄으로써 유용한 방법으로든 파괴적인 방법으로든 인간 사회에 지대한 영향을 미친다. 예를 들어서 여러 해 전에 원자핵의 행동에 관해 물리학자들 사이에 문답이 오갔던 질문들은 단지 자연이 돌아가는 원리에 호기심을 품은 데서부터 시작되었다. 원자핵 지식에서 나온 예상치 못한 결과가 바로 대량 살상 무기인 원자폭탄의 개발이었다. 이와 비슷하게 과학적인 호기심이 유발한 연구, 그러니까 생물의 선천적 특성이 후손에 전해지는 기전에 관한 연구는 유전공학 기술과 함께 윤리적 딜레마를 낳았다. 이 예들은 과학이 기술이라는 열매를 맺으면 처음에는 가치로부터 자유로운 것 같던 과학 문제들이 어떻게 순식간에 가치 판단의 문제가 되는지를 명백하게 보여준다. 새로운 기술이 없다 해도 새로운 과학은 때때로 과학의 범위를 벗어난 문화적인 문제에 예측하지 못했던 영향을 미칠 수 있다. 지식을 넓히는 것만으로도 우리가 가치를 생각하는 방식에 영향을 미칠 수 있다. 이제 이 몇 가지 문제들을 좀 더 자세히 살펴보자.

중요한 문제들은 특정한 예를 살펴보면 설명이 될 것이다. 그 예는 분자생물학과 유전학이다. 복제 인간에 관한 미래의 시나리오를 살펴보는 대신에, 현재 현실화된 과학 절차들이 내포하는 의미들을 생각해 보자. 헌팅턴 무도병(상염색체 우성 유전을 하는 퇴행성 중추 신경계 질환. 근육 조절 운동과 인지 기능에 장애가 생긴다), 페닐케톤뇨증(선천성 효소 장애에 의한 단백질 대사 장애. 정신지체를 일으키는 상염색체 열성 유전 질환이다), 겸상 적혈구 빈혈증(적혈구 속의 헤모글로빈 단백질을 구성하는 아미노산 중 하나가 비정상적으로 바뀌어 적혈구가 낫 모양으로 변하고 악성 빈혈을 유발하는 유전병이다)처럼 수많은 질병은 유전된다. 이처럼 유전병 가족력이 있는 사람들은 명백히 유전병에 걸릴 위험이 훨씬 높다. 그러나 최근까지만 해도 증상이 나타나기 전에는 이런 위험성을 안고 있는 사람이 실제로 그 병을 앓고 있는지 알아낼 방법이 없었다(이런 유전병은 헌팅턴 무도병처럼 중년기 이후에나 발병할 수도 있다). 이제 우리는 과학 발전으로 늘어난 유전학 지식을 통해 이런 유전병을 일으키는 특정한 유전자들(또는 유전자 무리)을 확인할 수 있었다. 따라서 우리는 이제 증상이 나타나기 훨씬 전에 유전병 여부를 알 수 있는 기술력을 갖추었다. 이것은 좋은 일일까? 어떤 사람에게 유전병이 있는지 파악할 수 있는 능력은 상당한 윤리적 딜레마를 야기한다. 우리에게 그 유전병의 치료법이 없는 이상, 그 사람은 질병이 있다는 것을 모르는 편이 나을지도 모른다. 만일 의사가 알게 되면, 그 정보를 환자에게 숨기는 것(아니면 숨기지 않는 것)이 윤리적인가? 만일 보험회사가 그 사실을 알면 그 사람을 위한 건강보험이나 생명보험을 거부할지도 모르는데, 사회는 그 문제를 어떻게 해결해야 할까? 만일 그 사람이 미성년자라면 유전병 검사 여부를 본인이 결정해야 할까, 아니면 그 부모가 결정해야 할까? 만일 이 검사를 출생 이전에 행할 수 있다면(자주 일어나는 경우이다), 유전병이 발견될 경우 낙태할 가능성이 있기 때문에 문제는 더욱 복잡하다. 이런 예들은 생명의학 분야에서 많이 볼 수 있다. 이를테면 새로운 과학기술의 도움으로 우리는 이전보다 생명을 훨씬 길게 연장할 수 있게 되었다. 이것이 좋지 않은 일이라고 주장할 사람은 별로 없겠지만, 일반적으로 과학 발전의 긍정적인 결과마저도 몇몇 곤란한 물음을 가져온다. 고통을 겪는 불치병 환자를 죽게 놓아두는 것은 어느 시점이 적당할까? 유아와 소아들의 건강관리 대신에 노인과 중증 환자를 살리기 위한 값비싼 절차에 한정된 사회자원을 얼마나 써야 할까? 이런 질문에 함축된 문제들은 새로운 기술을 제공해준 과학과 기술의 영역을 훨씬 뛰어넘는 것들이다.

생체의학(biomedical) 응용이 가치와 윤리 문제를 제기하는 유일한 기술은 아니다. 예를 들어 화학에서는 기술적인 목표가 대개 유용한 신물질을 만들어낸다. 이 새로운 물질들은 사회에 도움이 될 강력한 것일 수 있지만, 한편으로는 의도하지 않게 해가 될 수도 있다. 화학자들은 새로운 살충제와 비료를 만들어서 농작물 수확량을 크게 향상시켰다. 더 많은 사람들을 먹일 수 있다는 것은 물론 좋은 일이다. 하지만 그 이익과 함께 큰 부작용도 따라왔다. 환경오염, 그리고 사람과 야생 생물의 독극물 중독이 그것이다. 이와 같은 사건에서 사람에게 가해지는 긍정적 효과와 부정적 효과를 비교해 손익을 계산하는 것은, 적어도 부분적으로는 과학 지식뿐만 아니라 가치에 따라서 그 결과가 변할 수 있다.

과학을 군사 기술에 적용하는 것 또한 윤리 문제가 많이 겹치는 분야이다. 과학이 군사 목적으로 응용된 예는 아주 많지만, 아마 가장 유명한 것은 원자폭탄의 개발일 것이다(여기에는 물리학자들의 역할이 컸다). 핵무기 발명과 함께 전례 없는 파괴력을 경험한 전후의 과학자들은 이전 세대 선배 과학자들에 비해 과학 연구를 윤리적 차원에서 더 심각하게 생각하게 되었다. 방사능과 핵력의 성질을 이해하기 위한 기초과학 연구는 이처럼 파괴적인 기술 적용에 대한 단서를 전혀 주지 않은 채 20세기 초에 이루어졌고, 많은 과학자들은 원자핵이 에너지의 원천으로 사용될 수 있다는 가능성을 생각하지 못했다. 이 에너지를 실제로 사용할 수 있다는 사실을 깨달을 즈음, 연합국에 소속된 과학자들은 나치 독일을 상대로 원자폭탄 개발을 위한 목숨을 건 경주에 이미 들어섰다는 걸 감지했다. 그 때문에 그들은 자신들의 행동이 어느 정도 윤리적으로 정당하다고 믿었다. 그 뒤 일어난 민간인 거주 지역에 대한 원자폭탄 투하, 그리고 미국과 소련 간 군비 경쟁을 보면서 몇몇 과학자들은 원자폭탄을 제조하기로 한 결정을 후회했다(몇몇 과학자들은 군사적 연구에서 완전히 손을 뗐다). 그렇지 않은 과학자들은 자신의 행동을 공산권의 위협에 대응한 것으로 정당화하면서, 파괴력이 더 큰 무기를 만드는 연구를 계속해 나갔다.

마지막 예로, 컴퓨터 과학과 사이버네틱스를 살펴보자. 여기서도 우리는 사람들의 삶에 큰 영향을 끼칠 수 있는 강력한 기술의 예를 볼 수 있다. 자동 제어 시스템이 노동자의 작업량을 대신할 수 있다는 생각은 일찍부터 현실화되었고, 이 추세는 여전히 계속되고 있다. 많은 평론가들이 정보화 시대가 시작된 이후에 우리 경제가 대대적으로 개편되는 것에 주목했고, 그와 함께 사회의 틀이 변화할 가능성과 사회의 어떤 부분들이 점차 주변으로 밀려날 가능성 또한 주목했다. 이와 더불어 컴퓨터 기술과 통신이 발달하면서 개인의 사생활, 검열, 지적 재산권에 대한 중요한 문제들이 생겨났다(예를 들면, 어떤 단체에 우리가 자발적으로 제공한 개인 정보는 분명히 우리도 모르게, 허락도 없이 다른 여러 데이터베이스에 제공될 것이다). 다시 한 번 우리는 기술 발전에 따라 옛것에 새롭게 도전하는 가치들과 맞닥뜨려야 한다. 요점은 새로운 과학 지식이 새로운 능력을 주었기 때문에 지금 우리가 다루는 모든 문제들이 생겨났다는 것이다. 그렇다고 해서 내가 과학 발전이 새로운 윤리 문제를 일으킬 수 있기 때문에 나쁘다고 주장하는 것은 결코 아니다. 여러 번 들어서 진부하다고 느낄 수도 있지만, 이 모든 사례가 보여준 요지는 다음과 같은 한 문장으로 요약할 수 있다. "과학과 기술은 우리에게 힘을 주지만, 지혜를 주지는 않는다." 어떤 도구든 그것은 좋은 일에도 나쁜 일에도 다 쓰일 수 있고, 오직 우리들만이(개인으로서, 그리고 한 사회로서) 그 도구를 어떻게 사용할지 선택할 수 있다.

– 그레고리 N. 데리 저, 김윤택 역, 《그렇다면, 과학이란 무엇인가》, 에코리브르, 2011.

기본 과제

1. 윗글을 토대로 과학 문제가 가치 판단의 문제로 변화하는 사례들을 분야별로 정리해 보자.

2. 윗글의 중간 부분에서 필자가 제시한 다양한 질문에 대해 스스로 답해 보고 그 이유를 설명해 보자.

3. 필자가 요약한 "과학과 기술은 우리에게 힘을 주지만, 지혜를 주지는 않는다"는 명제를 비판적으로 검토해 보자.

심화 과제

1. 2000년대 초반 한국 사회에서는 줄기세포 연구와 관련하여 과학과 윤리의 문제가 크게 논란이 된 적이 있다. 과학과 기술의 발전이 최근 들어 더욱 급속하게 이루어진다는 점을 고려하면 과학과 윤리의 문제는 앞으로도 계속해서 논란이 될 것임에 틀림없다. 최근 이슈화되고 있는 과학과 윤리의 문제에는 무엇이 있는지 생각해 보고 자신의 견해를 발표해 보자.

2. 인류의 미래를 다룬 영화 가운데에는 과학과 윤리의 충돌 문제를 전면으로 부각시킨 작품들이 많다. 자신이 관람한 영화 가운데 한 편을 골라 '과학과 윤리'를 주제로 감상문을 작성해 보자.

읽기 자료 2

최초의 미생물은 1670년경 네덜란드의 안톤 반 레벤후크(Anton van Leeuwenhoek, 1632-1723)가 발견한 것으로 알려져 있다. 레벤후크는 직접 제작한 현미경을 통해 고작 한 방울의 물속에 무수히 많은, 작은 생명체들이 꿈틀거리는 새로운 세계를 발견하고 경악했을 게 분명하다. 그보다 반세기 앞서 갈릴레오가 망원경으로 달 표면에 난 크레이터들을 보고 놀랐던 것처럼 말이다.

레벤후크는 미생물을 두 종류로 구분했다. 하나는 포도상구균과 같은 세균이고 다른 하나는 아메바와 같은 원생동물이다. 원생동물은 단세포 생물로 온전한 세포 하나와 세포핵으로 이루어져 있다. 세균 역시 단세포 생물이지만 세균은 세포핵이 없다. 세균은 35억 년 전에 출현한 가장 원시적인 생명체다. 또한 이 행성에서 가장 많이 존재하는 생명체이기도 하다. 기름진 흙 한 줌에는 수십억 개의 세균들이 들어 있다. 원생동물과 세균은 보통 3×10^{-4}센티미터의 지름으로 맨눈으로 볼 수 있는 가장 작은 크기의 물체보다 10배 정도 작다. 19세기 말에는 세 번째 미생물인 바이러스가 발견되었다. 바이러스는 세균보다 훨씬 더 작고 살아 있는 생명체의 세포에서만 증식을 한다.

미생물이 전염병을 일으키는 원인이라는 생각은 1860-1870년대에 처음으로 등장했다. 최초로 미생물과 전염병의 관계를 밝혀낸 위대한 프랑스의 과학자 파스퇴르는 우회적인 방법으로 자신의 이론에 도달했다. 화학자로서 경력을 쌓았던 파스퇴르는 1850년대에 포도를 발효시켜 나온 유기 분자가 평면편광을 회전시키는 반면 공업적인 방법으로 얻은 무기 분자는 그렇지 않다는 점에 매료되어 있었다. 유기 분자는 생명과 관련이 있는 분자다. 연구 과정에서 발효의 부산물이 편광에 중요한 영향을 미친다는 걸 알게 되면서 파스퇴르는 알코올의 발효에 관한 연구를 시작했다. 이 과정에서 파스퇴르는 발효가 살아 있는 유기체, 즉 효모라는 미생물과 관련이 있음을 발견했다. 1863년에 이르자 파스퇴르는 포도주 맛의 변질이라는 실질적인 문제에 관심을 기울이게 되었다. 파스퇴르는 현미경으로 포도주의 변질에 영향을 주는 미생물을 찾아냈다.

파스퇴르는 현미경을 통해서만 볼 수 있는 미생물이 몸에 침입하여 병을 일으킨다는 '세균설'을 전개하기 시작했다. 미생물에 의한 질병으로 확인된 최초의 질병은 치명적인 탄저병이다. 이는 탄저균이란 미생물에 의해 발병했다. 이후 20년이 지나자 파스퇴르의 이론은 결핵, 콜레라, 디프테리아, 장티푸스, 임질, 폐렴, 그리고 페스트까지 확장되었다. 이제 생물학자들은 다른 질병들도 미생물에 의해 나타나고 전파된다는 것을 인식했다. 이제 인류는 미생물들과 싸워 이길 수단이 필요했다.

두 종류의 무기가 모습을 드러냈다. 백신 접종과 화학요법이 바로 그것이다. 백신 접종 방법은 병원균의 독을 약화시키거나 활동을 막는 주사액을 몸에 주입하여 면역력이 생겨나게 한다. 1880년, 파스퇴르는 닭 콜레라와 광견병, 탄저병을 예방할 수 있는 백신을 차례로 만들어 냈다. 그리고 1880년대 후반 독일의 세균학자이자 최초의 면역학자인 에밀 폰 베링(Emil von Behring, 1854-1917)은 디프테리아와 파상풍 예방 백신을 개발했다. 이 공로로 베링은 1901년 최초의 노벨 생리의학상을 수상했다.

화학요법은 수은이나 비소화합물과 같은 화학물질을 주사하거나 섭취해 위험한 미생물을 죽이는 방법이다. 1881년에 독일의 의사이자 화학자인 파울 에얼리히(Paul Ehrlich, 1854-1915)가 메틸렌블루라는 화학 염색 물질이 특정 세균에만 흡수된다는 점을 발견했다. 이를 통해 그는 몸에 침투한 특정 미생물만을 선택적으로 파괴하는 약물인 '마법의 탄환(magic bullet)'을 만들어 냈다. 1909년 초에는 직접 매독균만 공격하는 인공 합성 물질 '살바르산 606'이라는 매독 치료제를 개발했다. 화학요법의 문제는 예나 지금이나 화학물질의 독성이 강해 부작용이 심하다는 것이다. 매독 치료에 쓰이는 수은, 말라리아 치료에 사용되는 퀴닌, 이질 치료제인 비소화합물, 상처의 감염과 괴저를 방지하는 페놀, 이 모든 화학물질은 체내에 침투한 세균뿐 아니라 우리 몸의 건강한 세포와 조직도 공격한다.

백신 접종과 화학요법에는 질병에 접근하는 두 가지 철학이 반영되어 있다. 전자는 우리 신체의 자연 방어 체계를 신뢰하는 경우다. 살아 있는 유기체는 스스로 살아남는 데 필요한 모든 것들을 갖추고 있는 기적적인 존재라는 전제가 있다. 반면 후자는 유기 화합물, 합성 화합물, 그리고 전자기파 복사를 포함해 모든 가능한 방법으로 질병을 공격한다는 입장에 있다.

…(중략)…

1928년 봄, 런던 세인트 메리 병원 의대의 작은 실험실에서 연구 중이던 스코틀랜드 생물학자 알렉산더 플레밍은 뭔가 이상한 점을 눈치 챘다. 그가 키우는 포도상구균 군생 중 하나가 하얀 솜털처럼 생긴 곰팡이에 오염이 되어 있었던 것이다. 포도상구균은 19세기 후반에 발견된 흔한 균이다. 이 균은 신체 내 점막과 온혈동물의 피부에서 쉽게 발견되며 포도처럼 생겨서 서로 붙어 있으려는 성질이 있다. 그래서 영어로 둥글다는 의미의 'coccus'와 포도송이의 뜻을 가진 'staphyle'이 결합해 'staphylococcus'라는 이름이 붙여졌다. 플레밍이 포도상구균을 배양한 유리판은 종종 다른 미생물과 곰팡이가 넘쳐나는 공기에 노출되기도 했다. 그런데 이번 경우는 달랐다. 곰팡이 가까이 있는 포도상구균 덩어리가 사라져 버린 것이었다. 불투명한 노란색 덩어리가 있어야 하는데 이슬처럼 투명해져 있었다. 포도상구균의 세포벽이 터져버린 것이다. 일부 포도상구균은 상처에 감염을 일으키고 음식에 독을 유발한다. 어떤 경우는 전염병을 일으키기도 한다. 그런데 그런 포도상구균이 하얀 곰팡이에 의해 몰살당했다!

…(중략)…

플레밍은 이 이상한 곰팡이를 이식한 다음 바로 실험을 시작했다. 곰팡이를 배양액에 올려놓고 성장시키자 하얀 덩어리의 곰팡이가 짙은 녹색으로 변하더니 배양액을 밝은 노란색으로 바꾸어 놓았다. 37도에서 성장이 가장 느렸고 상온인 20도에서 가장 성장이 빨랐다. 얼마 지나지 않아 플레밍은 이 곰팡이가 바로 우리 인류에 혁명적인 변화를 가져다준 첫 번째 항생제 페니실린 균임을 확인했다. 이 균은 다른 세균에 어떤 영향을 주는 걸까? 이 의문들에 답하기 위해 플레밍은 익숙한 과정을 따라 젤 형태의 영양 성분이 든 유리 접시에 골을 내고 그 골에 곰팡이가 들어 있는 배양액을 채웠다. 그런 다음 여러 종류의 세균들로 수직 방향의 줄을 그었다. 페니실린 균은 포도상구균만이 아니라 폐렴, 매독, 임질, 뇌막염, 그리고 디프테리아를 일으키는 세균도 죽였다. 가장 중요한 것은 이 곰팡이가 독성을 띠지 않았다는 것이다. 플레밍은 상당한 양의 곰팡이를 토끼와 쥐에게 주사했지만 전혀 해로운 결과를 찾을 수 없었다. 반면, 그때까지 알려진 항균물질은 백혈구와 선천성 면역 체계의 일부를 파괴하는 부작용이 있었다. 플레밍은 자신이 발견한 곰팡이를 페니실린이라고 명명했다. 그가 보기에 페니실린은 이상적인 항균물질이었다. 그러나 그 곰팡이 추출물이 의학적인 용도로 쓰일 정도로 정제되기까지는 10년 이상이 걸렸다.

– 앨런 라이트맨 저, 박미용 외 역, 《과학의 천재들》, 다산초당, 2012.

기본 과제

1. 윗글을 토대로 최초의 미생물 발견에서 페니실린의 발견에 이르는 과정을 주요 학자 중심으로 정리해 보자.

2. 미생물에 의해 매개되는 질병을 치료하는 방법으로는 백신 접종과 화학요법이 있다. 두 방법의 특징과 장단점을 비교하는 표를 작성해 보자.

심화 과제

1. 항생제의 발명으로 인류는 더 이상 세균에 의한 질병으로 고생하지 않게 되었다. 그러나 최근에는 면역 체계와 관련한 외부 요인에 의한 질병보다는 우울증과 같은 내적인 요인, 정신적인 요인에 의한 질병이 사회적으로 크게 문제가 되고 있다. 이러한 내적인 질병이 만연하게 된 사회문화적 원인을 모색하는 글을 쓴다고 가정하고 항목식으로 개요를 작성해 보자.

2. 페니실린의 발견은 플레밍이라는 과학자의 위대한 업적임에는 틀림없으나 앞선 세대 학자들의 연구 성과가 축적되지 않았다면 불가능했을 것이다. 따라서 위대한 업적을 특정한 개인의 것으로만 기술하는 것에는 문제가 있다. 개인적인 차원의 업적 기술이 야기하는 문제들에는 어떠한 것이 포함될 수 있을지 논의해 보자.

읽기 자료 3

자연과학은 인간을 포함한 자연을 그 연구대상으로 삼으며, 인문학은 자연을 포함한 인간세계를 인문학적으로 이해하고자 한다. 자연과학의 대상이 인간과 사회를 포함하듯이, 인간에 대한 이해는 자연을 제외하고서는 이루어지지 못한다. 자연과학과 인문학은 결국 인간을 포함한 세계에 대해 더 깊고 폭넓게 이해하려는 학문이다. 여기에 과학과 인문학의 접점들이 위치한다.

자연과학과 인문학의 관계를 파악할 때에는 몇 가지 단순화를 경계해야 한다. 우선 조심할 태도는 이 둘 사이에 위계를 설정하려는 것이다. 자연과학은 '사실(fact)'을 다루고 인문학은 '해석(interpretation)'에 대한 학문이기 때문에 과학이 인문학에 비해 객관적이고 따라서 더 우월하다고 주장하는 것은, 자연과학은 주체가 객체로부터 분리된 채로 세상을 표피적으로 기술하지만 인문학은 주체와 객체의 상호작용을 통해서 세상을 반성적으로 이해하기 때문에 자연과학에 비해 인문학이 우월하다고 주장하는 것만큼이나 별로 의미가 없다.

오렌지와 사과 중 어느 것이 우월한가를 따지는 것이 의미가 없듯이, 과학과 인문학은 우월을 따질 수 없을 정도로 다른 학문이다. 그렇지만 이 둘은 주제와 방법론에서 유사성은 물론 겹치는 영역이 존재한다. 사실 인간, 자연, 사회는 자연과학과 인문학의 공통적인 대상이며, 이 대상들을 좀 더 포괄적으로 이해하려고 노력하는 것이 과학과 인문학이 공통으로 지향하는 바이기 때문이다.

또 다른 단순화는 과학과 인문학의 거리가 멀어진 것이 학문의 전문화 때문에 당연하고 필연적이라는 생각이다. 과학이 전문화되고 어려워져서 인문학자들이 이해하기 힘들어졌다는 데에는 이의가 있을 수 없지만, 과학의 전문화가 과학자들조차 인접하는 과학 분야를 이해할 수 없을 정도로 깊이 진행된 것도 사실이다. 물리학자들이 현대 생물학을 이해하기 힘들 뿐만 아니라, 입자 물리학자들이 초전도체 물리학을 이해하기 힘들다. 이는 인문학의 영역에도 적용되는데, 역사학이나 문학을 전공할 사람들이 분석철학이나 심리철학의 전공 논문들을 이해하는 데에 한계가 있으며, 그 역도 마찬가지다. 굳이 얘기하자면 거리가 멀어진 것은 인문학과 과학의 사이만이 아니라 인문학의 각 분야, 과학의 각 분야도 마찬가지이다.

그런데 이렇게 커다란 학문 분과의 세부 분야들이 전문화되면서, 어떤 분야들은 오히려 그 이전보다 더 거리가 가까워진 것들이 있다. 과학사와 과학철학은 각각 역사와 철학을 잇고 있으며, 인지과학은 뇌과학, 컴퓨터 공학, 인식론, 심리학 등의 상호작용을 매개하고 있다. 따라서 전문화의 시대에 과학과 인문학이 보여 주는 '두 문화(Two cultures)'의 문제는 필연적이며 극복할 수 없다고 생각하기보다는, 이를 좁힐 수 있는 다양한 학제 간의 노력을 모색하는 것이 지금 우리에게 더 의미 있다고 볼 수 있다.

– 홍성욱, 〈자연과학과 인문학의 대화〉, 《인문학의 창으로 본 과학》, 한겨레출판, 2006.

우리나라의 학생들에게 문과 · 이과의 선택은 예외 없이 누구에게나 때가 되면 찾아오는 것이기 때문에 학생들은 성인이 되는 필수적 과정의 일부로서 결국 닥치게 될 이러한 선택을 미리 예상해서 그에 대비하게 된다. 모든 학생들이 고등학교에 들어간 후 자신이 문과와 이과 중 어느 쪽에 속해야 할 것인가, 어느 쪽이 더 자신의 적성에 맞는가 등 근본적인 문제들뿐만 아니라 어느 쪽이 더 공부하기 쉬우며 대학 입시 준비에 유리할 것인가 같은 보다 현실적인 문제들에 대해 생각하게 된다.

이런 선택을 하도록 강제한다는 것은 그 나이의 학생에게는 퍽 가혹한 일이다. 문과 · 이과의 구분이라는 것 자체가 근본적으로 임의적일 뿐 아니라, 설사 그 같은 구분이 가능하다고 하더라도 실제로 적성이 문과나 이과 어느 한쪽에 뚜렷이 기우는 사람은 아주 드물며, 그 같은 '기울음'을 판정하는 일도 쉽지 않기 때문이다. 그러나 그럼에도 불구하고 학생들은 반드시 한쪽을 선택해야 하며 일단 선택한 후에는 그 선택이 학생 자신의 앞날에 굉장한 제약을 가하는 테두리로서 작용하게 된다. 이런 상황에서 많은 학생들은 아예 부모에게 이 선택을 맡겨 버리거나 별 생각 없이 가볍게 결정해 버리지만, 이에 대해 심각하게 생각하는 학생들에게 이 선택은 지극히 어려운 일이 된다. 때로는 이 선택을 두고 굉장한 고민을 하고 그 어려움 때문에 엄청난 고통을 겪는 경우도 적지 않다.

…(중략)…

우리 학계에서의 지나친 문과 · 이과 구분의 폐단은 이렇게 꼭 구분을 해주어야만 한다는 데에서 그치지 않는다. 이렇듯 인위적이고 임의적인 구분에 바탕을 두고 생긴 문과와 이과 양쪽이 상대 쪽에 대해 극도로 배타적인 태도를 취한다는 점에서 문제가 더욱 심각한 것이다. 그리고 그동안 내가 겪어야 했던 어려움이 문과와 이과 양쪽 모두가 나의 분야인 과학사 분야를 자기 쪽에 속하는 것으로 끌어당겨서가 아니라 서로 자기 쪽이 될 수 없다고 밀쳐내서 생긴 어려움이었다는 사실이 그 배타성을 잘 보여준다고 할 수 있겠다.

결국 이 같은 우리 학문 세계의 상황에서 내가 이 문제를 정상적으로 해결할 수 있는 길은 없었다. 물론 문과나 이과 어느 한쪽에 소속시키는 일을 하지 않고는 대학과 학문 세계 속에 존재할 수 없는 우리나라의 상황에서 결국은 매번 어느 한쪽을 택하여 소속시켜 올 수밖에 없었던 것은 사실이다. 그러나 한 번도 정당한 이유에 의해 한쪽에 당당히 소속되고 받아들여지지는 못했고, 매번 '편의상'이라거나 '잠정적'이라는 단서 하에 어정쩡한 상태로 소속되는 것을 감수해야만 했던 것이다.

– 김영식, 〈문과, 이과 구분의 문제〉, 《과학, 인문학 그리고 대학》, 생각의나무, 2007.

기본 과제

1. 윗글의 내용을 토대로 자연과학과 인문학의 공통점과 차이점을 정리해 보자.
2. 필자는 문과, 이과를 선택하는 문제에 대해 근본적인 비판을 제기하고 있다. 자신의 과거 경험에 비추어 문과, 이과를 선택하는 과정에서 나타나는 여러 문제에 대해 논의해 보자.
3. 자연과학과 인문학, 문과와 이과처럼 명확히 구분되지 않는 대상을 인위적으로 구분해서 나타나는 다른 사례가 있는지 생각해 보고 자신의 견해를 발표해 보자.

심화 과제

1. 윗글은 인문학과 자연과학의 통합적 이해가 중요하다는 내용을 담고 있다. 보조 자료의 글을 참고하여 문과, 이과 구분의 문제점을 해결할 수 있는 현실적인 방안을 제시해 보자.
2. 전공 분야의 지나친 세분화가 초래하는 문제들에는 어떤 것이 있을지 생각해 보자. 그리고 통섭을 통해 얻을 수 있는 장점은 무엇인지 논의해 보자.

제3장

보고서 쓰기의 실제

1. 주제 선정
2. 자료 수집
3. 글의 구성과 논증
4. 보고서의 형식

고등학교까지의 교육은 주로 우리 사회를 구성하는 한 명의 구성원으로서 필수적으로 알아야 하는 지식을 전달하는 데 초점을 둔다. 따라서 학생들은 지식을 수동적으로 습득하게 되는 경향이 있다. 반면 대학교에서는 기존에 진리와 지식으로 알려져 있는 사실들을 단순히 전달받는 수준을 뛰어넘어 학생 스스로가 새로운 지식을 찾아 나가는 과정을 배우게 된다.

대학교 수업에서 요구하는 보고서* 쓰기는 이러한 학습 활동의 가장 대표적인 예이다. 교수자는 보고서 작성 과제를 부여함으로써 수업 시간만으로는 미진한 강의 내용을 보충하거나 해당 과목에 대한 학생들의 지적인 욕구를 자극시키고자 한다. 한편 학생들은 수업 시간을 통해 습득한 지식을 자신의 논리 안에서 재구성하고 발전시킴으로써 문제 해결 능력을 키우고 지적 능력을 향상시킬 수 있다.

하지만 대학에 막 입학한 신입생들 대다수는 보고서 작성에 상당한 어려움을 느낀다. 어떤 내용을 써야 하는지도 잘 알지 못할뿐더러, 어떤 형식으로 써야 하는지도 제대로 숙지하지 못하는 경우가 대부분이다. 이는 이전까지의 교육 과정에서 제대로 된 보고서 작성법을 배울 기회가 없었기 때문이다. 또한 대학의 교육과정에서 졸업논문 제도가 사실상 폐지되면서 대학생이 내용과 형식을 갖춘 보고서를 직접 작성할 기회가 줄어들었다는 점도 하나의 이유이다.

여기서는 대학교 교양 수업 수준에서 작성하게 되는 보고서를 예로 들어, '주제 선정' - '자료 수집' - '논증' - '보고서의 형식' 등의 단계별로 보고서를 작성하는 기초적인 방법에 대해 알아보고자 한다.

* 보고서는 편의적으로 리포트, 소논문 등의 명칭으로 불리기도 한다. 명칭에 따라 약간의 성격 차이가 있기는 하지만, 여기서는 보고서라는 용어로 범칭하고자 한다.

1. 주제 선정

보고서 쓰기의 시작은 주제 선정에서부터 이루어진다. 학부 수업의 경우 보고서의 주제는 대부분 해당 과목의 교수자가 임의로 지정해 주는데, 이는 과목의 성격과 교수자의 성향에 따라 내용과 형식이 유동적일 수 있음을 의미한다. 따라서 보고서를 작성할 때 제일 먼저 고려해야 할 사항은 본인이 수강하는 과목의 성격과 교수자의 보고서 출제 의도라고 할 수 있다. 교수자가 주제를 제시하는 경우는 범위가 넓은 경우와 좁은 경우로 나누어 생각해 볼 수 있다. 아래에서는 설명의 편의를 위해 교수자가 제시하는 주제를 '상위 주제'로, 그 안에서 학생이 스스로의 힘으로 찾아내야 하는 주제를 '하위 주제'로 구분해 지칭한다.

1.1. 상위 주제에서 하위 주제로

특정 학문의 전반을 다루는 개론류의 수업에서는 범위가 넓은 주제가 제시되는 경우가 많다. 해당 수업에서 다루는 시기와 영역이 광범위하기 때문이다. 그러나 교수자가 포괄적인 주제를 출제한다고 하더라도 해당 주제에 대한 모든 답변을 기대하는 경우는 드물다. 따라서 이 경우는 교수자가 보고서 출제를 통해 학생들로부터 기대하는 의도가 무엇인지 먼저 고민해야 한다. 주제의 범위가 포괄적이라는 사실은, 교수자가 학생으로부터 하위 주제를 선정해 낼 수 있는 문제 발견 능력을 기대한다고 볼 수 있기 때문이다. 본 교재의 2장에서 다루었던 여러 주제 가운데 '역사'를 예로 들어 보자.

역사 관련 교양 수업에서 '본인이 관심을 가지는 한국사의 주요 사건을 한 가지 선정하고, 해당 사건과 관련한 주제를 임의로 정하여 보고서를 작성하라'라는 과제를 받았다고 가정해 보자. 〈한국사의 재조명〉, 〈역사는 어떻게 서술되는가〉, 〈한국인의 역사인식〉 등의 교양 강의에서 출제될 만한 과제이다.

이와 같은 과제를 마주하게 되면 가장 먼저 고려해야 할 점은 교수자가 한 학기 동안 진행하는 강의 내용과 자신이 제출하고자 하는 보고서와의 교집합을 찾는 일이다. 아울러 해당 과목에 대한 자신의 지식과 능력을 고려하여 스스로 해결할 수 있는 하위 주제를 찾도록 노력해야 한다. 자신이 선정한 하위 주제가 지나치게 포괄적이거나 막연한 경우, 자료를 수집하고 논증을 구성하는 과정이 어려울뿐더러 일정한 결론에 도달하기가 쉽지 않기 때문이다.

그렇다면 어떻게 해야 자신이 해결할 수 있는 하위 주제를 찾아낼 수 있을까? 과목과 상위 주제의 성격에 따라 다소 차이가 있을 수 있겠으나, 상위 주제의 범위를 조금씩 축소해 나가는 방식이 일반적이다. 이 과정에서는 1학기에 학습했던 '구분과 분류'의 방식을(158-163쪽) 적용시켜 볼 수 있다. 예를 들어, 시기를 기준으로 '한국사'의 전체 범위를 구분해 보자.

> 시기: 고조선시대 / 삼한시대 / 삼국시대 / 후삼국시대 / 남북국시대 / 고려시대 / 조선시대 / 대한제국시대 / 일제강점기 / 대한민국

학생은 자신의 관심에 따라 위의 다양한 시기 가운데 하나를 택해 볼 수 있으며, 다시 자신이 선택한 시기 가운데 특정한 일부 시기 혹은 지역만을 대상으로 삼을 수도 있다. 한국사라는 큰 범위에서 사건을 선정하는 것보다는 대상의 범위를 좁혀서 하위 주제를 찾는다면 훨씬 세부적이고 구체적인 주제를 찾아낼 수 있을 것이다. 위의 예와는 달리 상위 주제를 시기로 구분하지 않고 공간으로 구분하거나 개념으로 구분하는 방식도 가능할 것이다.

> 지역: 오늘날의 서울 지역 / 오늘날의 충청도 지역 / 오늘날의 경상도 지역 / 오늘날의 전라도 지역

개념: 한국사에서의 전쟁 / 한국사에서의 영토 / 한국사에서의 종교 / 한국사에서의 혁명

위에서 제시한 구분 방식 가운데 어떤 것을 택하든, 세부 분류는 되도록 자신이 평소에 흥미를 많이 느끼고 있던 부분을 택하는 것이 좋다. 때로는 시기 · 공간 · 개념의 구분이 동시에 기준으로 작용하기도 한다. 이는 좀 더 명확하고 엄밀한 하위 주제를 찾아내기 위한 하나의 방법이 될 수도 있다.

이상과 같은 방식으로 '한국사'의 범위를 좁혀 봤다면, 그 다음 생각해 볼 문제는 '주요 사건'으로 무엇을 택하느냐이다. 우리나라 역사에서 '사건'이라고 부를 만한 역사적 사건은 수없이 많겠으나, '주요 사건'은 역사적 전환의 계기가 되거나 오늘날까지 지속적으로 논란거리가 되는 사건, 즉 '역사적 사건'을 말한다. 따라서 시기를 좁히고, 해당 시기에 발생했던 여러 사건 가운데 다시 한 번 생각해봐야 할 '역사적 사건'을 택하는 방식으로 주제를 선정할 필요가 있다. 그리고 다시 해당 사건을 둘러싼 여러 가지 문제 가운데 일부분에 초점을 맞추거나, 자신의 주장을 펼칠 수 있을 만한 문제를 보고서의 하위 주제로 선정한다. 이는 교수자가 출제한 '해당 사건과 관련한 주제를 임의로 정하여'라는 보고서 출제 의도에 부합할 것이다. 이와 같은 방식으로 설정한 주제의 예를 몇 가지 들어 보자.

㉠ 한국사의 주요 사건 → 삼국시대의 주요 사건 → 삼국시대의 주요 사건인 신라의 통일 → 삼국시대의 주요 사건 가운데 하나인 신라 통일 과정에서 나당(羅唐) 연합의 의의

㉡ 한국사의 주요 사건 → 조선시대의 주요 사건 → 조선시대의 주요 사건 가운데 하나인 임진왜란 → 조선시대의 주요 사건 가운데 하나인 임진왜란으로 인해 발생한 사회적 변화 양상

㉢ 한국사의 주요 사건 → 한국 현대사의 주요 사건 → 한국 현대사의 주요 사건 가운데 하나인 4 · 19 혁명 → 한국 현대사의 주요 사건 가운데 하나인

4 · 19 혁명의 명칭 문제

이렇게 범위를 좁혀 하위 주제를 선정한다면 학생은 자신의 힘으로 해결이 가능한 범위로 보고서의 상위 주제를 구체화할 수 있을 것이다. 또 때로는 하위 주제를 찾아내는 과정에서 성격이 유사하거나 차이가 명확하게 드러나는 몇 가지 사건들을 묶어 비교하는 방식으로 새로운 하위 주제를 찾아낼 수도 있을 것이다. 예를 들어, 삼국시대 나당연합의 문제를 기본으로 다루되 개항기 외세의 의존과 개입 문제를 함께 비교할 수도 있고, 조선시대 임진왜란의 문제를 기본으로 다루되 병자호란이나 한국전쟁 등의 다른 전쟁과 비교할 수도 있으며, 현대사의 4 · 19 혁명의 명칭 문제를 기본으로 다루되 동학혁명의 명칭 문제와 비교하는 주제를 택할 수도 있게 될 것이다.

연습문제

1. 다음은 교양 수업에서 보고서 제출을 요구한 과제의 상위 주제이다. 위의 방식으로 범위를 축소하여 하위 주제를 선정해 보자.

㉠ 오늘날 한류는 세계 도처로 뻗어 나가고 있다. 아직까지 본격적으로 소개되지 않은 우리 문화의 분야를 한 가지 선정하고, 그 분야가 경쟁력을 갖는 이유를 제시하라.

㉡ 우리나라는 분단국가이다. 향후 통일이 되었을 때 사회적 문제로 비화될 가능성이 가장 높은 분야를 선정하고, 그 이유에 대해 조사하라.

㉢ 인류는 자연 생태계의 한 구성원으로서 자연을 이용하기도 하고 극복하기도 하면서 생존해 왔다. 오늘날 인류에게 있어서 가장 심각한 환경오염은 무엇인지 선정하고, 그 실태와 문제점을 조사 · 분석하라.

2. 2장에 실려 있는 12개의 주제 가운데 하나를 택하여 상위 주제에서부터 범위를 축소하여 하위 주제를 선정해 보자.

1.2.
하위 주제의 구체화 과정

하위 주제를 구체화시키는 과정을 '인권'이라는 상위 주제에서부터 출발하여 살펴보자. 인권은 여러 분야에 적용할 수 있는 상위 주제로서, 앞서의 예처럼 범위를 축소할 경우 '인권 문제' → '한국 사회의 인권 문제' → '현대 한국 사회의 인권 문제' → '현대 한국 사회의 소수자 인권 문제'와 같은 방식으로 하위 주제를 찾아 나갈 수 있을 것이다. 이 가운데 인권 문제와 결부시켜 생각해 볼 수 있는 소수자에는 '동성애자', '장애인', '비정규직 노동자', '외국인 노동자', '종교 관련 소수자' 등을 떠올릴 수 있다.

다른 한편으로는 특정한 가치가 다른 가치와 대립하는 경우, 또는 특정한 집단의 권리와 다른 집단의 권리가 충돌하는 경우도 생각해 볼 수 있다. '인권'이 화두가 되었을 때 인권이라는 가치가 다른 가치와 대립하거나 혹은 충돌되는 경우를 떠올려 보자.

㉠ 사형제도의 존폐 논란
: 가해자의 인권도 고려되어야 한다 ↔ 공공의 안전이 우선되어야 한다

㉡ 학생 인권의 증진 논란
: 학생의 인권이 증진되어야 한다 ↔ 교사의 권리가 지켜져야 한다

㉢ 국익과 개인의 인권의 충돌
: 개인의 인권은 어떤 가치보다도 우선되어야 한다 ↔ 국익을 위해 개인의 인권은 어느 정도 희생시킬 수 있다

이상의 예들을 실제 생활 주변에서 본인이 경험할 수 있는 사안들과 연계한다면 하나의 하위 주제를 발견해 내기가 어렵지 않을 것이다. 어떤 경우이든 기존에 잘 알려져 있지 않았던 문제점을 새로 발견해 내거나 첨예하게 대립하는

논점 가운데 하나를 택해, 그에 대한 자신의 견해와 주장을 제시하는 방식으로 주제를 구체화할 필요가 있다. 그래야만 보고서의 독창성을 확보할 수 있기 때문이다.

이와 비슷한 예로, 2장에서 함께 논의해 보았던 '감시와 권력'을 상위 주제로 설정하고 하위 주제를 선정하고 구체화하는 과정을 살펴보자.

감시와 권력 → 현대 사회에서의 감시와 권력 → 현대 한국 사회에서의 감시와 권력

'감시와 권력'이라는 일반적인 주제에서 시작하여 '현대 한국 사회에서의 감시와 권력'이라는 작은 범위로 주제를 축소하였다. 그러나 이 역시 교양 수업의 보고서로 작성하기에는 주제의 범위가 다소 크다고 할 수 있다. 이 범위 안에서 실제 우리가 구체적이고 명확하게 적용할 수 있는 실제 사례를 떠올려 보자.

㉠ CCTV 설치: 범죄 예방의 효과 ↔ 사생활 침해의 우려
㉡ 주민등록번호 사용: 효율적인 국가 행정 관리 ↔ 개인정보 침해 및 남용의 우려
㉢ 인터넷 실명제: 익명성에 기댄 악의적 게시물 차단 ↔ 표현의 자유 보장

위에서 제시한 예들은 모두 특정한 가치가 다른 특정한 가치와 충돌하는 사례이다. 다음 절에서는 이 가운데 'CCTV 설치 문제'를 중심으로 하위 주제의 선정 이후 자료를 수집하고 논증을 구성하는 과정을 살펴보고자 한다.

연습문제 다음은 2014학년도 1학기 고려대학교 교과과정에 개설되어 있는 핵심교양 과목이다. 자신이 해당 수업의 교수자가 되었다고 가정하고서, 보고서의 주제를 출제해 보자. 작성 기간, 작성 방법, 분량 등을 구체적으로 제시하고 그 이유에 대해서도 적어 보자.

㉠ 영역: 역사의 탐구 / 과목명: 조선시대 국왕과 왕실문화

㉡ 영역: 문학과 예술 / 과목명: 어떻게 영화를 읽을 것인가

㉢ 영역: 윤리와 사상 / 과목명: 동양고전으로 사유하기

㉣ 영역: 사회의 이해 / 과목명: 한국의 사회변동과 교육

㉤ 영역: 과학과 기술 / 과목명: 자연재해의 이해

㉥ 영역: 과학과 기술 / 과목명: 과학과 종교

2. 자료 수집

2.1. 자료 검색 방법

: 포털 검색(구글, 네이버, 다음 등)

- 적절한 '키워드 검색'으로 단행본, 연속간행물(신문 및 잡지), 논문, 기관 홈페이지 및 공개 자료 등을 찾는다.

: 도서관(고려대학교 도서관, RISS, 국회도서관, 국립중앙도서관 등)과 인터넷 서점

- 단행본, 연속간행물, 논문은 목차를 확인해야 필요한 자료가 포함되어 있는지 알 수 있다. 고려대학교 도서관에서 목차를 확인할 수 없는 경우에는 인터넷 서점에서 검색하여 확인한다.
- 도서관은 분야에 따라 책을 정리해 놓는다. 자신이 찾는 책이 있는 서가에는 관련된 내용을 담은 책들이 모여 있으므로 주변의 책도 확인한다.

: 한국언론재단(http://www.kpf.or.kr/main/index_main.html(신문 기사)

- 한국언론재단에서는 '미디어가온'을 통해 '기사통합검색' 서비스를 제공한다. 현재 발행되는 신문은 물론 발행이 중단되었거나 아주 오래전에 발행된 신문의 기사도 검색할 수 있다.

: 한국사 데이터베이스(http://db.history.go.kr/)

- 고대에서 현대까지의 역사, 일제 강점기 신문 및 잡지 데이터베이스를 제공한다.

: 관련 기관 공식 홈페이지(통계청, 서울시, 고려대학교 등)

- 기관이 제공하는 공식 문서나 통계 자료 등은 해당 기관의 홈페이지에서 쉽게 찾을 수 있다.

※ 구글 검색 방법

㉠ 키워드 입력

- 해당 주제에 대한 자료를 검색하려면 주제의 핵심이 되는 키워드를 먼저 선정해야 한다. 예를 들어 상위 주제인 '감시와 권력'을 검색하는 가장 일반적인 방법은 '감시'와 '권력'이라는 키워드를 모두 검색창에 입력하는 방법이다. 검색창에 〈감시 권력〉을 입력하면 검색 엔진은 '감시'와 '권력'을 포함한 모든 자료를 찾아서 보여 준다.

㉡ 특정 단어를 반드시 포함시키는 방법: 따옴표(" ") 사용

- 특정 단어가 반드시 들어가거나 단어의 순서가 바뀌지 않게 검색하려면 단어를 따옴표로 묶어 검색한다. 예를 들어 '감시 권력'이 반드시 포함된 문서를 검색하고 싶다면 〈"감시 권력"〉을 입력하면 된다. 〈감시 권력〉과 〈"감시 권력"〉을 검색창에 입력하고 결과를 비교해 보면 차이를 쉽게 알 수 있다.

㉢ 특정 단어를 반드시 제외시키는 방법: 마이너스 기호(-) 사용

- '감시와 권력'을 반드시 포함한 문서를 검색하는데 푸코의 책 제목인 '감시와 처벌'을 제외한 결과를 보고 싶다면 〈"감시와 권력" -감시와 처벌〉을 입력한다.

㉣ 두 단어 중 하나만 들어가도 되는 자료를 찾는 방법: OR 사용(반드시 대문자)

- '감시'나 '권력' 중 한 단어만 들어가도 되는 문서를 찾으려면 〈감시 OR 권

력〉을 검색창에 입력한다. 〈감시 권력〉과 〈감시 OR 권력〉의 검색 결과는 상당한 차이를 보인다.

㉤ 검색어가 정확하게 생각나지 않을 때 검색하는 방법: 별표(*) 입력

- 감시 권력에 대한 한병철의 책 제목에서 '사회'만 생각나고 앞부분이 생각나지 않으면 〈한병철 *사회〉로 검색한다.

* 〈 〉는 설명하는 부분과 입력할 내용을 구분하기 위해 사용하는 기호이므로 실제로 검색할 때에는 〈 〉 안의 내용만 입력하면 된다.

2.2. 자료의 종류

글을 쓰기 위해서는 실제로 존재했거나 존재하고 있는 사회 및 자연 현상, 법, 제도, 정책, 특정 시공간이나 물질, 기술, 질병 등에 대한 자료가 필요하다. 자료의 종류로는 단행본, 연속간행물, 논문, 공식 문서, 인터넷, 시청각 자료 등이 있다.

㉠ 단행본: 종이책 및 전자책

㉡ 연속간행물: 신문 및 잡지

㉢ 논문: 학위 및 학술 논문

㉣ 국가 및 기관 공식 문서: 법, 규정, 통계청 통계, 백서, 기관 공식 홈페이지 공개 자료

㉤ 인터넷(표준국어대사전, 고려대 한국어대사전, 위키백과, 포털 백과사전, 유명 블로그 등)

㉥ 시청각 자료: 비디오, DVD, 음성 파일 및 녹음테이프 등

㉦ 직접 제작: 실험, 관측 혹은 관찰, 설문 조사, 현장 조사 등을 통해 수집한

자료

* 특정 분야의 전문가가 아니거나 편향된 시각을 가진 사람 또는 집단의 글은 자료로 사용 하지 않는다.

2.3. 하위 주제 선정 과정에서의 기본 자료 수집과 논점 발견

자료 수집은 대개 하위 주제 선정 이후에 본격적으로 이루어지지만 하위 주제를 선정하는 과정에서도 기본적인 자료를 수집하고 검토할 필요가 있다. 최초에 주어지거나 선택한 상위 주제와 관련된 기본 자료를 본 적이 없다면 어떤 하위 주제가 있는지 알 수 없고 그중에서 무엇이 가장 적합한지 판단할 수 없다. 또한 경우에 따라서는 관심이 있는 하위 주제에 대한 자료가 부족하거나 자료에 대한 접근이 어려울 때도 있다. 심지어 기본 자료를 살펴본 결과 하위 주제가 실제로는 필자가 생각했던 것과 다르다는 사실을 알게 되기도 한다. 이러한 경우에는 과감하게 하위 주제를 다른 것으로 바꾸어야 한다. 끝으로 하위 주제 선정 과정에서 수집하고 검토한 자료의 서지 정보(인용 자료 및 참고 문헌)는 앞으로 어떤 자료를 더 찾아야 할지 알려 줌으로써 1단계 자료 수집 과정에 큰 도움이 된다. 기본 자료와 거기에 중요하게 인용된 문헌들은 대개 1단계 자료로서의 가치가 상당히 높다.

2.3.1. 상위 주제에 따른 기본 자료 검색 및 수집 방법

- 상위 주제: 감시와 권력
- 상위 주제인 〈감시와 권력〉을 입력하여 검색하면 구글은 푸코의《감시와 처벌》을 제일 먼저 보여 준다. 관련 자료를 살펴보면 '파놉티콘'과 '제러미 벤담'이 자주 등장한다. 〈파놉티콘〉을 검색하면 용어의 의미와 '시놉티콘', '디

지털 파놉티콘' 등 현대 사회의 감시 문제를 규정하는 새로운 용어들이 보인다. 구글이나 국내 포털 사이트는 검색 결과의 상단에 검색어에 대한 백과사전의 개념 설명을 제공한다. 개념 설명이 반드시 정확한 것은 아니므로 개략적인 이해를 위해 참고할 뿐 인용해서는 안 된다. 국내 포털을 검색한 결과 상단에 나타나는 자료(블로그, 이미지 등) 역시 무조건 신뢰하고 인용하지 않도록 주의한다. 검색창 바로 아래 '뉴스'를 누르면 관련 뉴스를, '더보기'의 하위 항목인 '도서'를 누르면 제러미 벤담의 《파놉티콘》과 그에 대한 해설서인 홍성욱의 《파놉티콘 — 정보사회 정보감옥》을 쉽게 찾을 수 있다.

2.3.2. 논점 발견 및 하위 주제 선정

'감시와 권력'을 상위 주제로 하여 현대 사회의 감시 문제를 살펴보고 싶다면 오늘날 우리를 일상적으로 감시하는 장치들로는 무엇이 있는지 먼저 생각해 보아야 한다. 그럼 쉽게 'CCTV'를 떠올릴 수 있다. 검색창에 〈CCTV 설치 문제〉를 입력한다. 검색 결과로 나타난 뉴스를 포함하여 다양한 자료를 살펴보면 'CCTV 설치 문제'에 대한 논점이 '사생활 침해'와 '범죄 예방 또는 범인 검거'의 대립에 있음을 알 수 있다. 논점의 키워드를 포함시켜 〈CCTV 사생활 침해 범죄 예방〉 또는 〈CCTV 사생활 침해 범인 검거〉를 검색하고 자료를 살펴본 후 하위 주제를 결정한다. 기본 자료 검색 후 결정한 하위 주제는 이후의 본격적인 자료 수집과 분석의 과정에서 변경될 수 있다.

① 하위 주제 1: 사생활 침해하는 CCTV 설치 및 운영 규제 강화
- 주제문: CCTV는 사생활을 침해할 우려가 있으므로 (개인정보보호)법에 따라 철저히 관리하고 감독해야 한다.

② 하위 주제 2: 범죄 예방과 범인 검거를 위해 CCTV 설치 확대
- 주제문: CCTV는 범죄 예방과 범인 검거에 큰 도움이 되므로 설치를 확대해야 한다.

2.4.
본격적인 자료 수집

2.4.1. 1단계 자료 수집(상위 주제와 관련된 이론이나 개념 지식)

상위 주제로부터 하위 주제를 이끌어 낸 후의 1단계 자료 조사에서는 기본 자료를 포함하여 상위 주제와 하위 주제를 포괄적으로 설명하거나 관련 개념을 규정하는 자료를 수집한다. 이러한 자료는 상위 주제와 관련 개념들에 대한 통시적이며 공시적인 이해를 제공함으로써 필자의 주장이 일정한 방향성을 갖도록 해 준다. 그러므로 1단계로 수집한 자료를 꼼꼼히 읽고 그 핵심을 분명하게 이해하지 못한다면 나중에 하위 주제를 서술하는 과정에서 방향을 잡는 데 어려움을 겪게 된다. 예를 들어, CCTV 설치 확대를 반대하는데 미셸 푸코의《감시와 처벌》과 제러미 벤담의《파놉티콘》의 핵심과 '파놉티콘'의 개념을 이해하지 못한다고 가정하자. 그러면 표면에 나타나는 CCTV의 사생활 침해 문제를 이야기할 수 있을 뿐, 이를 '권력에 의한 감시와 규율의 강화'라는 역사적 그리고 사회 · 정치적 맥락 속에서 이해하고 비판할 수 없을 것이다. 어떤 문제나 현상의 기원에 대한 심층적 이해 없이는 근본적인 대책이나 해결책의 제시도 불가능하다.

- 1단계 자료 수집의 예
  - 단행본: 미셸 푸코《감시와 처벌》, 제러미 벤담《파놉티콘》, 홍성욱《파놉티콘 — 정보사회 정보감옥》, 로빈 터지《감시사회, 안전정치인가 통제 도구인가?》, 지그문트 바우만《친애하는 빅브라더》, 한병철《투명사회》, 조지 오웰《1984》, 올더스 헉슬리《멋진 신세계》등
  - 인터넷 자료: 위키 백과 등 백과사전의 '파놉티콘', '시놉티콘' 등의 개념 설명.

2.4.2. 2단계 자료 수집 (하위 주제와 직접 관련이 있는 실용 자료)

2단계로는 선정한 하위 주제와 직접적인 관련이 있는 단행본, 연속간행물, 논문, 법, 공식 문서 등의 자료를 수집한다. 하위 주제와 관련되어 일상과 현실에 나타나는 다양한 현상의 실제 사례, 현상에 대한 분석 및 통계 자료, 관련 법, 다양한 주장을 담은 신문 및 잡지 기사들, 관련 국가 및 시민 단체들의 입장 등이 2단계에서 수집할 자료에 해당한다. 이러한 자료는 하위 주제를 서술하거나 필자의 주장을 제기할 때 근거로 사용된다. 필자와 상반되는 주장의 문제점을 찾아내고 논리적으로 반박하기 위해서는 그 근거가 되는 자료들 또한 수집해야 한다.

- 2단계 자료 수집의 예
  - 단행본: 한홍구《감시사회 : 벌거벗고 대한민국에서 살아가기》, 엄기호《단속사회》, 국가인권위원회《범죄예방을 위한 CCTV와 인권》, 이석민《서울시 · 자치구 CCTV의 효율적 운영과 개인화상정보 보호를 위한 정책방안 연구》, 한국법제연구원《개인정보보호법제와 CCTV관련 규정 및 문제점 개선방안》등
  - 연속간행물: CCTV저널(월간), 신문
  - 논문: 이상정 〈방범용 CCTV의 범죄예방 및 범인검거 효과분석과 활용방안〉, 박종수 · 박상진 〈CCTV 설치로 인한 인권침해 및 설치선호 인식에 관한 연구 : 서울시 중랑구와 성남시 중원구를 중심으로〉, 곽윤길 · 임태희 〈범죄 예방과 대응을 위한 효율적인 CCTV 활용 방안〉 등
  - 법: '개인정보보호법'과 '개인정보보호법 시행령'의 영상정보처리기기 설치 및 운영에 관련된 조항(국가법령정보센터 홈페이지)
  - 인터넷 자료: 공공 기관 및 시민단체 홈페이지(개인정보보호 종합지원 포털, 개인정보보호위원회, 개인정보침해신고센터, 진보네트워크센터 등)

2.5.
수집한 자료의 선택과 분류 및 해석

글의 독창성과 개성은 어떤 자료를 선택하여 어떻게 해석하고 분류하느냐에 달려 있다. 그러므로 자료를 선택하고 배제할 때는 꼼꼼하게 읽고 필자 나름의 시각으로 해석해야 한다. 주제와의 관련성이 떨어지거나 지나치게 극단적이고 편향적인 자료는 배제한다. 선택된 자료는 개요의 본론 구성에 따라 분류한다.

- 개요 작성 방법은《대학 글쓰기의 이해》2장 1절 '계획하기'를 참고한다.

2.6.
자료의 재검토 및 보완

가장 중요하게 인용한 자료는 반드시 재확인하여 추후에 잘못된 해석이나 인용으로 인해 문제가 발생하지 않도록 한다. 집필 과정에서 부족한 자료는 그때그때 검색하여 보완한다.

연습 문제 자신이 정한 주제의 키워드를 뽑고 구글의 키워드 검색 방법을 활용해 주제와 관련된 기본 자료를 찾아보자. 기본 자료를 바탕으로 하위 주제를 결정하고 1단계와 2단계 자료를 수집해 목록으로 만들어 보자.

상위 주제	주제	
	검색 키워드	
	기본 자료	
하위 주제	주제	
	주제문	
1단계 자료	검색 키워드	
	단행본	
	기타	
2단계 자료	검색 키워드	
	단행본	
	연속간행물	
	논문	
	법/공식 문서	
	인터넷 자료	
	기타	

3. 글의 구성과 논증

논증은 주장과 이유, 근거 등으로 이루어진 일련의 명제로서 보고서를 쓰는 데 중요한 역할을 하는 구성 방법이다. 논리적인 이유와 타당한 근거(자료)로서 자신이 주장하고자 하는 바를 설득력 있게 제시하는 작업은 보고서나 논문 쓰기의 핵심이기 때문이다. 따라서 논증을 이루는 명제들의 역할과 그 개념을 충분히 숙지한다면 좋은 보고서, 좋은 논문, 좋은 글을 쓰기 위한 기반을 다질 수 있다.

3.1. 논증의 요소

논증의 기본 요소는 다음과 같다.

주장(claim) : 자신의 의견이나 견해를 굳게 내세움. 또는 그 의견이나 견해.

이유(reason) : 주장을 뒷받침하는 모든 진술. 근거를 바탕으로 도출해 낸 논리.

근거(evidence) : 이유를 뒷받침 하는 사실.

이를 예시로 들어 설명해 보자.

예시 1)

주장 : 어린이집에 CCTV 설치를 의무화해야 한다.

이유 : CCTV가 있으면 어린이집에 일어난 사고 원인을 파악할 수 있기 때문이다.

근거 : 최근 어린이집에서 일어난 사고의 원인을 CCTV를 통해 파악했다.

이 논증의 타당성을 검토하기 위해서는 논증에 제시되어 있는 이유와 근거가 타당한지 비판적으로 검토해야 한다. 특히 주장과 이유가 관련이 있는지 그리고 근거가 수용 가능한지, 근거가 충분하게 제시되어 있는지 등을 따져 보아야 한다. 여기서 근거는 실제로 있었던 사실 그 자체이다. 따라서 정말로 최근 어린이집에서 일어난 사고 원인을 다른 것이 아니라 CCTV를 통해 파악했는지는 확인할 문제다. 그리고 이유는 그 근거를 통해 세운 논리다. 즉 근거는 사실 그 자체이며 이유는 사실에 근거하여 사람이 추상한 논리라고 할 수 있다. 이 논증에서 근거가 확실하다면 그것에 바탕을 둔 논리인 이유도 타당하다고 볼 수 있다.

한편 이 논증에서는 주장과 이유의 관련성에 대해 문제를 제기할 수 있다. 사고 원인을 파악하는 데 CCTV가 꼭 필요하냐는 의문이 들 수 있기 때문이다. 어린이집에는 상주하는 직원이 있으므로 그 직원이 사고 원인을 밝힐 수도 있다. 그런 점에서 이 논증에는 어린이집 보육 교사가 아이들을 학대할 수 있으며 그러한 사고가 일어났을 때 어린이들은 상황 파악을 할 수가 없다는 명제가 숨어 있다고 보아야 한다. 이 명제는 제시한 논증의 주장과 이유를 이어 주는 연결 고리 역할을 한다. 이렇게 주장과 이유를 이어 주는 일반 원칙을 전제라고 한다.

전제(warrant) : 이유와 주장을 이어 주는 일반 원칙.

→ 어린이집에서 학대 사고가 일어나도, 아이들은 그것의 원인을 이야기할 수 없다.

전제는 논증에서 제시되지 않을 때가 종종 있다. 논증자가 상대방이 당연히 전제에 대해 동의할 것이라고 생각해서 제시하지 않을 수도 있고, 자신의 논증의 허점을 감추기 위해 일부러 제시하지 않을 때도 있는 것이다. 따라서 논증을 검토할 때 논증자가 미처 제시하지 않은 전제가 있지는 않은지 확인해야 한다. 이 논증의 전제에 대해서는 다음과 같은 반론과 재반론이 가능하다.

예시 2)

반 론 : 어린이집에 CCTV 설치를 의무화하는 것은 어린이집 교사들을 잠재적 범죄자로 간주하는 것이다.

재반론 : 최근 어린이집에서 보육교사의 어린이 학대 사고가 빈번하고 있다. 그리고 촬영된 영상 내용에 대해서는 외부로 누출이 되지 않게 특별히 주의를 할 것이다.

이렇게 논증은 '전제-주장-이유-근거(-반론-재반론)'의 형식으로 구성할 수 있다. 논증의 구조를 실제 한 편의 글을 통해 살펴보기로 하자.

3.2. 논증의 구조

우리 주변에서 흔히 마주할 수 있는 논증 형식의 글은 신문 사설이다. 신문 사설은 보통 '전제-주장-이유-근거(-반론-재반론)'의 논증 형식 하나로 구성되어 있다. 보고서 분량의 글에서는 상위 주제(주장)에 따른 하위 주제(주장)가 여러 개 포함될 수 있다. 여기에서는 논의의 편의를 위해 신문 사설을 통해 논증 구조를 살펴보도록 하자.

'최대 다수의 최대 행복'이란 말로 유명한 영국의 공리주의 철학자 제러미 벤담(1748-1832). 그는 행복이 쾌락에서 나온다고 봤다. 쾌락은 선(善)이고, 고통은 악(惡)이라고 여겼다. 죄수의 고통도 줄일 수만 있다면 줄이는 게 사회의 행복에 보탬이 된다고 생각했다.

그래서 그는 지하 감옥(dungeon)보다 좋은 환경의 교도소를 만들어야 한다고 주장했다. 그게 파놉티콘(panopticon)이다. '모두(pan)' '본다(optic)'는 뜻을 가진 원형 감옥이다. 그림 속의 파놉티콘엔 죄수의 방이 원을 따라 빙 둘러 있다. 중앙에는 감시탑이 있다. 감방은 항상 밝고, 감시 공간은 늘 어둡다. 간수는 모든 죄수의 움직임을 볼 수 있지만 죄수는 간수가 뭘 하는지 알 수 없다. 경제학자 애덤 스미스가 시장의 '보이지 않는 손'을 발견했다면 벤담은 '보이지 않는 눈'을 고안한 셈이다.

당시 파놉티콘은 건설되지 않았다. 지도층이 벤담의 구상을 이해하지 못한 탓이다. 그러나 그것은 현대 사회에서 다른 모습으로 나타나고 있다. 파놉티콘의 시선은 이제 죄수가 아닌 시민을 향하고 있다. 영국을 보자. 런던 중심가를 지나는 사람은 30초마다 한 번씩 폐쇄회로(CC)TV에 찍힌다고 한다. 런던 시민 한 명이 하루 동안 감시 카메라에 찍히는 빈도는 최대 300회라고 한다. 그런데도 카메라를 더 늘리겠다는 게 영국 당국의 방침이다. 미국 뉴욕의 경우 번화가인 타임스 스퀘어에만 604대(2004년 현재)의 CCTV가 있다. 9 · 11테러 발생 한 해 전인 2000년엔 그곳에 131대가 있었다고 하니 격세지감을 느끼지 않을 수 없다. 서울 역시 거리의 '숨어 있는 눈'은 갈수록 늘고 있다.

물론 그것을 모두 나쁘다고 말할 수는 없다. 7 · 7 런던 테러 용의자를 가려낸 것은 CCTV다. 그것이 테러와 범죄를 예방하는 효과도 무시할 수 없다. 문제는 악용될 경우다. 감시 카메라에 찍힌 사진이 불법 도청 테이프처럼 활개치지 말란 법은 없다. 카메라를 만지는 손에 대한 시민의 감시는 그래서 긴요하다. 현대의 파놉티콘은 투명해져야 한다. '최대 다수의 최대 불행'을 막으려면 말이다.

－《중앙일보》, 2005. 7. 28.

이 글은 다음과 같이 주장, 이유, 근거, 전제로 분석할 수 있다.

주장 : 현대의 파놉티콘, CCTV 관제에 대한 시민의 감시가 필요하다.

이유 : 현대 도시인은 CCTV에 상당히 높은 빈도로 노출되어 있기 때문이다.

근거1 : 런던 시민 한 명이 하루 동안 CCTV에 찍히는 빈도는 300회 이상이다. 영국 당국은 CCTV를 더 늘릴 계획이다.

근거2 : 미국 뉴욕의 경우 번화가인 타임스 스퀘어에만 604대(2004년 현재)의 CCTV가 있다. 9 · 11테러 발생 한 해 전인 2000년보다 약 5배 늘었다.

근거3 : 서울 역시 CCTV가 늘고 있다.

전제 : CCTV는 악용될 가능성이 높다.

이렇게 주어진 글을 논증의 기본 요소들로 분석을 해 놓으면 글에 대해 비판적으로 접근하기가 쉽다. 이 글은 "CCTV는 악용될 가능성이 높다"는 전제 아래 구성된 논증이다. 이 전제는 주장과 이유를 연결시키고 있으므로 일단 전제, 주장, 이유는 논리적으로 구성되었다고 볼 수 있다. 문제는 근거다. 세 가지 근거 모두 런던, 미국, 서울에서 CCTV가 늘고 있다는 사실을 담고 있다. 그런데 이 사실의 출처에 대한 구체적인 정보는 누락되어 있다. 이 부분이 이 글을 읽을 때 비판적으로 접근해야 할 지점이다. 하지만 이 글이 신문에 실린 짧은 사설이라는 점을 고려하면 이 정도의 출처 누락은 용인할 수 있을 것이다. 만약 보고서나 논문에 준하는 글이라면 정확한 출처를 표기해야 하고 근거 3의 경우, 막연히 "늘고 있다"는 표현 대신 구체적인 증가 수치를 제시해 주어야 할 것이다.

위와 같이 주장, 이유, 근거, 전제로서 하나의 논증을 구성할 수 있다. 그러나 좀 더 신뢰받을 수 있는 논증이 되려면 반론과 재반론을 제시해 주어야 한다. 어느 논증이든 완벽할 수 없다. 언제나 그 구성 안에는 논리적 약점이 있기 마련이기 때문이다. 그 논리적 약점을 그대로 드러낸 채 독자에게 글을 보이는 것과 필자 자신이 그러한 논리적 약점이 존재한다는 것을 인정하고 독자에게 글을 보이는 것 사이에는 큰 차이가 있다. 후자의 글이 훨씬 더 독자에게 신뢰를 준다. 즉, 논증을 완성한 다음에는 그 논증의 논리적 약점을 검토하고 스스로 그에 대한 반론을 제시하는 것이 필요하다. 그리고 그에 대한 재반론을 제시하여 자신의 논증이 어느 정도 논리적 약점이 있음에도 불구하고 타당성을 지니고 있다는 것을 확인시켜 주어야 한다.

많은 경우, 자신이 제기한 주장과 이유, 근거들은 스스로 보기에 완벽해 보인다. 자신의 약점을 스스로 파악하기 어렵듯이, 자신이 쓴 글의 논리적 결함도 스스로 파악하기 어렵기 때문이다. 따라서 자신이 쓴 글을 교수자에게 제출하기 전, 동료에게 미리 검토를 받는 것이 좋다. 이때에는 맞춤법이나 문장뿐만 아니라 자신의 글에 드러난 논리적 결함 여부를 확인받아야 한다. 동료의 반론이 타당하다면 겸허하게 그 반론을 충분히 수용하고 그에 따라 자신의 논리를 보강할 수 있는 재반론을 덧붙여야 한다. 그렇게 한다면 이전의 글보다 훨씬 신뢰성이 높은 글을 쓸 수 있을 것이다.

다시 윗글을 살펴보자. 윗글은 소략하지만 반론과 재반론을 글 가운데 마련하고 있다.

예시 1)

반론 주장	: 도시에 CCTV가 많은 것을 나쁘다고 할 수 없다.
반론 이유	: CCTV가 테러와 범죄를 예방하는 효과를 무시할 수 없기 때문이다.
근거	: 7 · 7 런던 테러 용의자를 가려낸 것은 CCTV다.
재반론	: 감시 카메라에 찍힌 사진이 불법 도청 테이프처럼 활개치지 말란 법은 없다.

이 반론은 앞의 논증의 주장과 이유에 대해 제시한 것이다. 필자는 "CCTV는 기본적으로 테러와 범죄를 예방하는 효과가 있습니다. 얼마 전 런던 테러 용의자도 가려냈습니다!"라는 독자의 반론을 예측하고 그것을 글에 반영하여 그에 대한 재반론을 실어 놓은 것이다. 이 경우는 예측한 독자의 반론이 단순하여 '반론 → 재반론' 형식의 중요성이 크게 드러나 보이지는 않는다. 필자가 예측한 독자의 반론이 날카로우면 날카로울수록 이 '반론 → 재반론'의 형식은 글에서 빛을 발할 것이다. 눈 밝은 독자의 반론을 제시하려면 자신의 글을 잘 평가할 수 있는 좋은 동료를 옆에 두거나, 스스로 자기 글을 치밀하게 반성적으로 검토할

수 있는 안목을 길러야 한다.

한편, 이 글의 서두를 주목해 보자. 필자는 CCTV 논의를 이끌어 내기 전에 제러미 벤담이 제기한 파놉티콘에 대해 설명을 하고 있다. 우리는 2.4.에서 1단계 자료 수집과 2단계 자료 수집에 대해서 살펴보았다. 제러미 벤담과 당시 영국의 반응에 대한 서술은 1단계 자료 수집에 의거한 것이며 CCTV에 대한 논의는 2단계 자료 수집에 의거한 것이다. 이 글의 필자가 정작 하고 싶은 이야기는 CCTV 관제에 대한 시민의 감시가 필요하다는 것이다. 즉, 2단계 자료 수집만으로도 필자는 자신의 의견을 제출할 수 있다. 그럼에도 불구하고 1단계 자료 수집을 하여 제러미 벤담과 당시 영국 사회의 이야기를 끌어들인 이유는 무엇일까.

이에 대한 답은 이 글에서 제러미 벤담이 차지하고 있는 의미를 검토하면서 내릴 수 있을 것이다. 이 글이 소략한 글임을 감안하더라도 제러미 벤담의 파놉티콘에 대한 서술은 CCTV 문제를 '권력에 의한 감시와 규율의 강화'라는 역사적 그리고 사회 · 정치적 맥락 속에서 이해하고 비판할 수 있는 가능성을 열어준다. 만약 심층적으로 '감시와 처벌'의 기원에 대해 접근한다면 현재 문제 사안인 CCTV 감시에 대한 근본적인 대책이나 해결책을 제시할 수 있는 가능성을 높여 줄 것이다. 일반적으로 이러한 이론의 검토는 글의 도입 부분에 제시한다. 그리고 이론 검토는 "내가 이 만큼 안다"고 과시하는 것으로 끝나는 것이 아니라 그 이론에서 중요한 개념을 찾아내 그것을 전개 부분에서 현재 문제를 검토할 때 중요한 분석 개념으로 사용하는 것이 좋다. 이 글에서는 '파놉티콘'이 현대의 CCTV를 이해할 수 있는 중요한 개념으로 사용되었다.

3.3. 논증 구조의 적용

그렇다면, 논증 구조를 글에 적용하는 연습을 해 보도록 하자. 다음은 'CCTV 통합 관제'에 관한 신문 사설이다. '통합 관제'는 방범 목적과 재난 감시, 교통 단속, 시설물 관리 등을 위해 전국 각지에 설치되어 있는 10만여 대의 CCTV를 정부가 통합 운영하는 것을 말한다. 아래에 소개할 글은 이러한 'CCTV 통합 관제' 시스템이 경찰에 의해 악용되어 온 점에 주목했다.

〈경찰의 위법적인 상시 'CCTV 감시' 안 된다.〉

경찰이 전국 시 · 군 · 구에서 관리하는 폐회로텔레비전(CCTV)을 활용해 시민의 일상생활을 무차별적으로 감시해 온 것으로 드러났다. 국민의 사생활과 안전을 지켜줘야 할 경찰이 위법적 행위를 아무런 문제의식 없이 자행해 온 셈이다. 중요한 정보 기반 시설인 CCTV가 국가 권력에 의한 인권 침해의 통로로 악용될 수 있다는 위험을 적나라하게 일깨워준다.

민주당 장하나 의원실과 진보네트워크가 전국 지자체 101곳의 통합 관제 센터를 전수 조사한 결과는 충격적이다. 전국 어디에나 촘촘히 설치되어 있는 CCTV를 24시간 들여다보는 통합 관제 센터에 경찰이 뚜렷한 법적 근거도 없이 상주하며 범죄 혐의자 식별이나 증거 수집 활동을 벌이고 있다고 한다. 특히 최근에는 집회와 시위를 감시할 목적으로 경찰이 CCTV를 악용한다는 의혹도 여러 건 제기된 바 있다. 경찰은 교통 혼잡과 사고 예방을 위한 조처였다고 설명하지만 궁색한 변명일 뿐이다.

현행 개인정보보호법은 CCTV의 설치는 물론, CCTV를 통해 수집한 영상 정보의 활용을 엄격하게 제한하고 있다. CCTV를 통한 촬영도 방범용, 교통 관제용, 학교 폭력 예방용 등으로 목적별 관리 체계가 명확하다. 방범용이라도 범죄의 수사나 공소 제기의 필요성이 인정된 때에만 수집하거나 제3자에게 제공할 수 있게 돼 있다.

그런데 경찰은 지자체가 관리권을 가진 통합 관제 센터에 마음대로 들락거리며 CCTV 모니터를 들여다보는가 하면, 범죄 혐의자 색출과 증거 수집을 한다며 영상 정보 처리 기기를 임의로 조작까지 하고 있다. 이는 경찰이 모든 국민을 잠재적 범죄자로 지목하고 24시간 국민 감시 활동을 벌이고 있는 것과 다름없다. 더 놀라운 사실은 경찰의 이런 위법적 활동이 대부분 지자체와 관할 경찰서 간에 맺어진 업무 협약을 근거로 이뤄지고 있다는 점이다. CCTV에 대한 법적 제한을 개별 지자체와 경찰서가 서로 합의했다는 이유로 무시하고 있는 것이다.

경찰로서는 CCTV가 범죄 혐의자나 불순분자를 색출하고 식별하는 수단으로 유용할 수 있다. 그러나 CCTV에 찍히는 국민의 일거수일투족은 어떤 국가기관도 함부로 침해해서는 안 되는 사생활이며 개인 정보다. 사생활 감시와 개인 정보 조회는 국민 기본권 침해다. CCTV 정보의 활용은 목적의 정당성과 방법의 적정성, 피해의 최소성이라는 원칙을 벗어나지 않아야 한다. 또한 법에 명시된 범위에서 제한적으로만 활용돼야 한다. 비민주적이며 위법적인 경찰의 CCTV 활용 관행은 어떤 이유로도 합리화될 수 없다.

《한겨레신문》, 2014. 3. 24

이 글은 다음과 같은 논증의 구조로 분석될 수 있다.

주장 : 경찰의 상시 CCTV 감시는 국민들의 인권을 침해한다.

이유 : 경찰이 범죄 혐의자뿐만 아니라 모든 국민을 CCTV를 통해 감시하고 있기 때문이다.

근거 : 전국 지자체 101곳의 통합 관제 센터를 전수 조사한 결과, 경찰이 뚜렷한 법적 근거도 없이 상주하여 범죄 혐의자 식별이나 증거 수집 활동을 벌이고 있었다.

전제 : CCTV 감시는 감시 대상을 범죄자로 한정한다.

반론 : 경찰로서는 CCTV가 범죄 혐의자나 불순분자를 색출하고 식별하는 수단으로 유용할 수 있다.

재반론 : CCTV에 찍히는 국민의 일거수일투족은 어떤 국가 기관도 함부로 침해해서는 안 되는 사생활이며 개인 정보다. 사생활 감시와 개인 정보 조회는 국민 기본권 침해다.

하위주장1 : CCTV 정보의 활용은 목적의 정당성과 방법의 적절성, 피해의 최소성이라는 원칙을 벗어나지 않아야 한다.

하위주장2 : CCTV 정보의 활용은 법에 명시된 범위에서 제한적으로만 활용돼야 한다.

이 글에서도 반론을 명시해 놓았다. 반론과 재반론은 "범죄 예방의 효과"와 "사생활 침해의 우려"로 이루어졌다. 둘 다 우열을 쉽게 가릴 수 없다. 저마다 중요한 가치를 담고 있기 때문이다. 하지만 우리는 이 가치 중 더 중요하다고 생각하는 것을 선택하여 그것의 타당성을 더 밀도 있게 주장해야 한다.

여러분들이 이 글의 필자라고 생각하고 다음의 반론에 대해 재반론을 해 보자.

반론 : CCTV 통합 관제의 본질은 갈수록 흉포화하고 증가하고 있는 강력 범죄와 각종 생활 안전 사고를 미연에 예방함으로써 국민의 안전과 생명을 지키는 사회 안정망으로서의 역할이다. 형사 정책 연구원에 따르면 사회적 범죄 비용은 연간 158조 원에 이르며 살인 등 강력 범죄와 각종 생활 안전 사고는 각각 매년 8.5%와 7%씩 증가하고 있다. 이러한 상황에서 경찰의 CCTV 감시는 국민들의 인권을 침해하는 것이 아니라 오히려 인권을 보호하는 것이라고 할 수 있다.

논증적 글쓰기 연습문제

1. 자신이 〈경찰의 위법적인 상시 'CCTV 감시' 안 된다〉의 필자라고 생각하고 위의 반론에 대해 재반론을 펼쳐보자.

재반론:

지금까지 논증 구조를 글에 적용하는 연습을 해 보았다. 실제 여러분들이 쓸 보고서는 이러한 논증 구조를 하나 이상 두어 논의를 전개해야 할 것이다. 여기에서는 논증 구조를 익히기 위해서 비교적 짧은 분량의 신문 사설을 예로 들어 연습했다. 마지막으로 덧붙일 것은 논증 연습은 글쓰기뿐만 아니라 토론을 하는 데도 도움이 된다는 점이다. 토론 역시 '전제-주장-이유-근거'라는 논증 구조로 이루어진 대화이기 때문이다.

4. 보고서의 형식

보고서의 주제 선정과 자료 수집, 논증이 마무리되었다고 해서 보고서 집필이 완성된 것은 아니다. 보고서도 학술적인 유형의 글인 만큼 그에 걸맞은 적절한 형식을 구비해야 한다. 특히 보고서의 형식은 내용보다 먼저 눈에 들어오므로 그 중요성을 간과할 수 없다. 보고서의 형식적 요건이 적절히 갖추어져 있지 않다면 내용이 전달되기도 전에 독자의 신뢰를 받지 못하게 되는 것이다.

4.1. 보고서의 구성

보고서는 일반적으로 도입, 본문, 결론과 같이 단순한 3장 구성이나 본문을 확장한 5장 구성의 형식을 취한다. 그러나 집필자의 의도에 따라 이 구성을 그대로 준수할 필요는 없다. 단지 중요한 것은 적절한 내용의 균형 잡힌 배열이다.

• 5장 구성의 경우

1. 도입
2. 본문의 도입
3. 본문의 핵심 내용
4. 본문의 결과
5. 결론
· 참고 문헌

5장 구성으로 작성한 보고서의 목차 구성을 예로 들면 다음과 같다.

사생활 보호보다는 치안이 우선이다
: CCTV 설치 확대를 위하여

1. 도입

2. CCTV의 설치 현황
    2.1. 국내의 CCTV 설치 규모
    2.2. CCTV의 기술력

3. CCTV로 인한 치안 효과
    3.1. 범죄 예방 효과
    3.2. 범인 검거 수단으로 활용

4. CCTV 설치 확대를 위한 현실적 방안
    4.1. CCTV 설치 확대를 위한 법규 제정
    4.2. 사생활 보호를 위한 운용 규정 마련

5. 결론: 범죄 없는 세상을 꿈꾸며

· 참고 문헌

4.2.

각주와 인용

학부생의 보고서에서 정밀하고 꼼꼼한 주석과 인용을 요구하는 것은 현실적으로 쉽지 않다. 그러나 보고서도 학술적인 글쓰기의 한 유형이라는 점에서 주석과 인용에 대한 기본적인 이해는 필수적이다. 여기서는 학부생의 수준에 맞게 각주와 인용에 대해 간략하게 알아보기로 한다. 단, 전공에 따라 선호하는 형식이 다를 수 있으므로 먼저 각 전공에서 어떠한 형식이 적용되는지 확인해 볼 필요가 있다.

4.2.1 각주

주석은 참조한 문헌의 출처를 표시하거나 본문 내용을 부연 설명할 때 사용한다. 주석을 하는 방법은 다양하지만 여기서는 내각주와 외각주를 중심으로 논의한다. 꼼꼼한 주석이 잘 되어 있는 보고서의 경우 그 내용에 앞서 신뢰감을 줄 수 있다는 점에서 주석을 다는 과정을 소홀히 할 수만은 없다.

먼저 내각주는 주석의 내용을 본문 안에서 괄호 속에 표시하는 방식이고, 외각주는 주석의 내용을 본문 밖에 표시하는 방식이다. 내각주에서는 보통 참조한 문헌의 출처만이 포함되고 부가적인 설명 등은 외각주로 처리하기도 한다.

아래의 예시에서 보이듯이 내각주에서는 밑줄 친 부분과 같이 출처를 표시하는 경우에 주로 사용되며, 외각주에서는 1)에서처럼 보충되는 설명을 덧붙이는 경우에 사용된다. 내각주를 허용하지 않는 경우도 있는데 이때에는 출처 표시도 외각주에 포함해야 한다. 외각주에 출처를 표시하는 경우에는 2)와 같은 방식을 따른다. 최근에는 출처 표시는 내각주로, 부연 설명은 외각주로 처리하는 것이 일반적이다.

중국어는 언어 유형론에 의하면 한 음절의 형태가 하나의 단어가 되는 고립어로서 굴절이나 첨가가 없는 언어, 즉 단어 형성의 유형에서 문법적 변화에 의하여 어간이 굴절하거나 어기에 형태가 첨가되는 일이 없는 매우 독특한 언어로 분류된다.[1] 그러나 중국어의 이러한 독특한 성격도 언어 유형론의 입장에서 볼 때 그다지 놀랄 만한 것도 아니다.[2] 인간의 언어는 아무리 고립된 것처럼 보이는 특성을 가지고 있다고 해도 유사한 특성을 공유하는 다른 언어의 존재를 발견하는 것은 어렵지 않기 때문이다(홍길동 2002: 34-41).

1) 이러한 문법적 특징을 가진 언어를 굴절어와 교착어로 구분한다.

2) 홍길동,《언어 유형론》, 서울: 지성사, 2002, 34-41쪽.

4.2.2. 인용

보고서를 집필하다 보면 나와 유사한 생각을 가진 다른 사람의 견해를 발견할 수 있다. 또한 나의 논의와 부합하는 저명한 학자의 글을 발견하기도 한다. 그 밖에 참조한 문헌의 특정한 부분을 발췌해서 가져와야 할 경우도 있다. '인용'은 이러한 상황에서 사용하는 학술적인 장치이다. 적절하고 타당한 인용은 다양한 논증보다 강력하게 호소하는 경우도 있다.

- 간접 인용과 직접 인용

간접 인용은 참조한 문헌의 원문을 그대로 가져온 것이 아니라 그 내용을 필자가 수정하여 제시한 경우이다. 학술적인 글에서는 직접 인용보다 간접 인용이 더 자주 활용된다. 간접 인용은 원문의 표현을 필자가 수정하여 제시하게 되므로 원저자의 견해를 왜곡하지 않도록 유의해야 한다. 특히 원문의 문맥을 충분히 고려하지 않은 상태에서 원저자의 내용을 가져오게 될 경우 잘못된 인용이 되기 쉬우므로 각별히 신경 쓸 필요가 있다.

간접 인용

한나 아렌트는 《활동적 삶》이라는 책에서 사색적 삶을 우위에 놓는 전통적 입장에 맞서 활동적 삶의 가치를 복구하고 그 내적 다양성을 새롭게 표현하려고 시도한다. 그녀의 견해에 따르면 활동적 삶은 전통적으로 단순히 조급함으로 부당하게 폄하되어 왔다.

직접 인용

알랭 에랭베르는 우울증을 규율사회에서 성과사회로의 이행기에 나타나는 현상으로 규정한다. "우울증이라는 병은 권위적 강제와 금지를 통해 인간에게 사회 계급과 성별에 따른 역할을 부여하는 규율적 행위 조종의 모델이 만인에게 자기 주도적으로 될 것, 자기 자신이 될 것을 요구하는 새로운 규범으로 대체되는 순간부터 나타나기 시작했다." 이러한 관점에 의하면 우울증은 단지 자아의 경제라는 관점에서 관찰된다고 볼 수 있다.

• 도표, 사진, 이미지 등의 출처 표시

도표나 사진, 이미지 등을 인용할 경우에는 캡션을 달고 출처를 밝혀야 한다. 한 장의 사진 혹은 그래프를 만드는 데에 원저자가 들인 시간과 정성을 헤아린다면 출처 표시를 게을리 할 수 없을 것이다. 다음은 통계청에서 가져온 출생률 그래프인데 캡션과 출처를 명시하고 있다. 학생들의 보고서에는 종종 캡션이 없거나 있다고 하더라도 출처를 정확히 명시하지 않은 경우가 많은데 이는 명백한 잘못으로 표절에 해당된다.

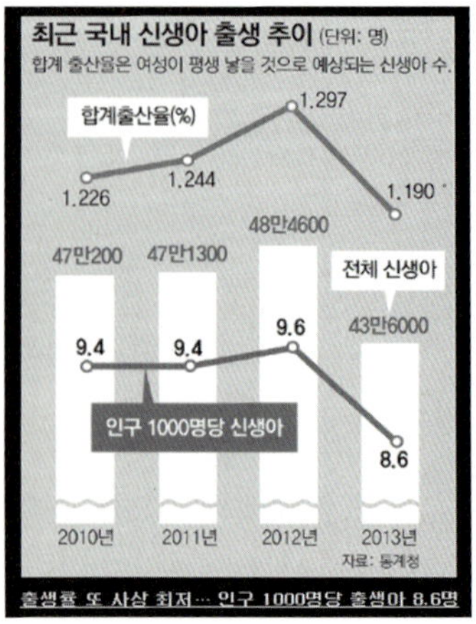

출생률 또 사상 최저… 인구 1000명당 출생아 8.6명

4.3.
참고 문헌

보고서나 논문 등을 작성하는 과정에는 다른 문헌을 참조하는 것이 필수적이다. 이때 참조한 문헌들을 정리해서 제시해 주게 되는데 이를 참고 문헌이라 한다. 특히 각주에서 언급한 문헌은 반드시 참고 문헌 목록에 포함되어야 한다.

참고 문헌을 작성할 때에도 지켜야 할 형식이 있다. 국내에서는 시카고 스타일(Chicago Style)로 알려진 Turabian 스타일과 미국 심리학회 스타일(APA, American Psycology Style)이 주로 사용된다. 어느 스타일을 적용하든지 일관된 하나의 형식을 준수하면 된다. 단행본을 기준으로 두 스타일의 예시를 들어보면 다음과 같다.

- 시카고 스타일　　　김우창.《풍경과 마음》. 생각의 나무, 2003.
- 미국 심리학회 스타일　　　김우창(2003).《풍경과 마음》. 생각의 나무.

일반적으로 내각주를 통해 출처를 제시할 경우 미국 심리학회 스타일을 선호하는 편이 많다. 물론 위의 스타일 이외에 지도 교수나 학교 등에서 참고 문헌 형식을 지정해 주는 경우도 있으므로 위의 스타일만을 고집할 필요는 없다.

단행본 이외에 논문, 뉴스, 그 밖에 전자 문헌 등의 참고 문헌 예시를 미국 심리학회 스타일을 기준으로 보이면 다음과 같다.

- 논문

홍길동(2014). "신어의 생성과 사용".《어문연구》(어문교육연구회) 19-3, 26-47.

- 단행본(번역본)

한병철(2012).《피로사회》. 김태환 역. 문학과지성사.

• 단행본(영문)

Chomsky, N.(1957). *Syntactic Structure*, The Hague: MOUTON.

• 정기간행물: 신문

"'별그대' 대만 돌풍… 관광공사 설문조사",《동아일보》2014. 06. 03.

• 전자 자료(관련 기관 홈페이지)

"일제시기 건축도면 아카이브", 국가기록원, http://theme.archives.go.kr/next/plan/viewMain.do

한편 여러 문헌을 참고 문헌에 포함할 경우 배열하는 순서도 형식에 맞게 작성해야 한다. 한국어로 된 문헌을 먼저 제시하고 그 다음 외국어 문헌을 제시하는 것이 일반적이다. 물론 어느 경우에나 '오름차순'으로 정렬하는 것은 기본이다.

4.4. 보고서를 제출하기 전에 점검할 것들

보고서를 제출하기 전에 몇 가지 사소한 문제들을 점검하고 넘어가자. 아래의 사항들은 어찌 보면 매우 사소하고 당연한 것으로 여겨질 수 있지만 저학년의 학생들이 종종 저지르는 실수와 관련된 것이다. 어쩌면 옥의 티가 될 수도 있으나 티도 많으면 옥 자체의 성분을 의심받는다는 점에서 반드시 점검할 필요가 있다.

• **보고서의 편집** 잘 편집된 글은 우선 보기에 좋다. 잘 편집된 글이란 단락이 '들여쓰기' 등을 통해 형식적으로 잘 구분되어 있다. 문단의 모양도 한글의 경우 '글자'로 정렬해야 문단의 좌우가 들쭉날쭉해지는 오류를 피할 수 있다.

• **쪽 번호, 반드시 넣는다.** 쪽 번호를 넣는 것은 너무나 당연한 것이지만 자주 접하는 실수이다. 오히려 학생들의 보고서에는 쪽 번호와 같이 꼭 필요한 요소는 빠져 있고 화려한 디자인과 컬러로 채색된 표지가 포함되어 있어 안타까움을 느끼는 경우가 많다.

• **겉표지, 붙여야 할까?** 대다수의 보고서에서 겉표지는 필요하지 않은 경우가 대부분이다. 보고서 표지를 아름답게 꾸미는 데 정성을 쏟느니 그 시간에 보고서의 내용을 조금이라도 다듬는 것이 너무나 당연하다.

• **글자 크기, 줄 간격, 여백 등** 글자 크기, 줄 간격, 여백 등은 교수자가 직접 정해 주지 않을 경우 학생이 임의로 결정할 수밖에 없다. 그러나 그렇다고 하더라도 관례를 무시할 수는 없다. 지나친 여백과 줄 간격, 더블 스페이스 등의 남용은 글의 내용은 차치하고라도 진정성을 해친다.

• **보고서의 분량, 많다고 좋은 것은 아니다.** 분량에 대한 부분은 학생들로부터 가장 많이 질문을 받는 부분이기도 하다. 자유 분량으로 주어졌을 경우 어느 정도의 분량이 적당할까? 정답은 없다. 아마 대다수의 학생들은 정답을 알고 있을 것이다. 교수자의 기호를 살피는 것이다. 그러나 다다익선(多多益善)이 곧 좋은 성적을 보장하는 시대는 지났다. 오히려 교수자의 입장에서는 내용은 별로 없는데 분량만 많은 보고서를 접할 경우 읽고 평가하는 데 더 많은 시간이 소요되기 때문에 좋은 점수를 주지 않는 경우도 있다. 견실한 내용을 갖추면서 형식적 요건을 만족하되, 적절한 분량을 소화할 수 있다면 어느 교수자를 만나더라도 보고서의 분량 때문에 걱정할 일은 없을 것이다.

• **표현상의 문제, 학술적인 글답게** 1인칭 대명사를 너무 많이 쓰지는 않았는지, 추측성 표현이나 극단적인 표현으로 논문의 객관성을 해치지 않았는지 점검해 보는 것은 형식적인 차원을 넘어서는 것인지도 모르지만 확인해 둘 필요가 있다. 거기다가 문장부호, 특히 말줄임표의 남용은 학술적인 글에 어울리지 않는다.

학문의 통섭과 대학 글쓰기

사고와 표현 II

초판 발행 2014년 8월 25일
초판 7쇄 2022년 9월 20일

지은이 고려대학교 사고와 표현 편찬위원회
펴낸곳 고려대학교출판문화원
www.kupress.com
kupress@korea.ac.kr
(02841) 서울특별시 성북구 안암로 145
Tel 02-3290-4230, 4232
Fax 02-923-6311
찍은곳 네오프린텍(주)

ISBN 978-89-7641-859-3 03710

값 15,000원
※ 잘못 만들어진 책은 바꿔 드립니다.